高等职业教育教学改革融合创新型教材·旅游类

酒水服务与酒吧管理

Jiushui Fuwu Yu Jiuba Guanli （第六版）

傅生生　主　编

徐东北　付建丽　副主编

东北财经大学出版社　大连
Dongbei University of Finance & Economics Press

图书在版编目（CIP）数据

酒水服务与酒吧管理 / 傅生生主编. —6版. —大连：东北财经大学出版
社，2024.2
（高等职业教育教学改革融合创新型教材·旅游类）
ISBN 978-7-5654-5149-2

Ⅰ. 酒… Ⅱ. 傅… Ⅲ. ①酒–基本知识–高等职业教育–教材 ②酒吧–商
业管理–高等职业教育–教材 Ⅳ. ①TS971.22 ②F719.3

中国国家版本馆CIP数据核字（2024）第028755号

东北财经大学出版社出版
（大连市黑石礁尖山街217号 邮政编码 116025）
网 址：http://www.dufep.cn
读者信箱：dufep@dufe.edu.cn
大连天骄彩色印刷有限公司印刷 东北财经大学出版社发行
幅面尺寸：185mm×260mm 字数：338千字 印张：15 插页：1
2024年2月第6版 2024年2月第1次印刷
责任编辑：张旭凤 石建华 责任校对：何 群
封面设计：原 皓 版式设计：原 皓
定价：42.00元

第六版前言

党的二十大开启了以中国式现代化全面推进中华民族伟大复兴的新征程，踏上新征程，中国文旅产业发展面临转型升级的新挑战。党的二十大报告提出，完善中国特色现代企业制度，弘扬企业家精神，加快建设世界一流企业。酒吧，作为中国市场经济的企业主体之一，在服务、运营、管理等环节面临诸多新的机遇与挑战。

酒吧既是人们社交、休闲的主要场所之一，也是文旅消费的重要组成部分，更是文旅市场的经营主体之一。随着我国经济的高速发展，各种崇尚现代文明、追求高品位生活、注重个性与艺术的酒吧正悄然走进人们的业余生活，同时也在现代城市中形成一道亮丽而独特的文化风景线。因此，现代酒吧处于社会发展的新环境，面临着个体能量渴望被充分释放的新挑战，酒吧的经营管理人员需要改变传统粗放式的管理模式，以适应新时代、新环境、新观念、新变化，做一个站在时尚前沿的管理者。

《酒水服务与酒吧管理》一书自出版以来，有幸受到广大师生的认可和欢迎。本书从酒水知识、酒水服务、酒吧管理三个酒吧经营的关键点切入，系统介绍了发酵酒、蒸馏酒、配制酒、鸡尾酒的制作、贮存、分类等，同时结合酒吧管理的实务分别介绍了酒吧的酒水服务、营销管理、采购管理等内容。在体例编排上，本书每章附有学习目标、本章小结和相关案例，章末附有专门的实训和评分参考，针对不同的知识点，设计了案例分析题，既丰富了全书的内容，也便于教学和培训。本书融理论性、实践性于一体，特别重视学生实践能力的提高，从而为学生专业深造打下坚实的基础。

为了方便学生对知识点的深入了解，以及更直观地学习酒吧服务技能，更好地满足当前教学需要，本次修订，我们保留了精心选取的 21 个视频，对实操过程进行了全面展示，更新了附录中的个别彩图，学生可以使用手机或平板电脑等移动终端扫码观看；同时，我们更新了部分小资料，增加了"前沿资讯"栏目，并且在学习党的二十大报告后，每章新增了"素养园地"栏目。另外，为了辅助教学，我们还梳理出了部分教学配套资源，如有着大量精美彩图的电子课件以及适合拓展阅读的拓展延伸资料等，教师可以登录东北财经大学出版社网站（www.dufep.cn）或"财济书院"网站（www.idufep.com）免费下载。

本书第六版由闽西职业技术学院的傅生生教授担任主编，通化师范学院的徐东北教授、闽西职业技术学院的付建丽讲师担任副主编。在编写过程中，我们参考了国内外酒吧管理研究的一些新成果，并引用了其中的一些观点和资料，同时还得到了东北财经大学出版社的大力支持，在此一并表示衷心的感谢！

由于时间和水平有限，书中难免存在疏漏和不足之处，恳请读者不吝指正。

编　者

2023年10月

目　录

视频资源目录

第1章

酒水概述

学习目标

通过本章的学习，掌握酒水的分类、酒的成分，了解酒对健康的益处等，为后面学习奠定基础。

酒来自自然界的微生物变化。在自然界中，果实成熟后从树上掉下来，果皮表面的酶菌在适当的温度下会活跃起来，从而使果实中的葡萄糖转化为乙醇和二氧化碳，而酒的主要成分就是乙醇。

人类在远古时代就已经懂得酿造多种不同的酒，并把它当作日常生活中的饮料。根据历史考证，大约在公元前20世纪—前15世纪，古埃及、古希腊以及古代中国就已经有人掌握了简单的酿酒技术，并会用五谷、各种果实等不同的原料来酿制不同味道的酒。考古发现当时已经有许多精致、美观的酒具。

随着农业生产的发展，酿酒有了充足的原材料，如人工种植的水果等，同时，人们也开始使用牲畜的奶汁和蜂蜜等作为原料，而且经济的发展也使酿酒技术不断提高，酿酒业得以规模化。中国古代的许多书中都有"琼浆玉液"和"陈年佳酿"的记载。"琼浆玉液"表明人类已经懂得酿制许多种类的酒，并从中鉴别出质量最佳的酒称为"琼浆玉液"；"陈年佳酿"则说明人类已经掌握了把酒陈化这种优良技术，懂得了酒经过陈化味道会越发香醇的道理。

经过长期实践，人类逐渐丰富和完善了酿酒技术，特别是在17世纪，蒸馏技术开始应用于酿酒业，从而使大批多种类、高质量的酒品得以成功地酿制并长期保存。著名的法国白兰地和苏格兰威士忌以及俄罗斯伏特加都是自那时开始酿制出来的。

今天，人们已经掌握了非常完善的酿酒技术，不仅能控制酒的度数，而且可以随心所欲地制作出多种味道的佳酿。

1.1 酒水的定义与分类

酒水是一切含酒精与不含酒精饮料的统称。在餐饮业中，"酒"是指一切含酒精的饮料，一切不含酒精的饮料都是"水"。

世界上酒水的品种繁多，分类的方法也有多种，常见的酒水分类方法主要有以下六种。

1.1.1 按酒的酿制方式分类

酒的酿制方式有三种：发酵、蒸馏、配制。按这三种方式生产出来的酒也分别被称为发酵酒、蒸馏酒和配制酒。

1）发酵酒

发酵酒是指将酿造原料（通常是谷物与水果汁）直接放入容器中加入酵母发酵酿制而成的酒液。常见的发酵酒有葡萄酒、啤酒、果酒、黄酒、米酒等。

2）蒸馏酒

蒸馏酒是指将经过发酵的原料（或发酵酒）加以蒸馏提纯而获得的含有较高酒精度数的液体。通常经过一次、两次甚至多次蒸馏，便能取得高浓度、高质量的酒液。常见的蒸馏酒有金酒、威士忌、白兰地、朗姆酒、伏特加酒、特其拉酒和中国的白酒（如茅台、五粮液等）。

3）配制酒

配制酒的配制方式有多种，常用的有浸泡制法、混合制法、勾兑制法等几种。

（1）浸泡制法。

此法多用于药酒的酿制，具体方法是：在蒸馏后得到的高浓度蒸馏酒液或发酵后经过滤清的酒液中按配方放入不同的药材或动物，然后将其装入容器中密封起来。经过一段时间的浸泡后，药材或动物的有效成分溶解于酒液中，饮用后便会有一定的治疗效果，起到强身健体的作用。用浸泡制法配制的酒有国外的味美思酒、比特酒，中国的人参酒、三蛇酒等。

（2）混合制法。

此法是在蒸馏后的酒液（通常采用高浓度蒸馏酒液）中加入果汁、蜜糖、牛奶或其他液体，许多常见的国外利口酒都是采用这种方式配制而成的。

（3）勾兑制法。

这也是一种酿制工艺，即将两种或两种以上的酒勾兑在一起，如可以将不同地区的酒勾兑在一起，也可以将高度数酒和低度数酒勾兑在一起，还可以将年份不同的酒勾兑在一起，以得到一种新口味，或者色、香、味更加完美的酒品。

1.1.2 按餐饮习惯分类

按西餐配餐的习惯来分，酒水可分为餐前酒、佐餐酒、甜食酒、餐后酒四个类型。

1）餐前酒

餐前酒也称开胃酒，是指在餐前饮用的，喝了以后能刺激人的胃口，使人增加食欲的酒。餐前酒通常用药材浸制而成，如味美思酒、比特酒等品种。

2）佐餐酒

佐餐酒（table wine）即葡萄酒，是西餐配餐的主要酒类。欧洲人的传统就餐习俗讲究只饮葡萄酒配餐，而不饮其他酒水，不像中国人任何酒水都可以配餐饮用。佐餐酒用新鲜的葡萄汁发酵制成，含有酒精、天然色素、脂肪、维生素、碳水化合物、矿物质、单宁酸等营养成分，对人体非常有益。佐餐酒包括红葡萄酒、白葡萄酒、玫瑰红葡萄酒和汽酒。

3）甜食酒

甜食酒（dessert wine）是在西餐就餐过程中吃甜食时饮用的酒类。其口味较甜，常以葡萄酒为基酒，再加上葡萄蒸馏酒配制而成。常见的甜食酒品种有波特酒、雪利酒等。

4）餐后酒

餐后酒（liqueur）即利口酒，是供餐后饮用且含糖分较多的酒类，饮用后有帮助消化的作用。这类酒有多种口味，其原材料可分为三种类型，即果料类、植物类和其他类。果料类原材料包括水果、果仁、果籽等；植物类原材料包括药草、茎叶类植物、香料植物等；其他类原材料包括蜂蜜、奶、鸡蛋等。制作时，以蒸馏酒或食用酒精为原料，然后加入各种配料（果料或植物）和糖或蜜。

1.1.3　按酒精含量分类

按酒精含量的多少来分，酒水可分为低度酒、中度酒、高度酒和无酒精饮料四种类型。

1）低度酒

酒精度数在20度以下的酒为低度酒，常见的有葡萄酒、桂花陈酒、低度药酒以及部分黄酒和日本清酒等。

2）中度酒

酒精度数在20至40度之间的酒被称为中度酒，常见的有餐前开胃酒（如味美思酒、茴香酒等）、甜食酒（如波特酒、雪利酒等）、餐后甜酒（如薄荷酒、橙香酒等）等。国产的竹叶青、米酒等属于此类。

3）高度酒

酒精度数在40度以上的烈性酒被称为高度酒，一般国外的蒸馏酒都属于此类，国产的如茅台、五粮液、汾酒、泸州老窖等白酒也属于此类。

4）无酒精饮料

无酒精饮料泛指所有不含酒精成分的饮品，如乳饮料、矿泉水、果汁等。在餐饮经营企业，它也被称为软饮料或"水"。单纯经营无酒精饮料的营业场所，被称为"水吧"。

1.1.4　按酿制酒水的原料分类

所用的原料不同，酿制出的酒也各不相同。按酿制酒水的原料来分，酒水大体可分为白酒、黄酒、啤酒、果酒四大类。

1）白酒

白酒是以含有丰富淀粉的植物为原料，经发酵、蒸馏而成的。白酒乙醇含量较高，酒精度在35度至65度之间。

2）黄酒

黄酒主要是用糯米及黍米为原料，并以微生物菌类作为发酵菌，采用压榨法加工酿造而成的。黄酒中的乙醇含量也较高，酒精度在12度至18度之间。

3）啤酒

啤酒是麦芽经糖化后加入酒花，再用酵母菌发酵酿成的，乙醇含量较低，酒精度在3度至4.5度之间。不同质量的啤酒，麦芽糖的含量不同，一般麦芽糖含量为11%～25%。

4）果酒

果酒是选用各种含糖量较高的水果为主要原料，经发酵、压榨酿制而成的，其酒精度多数在15度左右。

1.1.5　按酒水的物理形态分类

按酒水的物理形态来分，酒水可以分为固态饮料和液态饮料两类。

1）固态饮料

固态饮料主要包括茶、咖啡、可可以及其他速溶饮品等。

2）液态饮料

液态饮料泛指呈液态的所有饮品，如各种酒类、果蔬汁等。

1.1.6　按是否含有二氧化碳分类

按是否含有二氧化碳来分，酒水可以分为碳酸类饮料、非碳酸类饮料和汽酒三类。

1）碳酸类饮料

碳酸类饮料泛指所有含有二氧化碳气体的软饮料，如可乐、柠檬汽水等。

2）非碳酸类饮料

非碳酸类饮料特指所有不含二氧化碳气体的饮料。

3）汽酒

汽酒泛指所有含二氧化碳气体的酒精饮料，如啤酒、香槟酒、苹果汽酒等。

小资料1-1　　　　　　　**酒上必须贴健康警告　爱尔兰将开世界先河**

世界银行官网发布的数据显示，2021年，爱尔兰人均年度酒精消费量为10.5升。这一数字在2001年为14.3升，位居世界前列。过量饮酒对当地的治安和民众健康造成了严重的危害。爱尔兰卫生部长斯蒂芬·唐纳利于21日签署法令，要求酒精饮料的包装上必须标注健康警告，注明饮酒有引发肝脏疾病和癌症的风险，并告诫孕妇饮酒的危害。

报道称，这项法令将于2026年5月正式生效。届时爱尔兰所有与酒精饮料相关行业均须遵守这一法令，爱尔兰因此将成为世界上首个要求在酒上贴健康警告的国家。

资料来源　张贤志. 酒上必须贴健康警告 爱尔兰将开世界先河［N］. 环球时报，2023-05-24（A05）.

1.2 酒的成分

各种酒由于酿造原料和生产方法的不同，其所含的成分也不同。酒的主要成分是酒精、水以及少量的其他物质。

1）酒精

酒精（alcohol）又叫乙醇（ethanol），分子式是C_2H_6O。酒精是一种无色、透明、具有特殊香味的液体，易挥发，密度比水小，能跟水以任意比例互溶，是一种重要的溶剂（一般不能做萃取剂）。酒精的熔点为-114.1℃，沸点为78.3℃。酒精主要用作燃料、有机溶剂、化工原料、饮料、医用消毒剂等。酒精无毒，有刺激神经的作用，但摄入过量也会使人中毒。酒精中毒是指因摄入过多含酒精的饮料而引起中枢神经先兴奋后抑制的失常状态。首先引起兴奋，随后抑制，一般可自愈，极少数严重急性中毒者会因呼吸衰竭而死亡。急性中毒一般可分为兴奋、催眠、麻醉、窒息四个阶段，进入第三或第四阶段，会出现意识丧失、瞳孔扩大、呼吸不规律甚至休克、心力衰竭及停止呼吸等情况。长期酗酒可引起多发性神经病、慢性胃炎、脂肪肝、肝硬化、心肌损伤及器质性精神病等，皮肤长期接触酒精可引起干燥、脱屑、皲裂和皮炎。

2）杂醇油

杂醇油是在制酒过程中由蛋白质、氨基酸和糖分解而成的。它有强烈的气味，是使白酒具有芳香气味的主要成分之一，也是不同品种的酒，甚至是同一品种或同一酒厂的各批酒的品质互有差异的因素之一。如果原料中蛋白质含量多，酒中杂醇油的含量就高。杂醇油的含量过高，会对人体产生有害作用，使人神经系统充血和头痛，就是人们常讲的"上头"，且酒味也不正。杂醇油对人体的有害作用及麻醉力比乙醇强。杂醇油中戊醇的毒性比乙醇高约39倍，而它在人体内的氧化速度却比乙醇慢，因此在体内停留的时间也较长。

3）醛类

醛类的毒性比醇类大，10克甲醛即能致人死亡。甲醛可以使蛋白凝固，人们常用来消毒和保存生物标本的福尔马林，就是兑了40%甲醛的水溶液。白酒中醛类的含量极少时，可以增加芳香，但如果每升酒液中醛类的含量超过一定标准，就会对黏膜产生刺激作用。醛类急性中毒时，人会出现咳嗽、胸痛、食管及胃部疼痛、头晕、意识丧失、呕吐等症状。为降低白酒中醛类的含量，在蒸馏时要严格控制温度，除去最先和最后蒸馏出的酒液，即所谓的"掐头去尾"。一般白酒中总醛含量不得大于每100毫升0.02克。

4）甲醇

甲醇俗称"木精"，是一种无色、易燃的液体，可以无限溶于酒精和水中。酒中的甲醇，是原料中含有的果胶质经水解及发酵形成的。用果胶质较高的原料酿酒，成品酒中甲醇的含量就会较高。当然，用一般原料酿酒也会产生一定量的甲醇。

甲醇对人体有毒害作用，其含量达到4～10克就可引起较严重的中毒。它在体内有蓄积作用，不易排出体外，其氧化的产物为甲酸或甲醛，毒性更大。甲酸的毒性比甲醇大6倍，甲醛的毒性则比甲醇大30倍，这就是极少量的甲醇有时也能引起中毒的原因。甲醇急性中毒的主要症状是头痛、恶心、胃部疼痛、视力模糊，继而可能发生呼吸困难、呼吸中枢麻痹甚至死亡，即使恢复过来，也常发生失明。甲醇慢性中毒的主要表现是黏膜受到刺激、眩晕、昏睡、头痛、消化出现障碍、视力模糊和耳鸣等。

果胶质在过热的、已经腐坏的水果、白薯、糠麸、马铃薯、野生植物和橡子中的含量都较多，如不能降低其甲醇含量而用以酿酒，则成酒不适于饮用。以粮食为原料酿造的白酒，每100毫升中甲醇含量不得超过0.04克，用薯干及其他代用品为原料酿造的白酒，每100毫升中甲醇含量不得超过0.12克。

5）糖

糖有改进酒的味道的作用，但如果糖分过多，在温度过高时，就容易造成再发酵，使酒变味。

6）矿物质

矿物质主要以无机盐的形式存在于酒中。

7）维生素

酒中的维生素主要是维生素C，此外还有维生素B、维生素P等。

小资料1-2　　　　　　　　　　**纳米复合酶能治疗和预防酒精中毒**

一种具有解酒保肝作用的纳米复合酶，可令醉酒者在十几分钟内恢复清醒，能预防和治疗酒精中毒。近日，国际顶级刊物《自然·纳米技术》发表了南开大学化学学院高分子化学研究所史林启教授，与美国加州大学洛杉矶分校卢云峰教授等多个课题组合作完成的一项成果。

据介绍，酒精氧化酶和过氧化氢酶可分解酒精，这两种酶功能互补，复合在一起，协同发挥作用，可以大大提高解酒效果。如果能在人体内补充这种复合酶，可治疗或预防酒精中毒。研究人员受此启发，试图构建这种复合酶。但要将它们稳定地复合在一起，并且不被机体降解或清除掉，则非常困难。研究者通过反复试验，终于找到了精确、可控的复合方式。他们利用纳米技术，先将这两种酶负载于一个单链DNA支架的末端，再将它们包裹在一层高分子聚合物外壳内，形成纳米复合酶。与自由酶相比，这种纳米复合酶表现出更高的催化效率和更好的稳定性。

资料来源　陈鑫，冯国梧. 纳米复合酶能治疗和预防酒精中毒 [N]. 科技日报，2013-03-25（A05）.

1.3　酒与健康

从古至今，人们对酒与人体健康的关系看法不一。有人爱之如命，有人疾之如仇；有人赞同"斗酒诗百篇"，有人认为酒"误国乱政"。医学界认为适量饮酒有利健康，过量饮酒则对健康有害。

1.3.1　酒对健康的益处

1）酒是一种营养物

白酒由于受自身含醇量的影响，营养价值有限。黄酒、葡萄酒和啤酒则含有丰富的营养物质，其中黄酒含有 21 种氨基酸，每升黄酒所含氨基酸量达 564.7 克，是啤酒的 5～10 倍，是葡萄酒的 1.3 倍。啤酒除含有少量酒精外，还含有碳水化合物、蛋白质、多种氨基酸、维生素、钙、磷、铁等，所以被人们称为"液体面包"。

2）酒可以药用

《黄帝内经》有云："经络不通，病生于不仁（即神经肌肉麻痹），治之以按摩醪药。"其中的"醪药"即酒和药。这说明我国古代医药家就认识到酒能通利血脉让药上行，有增加药物吸收的功效，并且开始用药酒治疗风湿麻痹病了。用酒冲服中药、用酒煎服中药、浸制药酒饮服就是利用酒的这种功效提高药效和疗效的传统方法。中医药用酒一般都是白酒和黄酒。

（1）酒可以行药势。

古人云"酒为百药之长"。酒可以使药力外达于表而上至于巅，使理气行血的药效得到较好的发挥，也能使滋补药物补而不滞。

（2）酒有助于药物有效成分的析出。

酒是一种良好的有机溶剂，大部分水溶性物质及某些不能溶解于水的、需用非极性溶媒溶解的物质均可溶于酒精之中。中药的多种成分都易溶解于酒精之中。酒精还有良好的通透性，能够较容易地进入药材组织细胞中发挥溶解作用，促进置换和扩散，有利于提高浸出速度和浸出效果。

（3）酒可防腐杀菌、助治疾病。

医院里皮肤和器械的消毒、外用药水的配制都少不了酒。葡萄酒可以降低胆固醇，有预防胆结石的作用，还可防治贫血。欧洲人甚至常饮用葡萄酒治疗感冒。啤酒可以辅助治疗神经衰弱、脚气病、贫血、肺结核、肠胃病、高血压、肾脏病等。许多药酒更是良好的医药辅助剂。

3）适量饮酒可丰富营养、增进健康

不少酒中都含有许多良好的营养素和强壮剂，可以适当补充人体健康需要的营养。比如，两瓶啤酒可以产生 425 大卡热量，相当于 5～6 个鸡蛋、300 克牛肉、250 克面包或者 800 毫升牛奶所产生的热量，此外还含有维生素 B_1 约 0.025 毫克、维生素 B_2 约 0.26 毫克、维生素 H 约 0.0075 毫克、烟酸约 6 毫克、泛酸约 1.2 毫克、叶酸约 0.3 毫克。因此，啤酒享有"液体面包""液体维生素""液体蛋白质"等美誉。

4）适量饮酒可消除疲劳、促进睡眠

有经验表明，当人们因为过分紧张或精神不宁难以入睡时，喝少许（不超过 100 克）甜酒或一小杯烈酒便像服了安眠药一样能安然入睡。上海市食品工业疗养所曾给 20 名神经衰弱患者饮用啤酒进行治疗，结果数名患者见效。其中一位患者患病数年，苦不堪言，经治疗后竟着枕即眠，通宵熟睡。

5）适量饮酒可和肺助气、强心提神

酒对味觉、嗅觉的刺激可造成反射，增加呼吸量。所以，当人晕倒、虚脱时，在缺医无药的情况下，灌一杯白酒可以使呼吸中枢兴奋，使病人精神状态好转。适量酒精进入人体可以降低胆固醇、保护心血管。葡萄酒里含有的烟酸和肌醇还可以降低血脂和软化血

管，防止冠状动脉血管壁的病变。美国哈佛医学院的研究表明，少量饮酒可以减少冠心病的发病率及降低由其引起死亡的危险性。适量饮酒能够促使血管扩张，加快血液循环，从而使人精神振奋。

6）适量饮酒可化食健胃、消暑散热

当吃了年糕、粽子后感到消化不了时，喝下两杯啤酒，腹胀之感即可随着二氧化碳的排出而消失，可见适量饮用啤酒有化食健胃的作用。啤酒还一直被认为是适合夏季饮用的消暑佳品。人们在夏季常常饮用的清凉饮料——麦精汽水，就是一种富含原麦汁、浓度较低的啤酒性饮料。另外，果酒中的山楂酒也具有消暑、健脾、开胃的功效。

1.3.2 酒对健康的不利影响

1）长期饮酒使智力衰退

国外研究者曾对嗜酒者的智力是否衰退做过测试。测试对象是 35 岁以下的中青年人，这些人在过去的 3 年中每天饮酒超过 150 克。结果发现其中一半以上的人智力出现衰退，而其中 1/4 的人智力衰退得十分严重。另外一些临床资料表明，长期饮用烈性酒的人会产生慢性酒精中毒的现象，这种人学习效率低、记忆力不好。酒除了对神经系统产生影响外，还会引起肝硬化、慢性胰腺炎、食道癌、高血压等疾病。有些年轻人自恃"年轻、抵抗力强"，饮酒无节制，其实是有损身心健康的。因此，为了我们的身体健康，最好不要长期饮用烈性酒。

2）嗜酒与骨质疏松

骨质疏松是老年人常见的疾病之一。过去一直认为骨质疏松是由于骨质自然退化，钙的摄入、吸收和利用不足等造成的，但近年来医学研究发现，嗜酒也是造成骨质疏松的重要原因。

前沿资讯1-1

保护未成年人健康 促进酒业高质量发展

嗜酒引起骨质疏松的原因是综合性的。嗜酒者常常营养不良，而且，酒精对骨细胞有直接毒性作用，会让骨细胞的活动受到抑制，妨碍钙、镁的吸收和利用，从而诱发或加重骨质疏松。酒精中毒可使性激素分泌减少，也会导致骨质疏松。

1.3.3 饮酒注意事项

1）饮量适中

古今关于饮酒的利害有较多的争议，问题的关键在于饮量的多少。少饮有益，多饮有害。宋代邵雍有诗曰："人不善饮酒，唯喜饮之多。人或善饮酒，唯喜饮之和。饮多成酩酊，酩酊身遂疴。饮和成醺酣，醺酣颜遂酡。"这里的"和"即适度。因此饮酒应无太过亦无不及，太过损伤身体，不及等于无饮，起不到养生作用。

2）饮酒时间

一般认为，酒不可夜饮。《本草纲目》有载：人知戒早饮，而不知夜饮更甚。既醉且饱，睡而就枕，热壅伤心伤目。夜气收敛，酒以发之，乱其清明，劳其脾胃，停湿生疮，动火助欲，因而致病者多矣。由此可见，之所以戒夜饮主要是因为夜气收敛，一方面所饮

之酒不能发散，热壅于里，有伤心伤目之弊，另一方面酒本为发散走窜之物，会扰乱夜间人气的收敛和平静，伤人之和。此外，在关于冬季饮酒的问题上也存在两种不同看法：一种看法是以季节的温度高低而论，认为冬季严寒，宜饮酒，以温阳驱寒；另一种看法则认为，冬季饮酒极易诱发心脑血管疾病，冬季饮酒暖身不可取。

3）饮酒温度

在这个问题上，一些人主张冷饮，另有一些人则主张温饮。主张冷饮者认为，酒性本热，如果热饮，其热更甚，容易损胃。如果冷饮，则以冷制热，无过热之害。元代医学家朱震亨说，酒"理直冷饮""过于肺入于胃，然后微温，肺先得温中之寒，可以补气；次得寒中之温，可以养胃。冷酒行迟，传化以渐，人不得恣饮也"。但清人徐文弼则提倡温饮，他说，酒"最宜温服""热饮伤肺""冷饮伤脾"。比较折中的观点是酒虽可温饮，但不要热饮。至于冷饮、温饮何者适宜，可视个体情况的不同而区别对待。

4）辨证选酒

根据中医理论，饮酒养生较适宜年老者、气血运行迟缓者、阳气不振者，以及体内有寒气、有痹阻、有瘀滞者。这是就单纯的酒而言，不是指药酒。药酒随所用药物的不同而具有不同的性能，用作补者有补血、滋阴、温阳、益气等不同，用作攻者有化痰、燥湿、理气、行血、消积等区别，因而不可一概用之。体虚者用补酒，血脉不通者则用行气、活血、通络的药酒；有寒者用酒宜温，而有热者用酒宜清。有意用药酒养生者最好在医生的指导下作选择。

5）坚持饮用

任何养生方法的实践都要持之以恒，久之乃可受益，饮酒养生亦然。古人认为坚持饮酒才可以使酒气相接。唐代大医学家孙思邈说："凡服药酒，欲得使酒气相接，无得断绝，绝则不得药力。多少皆以和为度，不可令醉及吐，则大损人也。"当然，孙思邈并不是说要成年累月、坚持终身饮用，他可能是指在一段时间里要持之以恒。

● 小资料1-3 　　　　　　　　常常"烧烤+啤酒"伤身

近期，美国克利夫兰功能医学中心的研究人员在《英国医学杂志》开放版期刊上发表的研究论文称，烧烤产生的多环芳烃，与患类风湿性关节炎风险升高密切相关。

烧烤会增加患类风湿性关节炎的风险

在该研究中，研究人员分析了美国健康和营养检查队列中2万余名成人参与者，其中1 418人患有类风湿性关节炎，20 569人没有。通过采集血液和尿液测量了参与者体内的有毒物质，包括多环芳烃、挥发性有机化合物等，分析了这些有毒物质与类风湿性关节炎的关系。

烧烤还会增加患心脏病、糖尿病等的风险

此前，已有大量研究表明烧烤并不健康。面包、土豆，都是烧烤时最常见的食物了，英国食品标准管理局的学者警示，面包、土豆烤到金黄色就好，切勿烤过头达到棕色，否则会使人体摄入过多的一种叫作丙烯酰胺的可能致癌物。丙烯酰胺并非添加剂，而是土豆和一些根茎类蔬菜在自然烹调过程所产生的副产品。当这些食品在烹调中达到120度以上时，就会自然生成丙烯酰胺。美国国家毒理学规划处和国际癌症研究机构认为，丙烯酰胺是一种"可能的人类致癌物"。

偶尔烧烤无伤大雅，常吃不健康

那么，有没有健康吃烧烤的方法？英国食品标准管理局给大众在烹调时如何降低丙烯酰胺水平支了几招：不论煎炸烧烤，面包、一些根茎类蔬菜在出炉时色泽金黄或更浅即可；在煎炸或在烤箱加热包装食品时，要检查包装，切勿过度烹饪；在烧烤或煎炒土豆前，不要把生土豆放在冰箱里，因为冷藏后的土豆在烹饪时可增加丙烯酰胺水平；饮食要多样化。虽然我们不能消除食物中的丙烯酰胺，但健康、平衡的饮食还是有助于降低罹患癌症风险的，比如每天吃至少5份水果和蔬菜。

另外，原国家食品药品监督管理总局曾提示，经常大量摄入烧烤食品对健康具有潜在危害。也就是说，偶尔解个馋无伤大雅，经常吃则不推荐。烧烤时，尽量选择电烤的串串来吃；远离烧烤烟雾；吃肉的同时，也来点素的，烤个蒜，拌个凉菜，特别是绿叶菜。

资料来源 燕声. 常常"烧烤+啤酒"伤身［N］. 保健时报，2023-05-25（A04）.

素养园地 ■ **以酒兴业，以业报国，努力实现行业持续健康高质量发展**

2023年3月26日，中国酒业协会成立30周年庆典在山东泰安举行。中国轻工业联合会会长张崇和出席庆典并致辞。

张崇和在致辞中指出，中国酒业协会成立于1992年，是轻工业45个协会学会中成立较早的协会。30年来，中国酒业协会引领行业踔厉奋发，谱写华章。2022年，我国饮料酒产量4 560万千升，销售收入近9 510亿元，是30年前的近40倍；利润总额2 492亿元，是30年前的234倍。中国酒业的国际地位显著提升，在铸就酿酒大国和消费大国的进程中取得了历史性成就。

30年来，中国酒业协会引领行业蓬勃发展，硕果累累。白酒产业发展繁荣，啤酒产业持续创新，葡萄酒产业稳步前行，黄酒产业提速升级，露酒产业百家争鸣，酒精产业绿色循环，走出了一条以酒兴业、以业报国的高质量繁荣发展之路。

30年来，中国酒业协会栉风沐雨，砥砺前行，秉持宗旨，服务行业发展。反映企业诉求，维护行业利益，推动转型升级，促进集群发展，弘扬酒业文化，倡导理性饮酒，履行社会责任，为推动中国酿酒行业持续健康发展做出了不可磨灭的贡献。

30年来，中国酒业协会不忘初心、牢记使命，搭建平台，彰显大国酒业风范。上海酒博会、泸州酒博会、茅台春分论坛、宜宾白酒文化节，成为行业顶级盛会。白酒峰会、啤酒座谈会、葡萄酒峰会、黄酒高层峰会，唱响行业时代强音，谱写了行业伟大的精神谱系。

30年来，中国酿酒行业以满足需求为导向，以服务民生为己任，团结奋进，共荣共强，孜孜不倦地谱写着中国酒业繁荣发展的辉煌篇章。无数的中国酿酒人，择一事，终一生，不易初心，用才华成就美酒，用匠心赓续文明，用汗水惊艳时光，让人民生活因美酒熠熠生辉。

张崇和指出，中国酒业协会和行业的30年，是矢志奋斗、坚持不懈的30年，是弘扬传统、改革创新的30年，是勇攀高峰、成绩辉煌的30年。发展鼓舞人心，成就令人振奋。中国酒业协会和行业的30年，凝结着历届理事会的团结奉献，饱含着全体酿酒人的辛勤汗水，汇聚着广大会员企业的不懈奋斗。"借此机会，我代表中国轻工业联合会，向酒业协会和行业的同志们，致以崇高的敬意和衷心的感谢！"

当今世界，正经历百年未有之大变局，新一轮技术革命和产业变革深入进行，和平与发展仍然是时代主题，人类命运共同体理念深入人心，同时国际环境日趋复杂，不稳定性不确定性明显增加。我国经济已经进入高质量发展新阶段。面对新形势新要求，酿酒行业需要审时度势，主动作为，努力实现行业持续健康高质量发展。

张崇和对中国酒业协会和行业发展提出四点建议：

砥砺新征，扬帆远航

一切过往，皆为序章。奋进新征程，酒业再扬帆。党的第二个百年新征程已经开启，中国式现代化建设的号角已经吹响。中国酒业协会和行业，要深入学习贯彻党的二十大精神，落实中央的决策部署，续30年辉煌，迎百年新征，凝聚磅礴力量，朝着中国酒业崭新未来奋勇前行，在中国酒业强国路上，扬帆远航，勇攀中华民族伟大复兴的时代高峰。

酒之大者，民生至上

党的二十大提出，要坚持以人民为中心的发展理念。酿酒产业是最基本的民生产业。中国酿酒行业，要坚持品质至上，为人民酿酒，酿好酒，酿美酒，人酿天成，知行合一，匠心打造，百炼佳酿，以丰富的品种、过硬的品质、驰名的品牌，高标准供给，高水平服务民生，不断满足人民对佳酿美酒日益增长的消费需要。

再开新局，再谱新篇

"三新一高"是党中央提出的重大战略思想，做出的重大战略部署。中国酒业协会和行业，要践行国家战略，紧跟时代步伐，立足新发展阶段，贯彻新发展理念，构建新发展格局，于危机中育新机，在变局中开新局，强化创新链，优化产业链，涵养生态链，畅通销售链，不断开创中国酿酒工业高质量发展的新局面。

再兴伟业，再铸辉煌

新时代新征程，新作为新篇章。中国酒业协会要以更高的标准、更严的要求、更宏伟的目标，努力建设一个凝心聚力、自强不息、政府信赖、行业依托、企业满意、不可或缺的职业化优秀协会。要努力建成一个品种极大丰富、品质高端优良、品牌驰名全球、繁荣兴旺昌盛、屹立世界前列的中国酿酒行业。凝聚起新时代的磅礴伟力，铸就中国酿酒行业的新辉煌。

在2023年的全国两会上，全国人大代表、茅台集团董事长丁雄军提出，要让传承的更传统，创新的更现代、更数字、更智能；坚持"质量是生命之魂"，永葆茅台一流产品品质。全国人大代表、五粮液集团董事长曾从钦提出，要加快建设产品卓越、品牌卓著、创新领先、治理现代的一流企业，全力打造"生态、品质、文化、数字、阳光"五位一体的五粮液。全国人大代表、洋河股份董事长张联东提出，中国白酒国际化要"三步走"，走出文化引领，走出价值先行，走出品牌为上。全国人大代表、古井集团董事长梁金辉提出，要弘扬中华优秀传统文化，鼓励中国白酒联合"申遗"，制定国际认可的白酒标准，建立标准、文化、商务、海关、出入境、行业组织联动的白酒"走出去"机制，让中国酒文化的国际影响力"香"飘四海……张崇和指出，这些中国酒业龙头企业掌舵者的建议，显示了中国酿酒行业和企业的自我奉献和敢于担当精神，显示了中国酿酒行业和企业的宽广胸怀和非凡气魄，显示了中国酿酒行业和企业走高质量发展之路的坚定决心和巨大勇气。

30年风雨兼程，30载壮丽诗篇。回望过去，硕果满怀；展望未来，任重道远。张崇和对酒业同仁提出殷切希望，希望大家以习近平新时代中国特色社会主义思想为指引，继往开来，乘风破浪，为中国酿酒行业更加美好灿烂的明天做出新的更大的贡献！

资料来源　章玉. 以酒兴业，以业报国，努力实现行业持续健康高质量发展［N］. 中国食品报，2023-03-28（A01）.

思政元素：党的二十大精神。

互动话题：党的二十大是在全党全国各族人民迈上全面建设社会主义现代化国家新征程、向第二个百年奋斗目标进军的关键时刻召开的一次十分重要的大会。学习宣传贯彻党的二十大精神是当前和今后一个时期全党全国的首要政治任务，事关党和国家事业继往开来，事关中国特色社会主义前途命运，事关中华民族伟大复兴，对于动员全党全国各族人民更加紧密地团结在以习近平同志为核心的党中央周围，高举中国特色社会主义伟大旗帜，坚定道路自信、理论自信、制度自信、文化自信，为全面建设社会主义现代化国家、全面推进中华民族伟大复兴而团结奋斗，具有重大现实意义和深远历史意义。

研讨要求：

（1）通过深入学习党的二十大报告，结合本案例，请各小组围绕"中国酿酒产业、行业和企业高质量发展"主题开展深入交流和研讨；

（2）每个小组推荐1名成员做主题发言，总结分享一下小组交流研讨的内容。

■ 本章小结

本章系统地介绍了酒水的分类、酒水的成分、酒对健康的利弊等内容。酒水依据酿制方式、餐饮习惯、酒精含量、原材料、物理形态、二氧化碳含量的不同分为多种类型。酒的主要成分有酒精、甲醇、糖、矿物质、维生素等。酒对健康有利有弊，关键在于饮酒者如何把握。

■ 主要概念

酒水　酒　水　发酵酒　蒸馏酒　配制酒　乙醇

■ 判断题

1.发酵酒是指将酿造原料直接放入容器中加入酵母发酵酿制而成的酒液。　（　　）
2.常见的酒的配制方式有浸泡、混合、蒸馏、勾兑等。　（　　）
3.在蒸馏后的酒液中加入果汁、蜜糖、牛奶或其他液体混合制酒的方法叫浸泡制法。

（　　）
4. 鸡尾酒是一种混合酒。　　　　　　　　　　　　　　　　　　（　　）
5. 乙醇主要用作燃料、有机溶剂、化工原料、饮料、医用消毒剂等。（　　）

选择题

1. 按酿制方式来分，酒可以分为三类，其中不包括（　　）。

A. 发酵酒　　　　　B. 混合酒　　　　　C. 蒸馏酒　　　　　D. 配制酒

2. 世界上蒸馏酒很多，下列各项中，（　　）不是蒸馏酒。

A. 金酒　　　　　B. 威士忌　　　　　C. 清酒　　　　　D. 朗姆酒

3. 下列各项中，（　　）不是发酵酒。

A. 啤酒　　　　　B. 水果酒　　　　　C. 竹叶青　　　　　D. 米酒

4. 酒中含有多种物质，含量最多的是（　　）。

A. 乙醇　　　　　B. 甲醇　　　　　C. 维生素　　　　　D. 矿物质

5. 俗称"木精"的是（　　）。

A. 乙醇　　　　　B. 甲醇　　　　　C. 杂醇油　　　　　D. 醛

简答题

1. 酒对健康有哪些益处？
2. 饮酒的注意事项有哪些？

实践训练

1. 取10～15种酒，用列表的方式对其进行分类并说明其特点。
2. 到本地大型市场（超市）按上面所设计的酒类分类表进行统计调查，调查应包括品牌、价格、产地、供货商、出产日期、保质期、主要成分等内容。
3. 参照酒水认知统计调查表（见表1-1）进行测评。

表1-1　　　　　　　　　　　酒水认知统计调查评价参考表

评价内容	分值（分）	评分（分）
能对酒水进行正确的分类	30	
能说出酒水主要的制作原料	20	
对外国酒水的认知	20	
掌握10～15种类型的酒	20	
对酒水的价格、产地、保质期的了解	10	
酒水认知统计调查评价总分	100	

第2章

发酵酒

■ 学习目标

　　通过本章的学习，掌握葡萄酒、啤酒、中国黄酒等发酵酒的生
产流程、分类等基础知识，通过品酒练习加强酒的品评。

　　发酵酒是指以粮谷、水果、乳类等为原料，主要经酵母发酵等工艺酿制而成的含有乙醇的饮料，如葡萄酒、啤酒、中国黄酒等。发酵酒具有酒精含量低、营养价值高的特点，适量饮用有益人体健康。本章将分别介绍葡萄酒、啤酒和中国黄酒。

2.1　葡萄酒

2.1.1　葡萄酒概述

　　葡萄酒是指压榨葡萄果粒得到的葡萄浆或葡萄汁充分或部分地发酵后，所得的一种含酒精的产品。根据国际葡萄与葡萄酒组织（OIV，1996）的规定，葡萄酒只能是破碎或未破碎的新鲜葡萄果实或葡萄汁经完全或部分酒精发酵后获得的饮料，其酒精度不能低于8.5度。但是，根据气候、土壤条件、葡萄品种和一些葡萄酒产区特殊的质量因素或传统，在一些特定的地区，葡萄酒的最低酒精度可降低到7.0度。

1）世界葡萄酒简史

　　关于葡萄酒的起源，古籍记载各不相同，大概的诞生时间是在一万年前，具体时间尚无历史记载。葡萄酒是自然发酵的产物，葡萄果粒成熟后落到地上，果皮破裂，渗出的果汁与空气中的酵母菌接触后，就产生了最早的葡萄酒。古人尝到这自然的产物后，才去模仿大自然的酿酒过程。因此，从现代科学的观点来看，葡萄酒经历了一个从自然酒过渡到人工造酒的过程。

　　据史料记载，在一万年前的新石器时代，在濒临黑海的外高加索地区，即现在的安纳托利亚（Anatolia）（古称小亚细亚）、格鲁吉亚和亚美尼亚，都发现了大量积存的葡萄种子，说明当时葡萄不仅仅用于吃，更主要的是用来榨汁酿酒。多数史学家认为葡萄酒的酿

造起源于波斯，即现在的伊朗。对葡萄的栽培，最早是在大约 7 000 年前的南高加索、中亚细亚、叙利亚、伊拉克等地区，后来由于古代战争、移民传到其他地区，初至埃及，后到希腊。但是，真正可寻的资料只有在埃及古墓中发现的大量遗迹、遗物。在尼罗河河谷地带，考古学家从发掘的墓葬群中发现一种底部小、肚粗圆、上部颈口大的盛液体的土罐陪葬物品。经考证，这是古埃及人用来装葡萄酒或油的土陶罐。特别是在罐体的浮雕中，清楚地描绘了古埃及人栽培、采收葡萄，酿制和饮用葡萄酒的情景，至今已有 5 000 多年的历史了。此外，古埃及古王国时代所出品的酒壶上也刻有"伊尔普"（埃及语，即葡萄酒的意思）字样。西方学者认为，这是人类葡萄酒业的开始。以葡萄酒为创作主题的著名作家休·约翰逊（Hugh Johnson）曾描写道："古埃及有十分出色的品酒专家，他们就像 20 世纪的雪利酒产销商或波尔多酒经纪人，可以自信并专业地鉴定酒的品质。"

随着战争的爆发和商业活动的往来，葡萄酒的酿造方法传遍了以色列、叙利亚等阿拉伯国家。但由于阿拉伯国家信奉伊斯兰教，而伊斯兰教提倡禁酒律，因此这些国家的酿酒行业不但没有发展起来，反而日渐衰萎，现在几乎被禁绝了。

希腊是欧洲最早开始种植葡萄与酿制葡萄酒的国家之一，早期的一些航海家从尼罗河三角洲带回了葡萄和酿造葡萄酒的技术。葡萄酒不仅是他们璀璨文化的基石，还是他们日常生活中不可缺少的一部分。在古希腊的《荷马史诗》中就有很多关于葡萄酒的描述，在《伊利亚特》中葡萄酒常被描绘成黑色。据考证，古希腊的爱琴海盆地有十分发达的农业，人们以种植小麦、大麦、油橄榄和葡萄为主，大部分葡萄果实用于做酒，剩余的用于制干。几乎每个古希腊人都有饮用葡萄酒的习惯。酿制的葡萄酒被装在一种特殊形状的陶罐里，用于贮存和贸易运输，后来在地中海沿岸发掘的大量容器足以说明当时该地区的葡萄酒贸易规模和路线，也说明葡萄酒是当时重要的贸易货品之一。在美锡人时期（公元前 1600—前 1100 年），希腊的葡萄种植已经很兴盛，葡萄酒的贸易范围扩大到了埃及、叙利亚、西西里、黑海地区和意大利南部地区。

公元前 6 世纪，古希腊人通过马赛港把葡萄传入当时的高卢（即现在的法国），并将葡萄栽培和葡萄酒酿造技术传给了高卢人。但在当时，高卢人对葡萄和葡萄酒生产并不重视。古罗马人也从古希腊人那里学会了葡萄栽培和葡萄酒酿造技术，在意大利半岛全面推广，很快就传遍了全欧洲。1 世纪时，葡萄树遍布整个罗纳河谷（Rhone Valley）；2 世纪时，葡萄树遍布整个勃艮第（Burgundy）和波尔多（Bordeaux）；3 世纪时，葡萄树已扩抵卢瓦尔河谷（Loire Valley）；最后在 4 世纪时，葡萄树出现在了香槟区（Champagne）和摩泽尔河谷（Moselle Valley），原本非常喜爱大麦啤酒（cervoise）和蜂蜜酒（hydromel）的高卢人很快也爱上了葡萄酒，并且成为杰出的葡萄果农。由于他们生产的葡萄酒在罗马大受欢迎，为保护罗马本地的葡萄果农，罗马帝国皇帝杜密逊（Domitian）曾下令拔除高卢一半的葡萄树。

葡萄酒是罗马文化中不可分割的一部分，曾为罗马帝国的经济做出了巨大的贡献。随着罗马帝国势力的慢慢扩张，葡萄和葡萄酒又迅速传遍法国东部、西班牙、英国南部、德国莱茵河流域和多瑙河东边等国家和地区。在这期间，有些国家曾实施过种植葡萄的禁令，即便如此，葡萄酒还是在欧洲大陆日益盛行。后来，罗马帝国的农业逐渐衰落，葡萄园也跟着衰落。由于古罗马人喜欢葡萄酒，甚至有历史学家将古罗马帝国的衰亡归咎于古罗马人饮酒过度而使人种退化。

4世纪初，罗马帝国皇帝君士坦丁（Constantine）正式公开承认基督教，在弥撒典礼中需要用到葡萄酒，这扩大了葡萄树的栽种范围。当罗马帝国于5世纪灭亡以后，分裂出的西罗马帝国（法国、意大利北部和部分德国地区）的基督教修道院详细记载了葡萄的丰收和酿酒的过程。这些巨细靡遗的记录有助于在特定农作区培植出最适合栽种的葡萄品种。葡萄酒在中世纪的发展得益于基督教会。《圣经》中有521次提及葡萄酒。耶稣在最后的晚餐上说，"面包是我的肉，葡萄酒是我的血"。基督教把葡萄酒视为圣血，教会人员把葡萄种植和葡萄酒酿造作为工作，葡萄酒随传教士的足迹传遍世界。

768—814年，统治西罗马帝国的加洛林王朝的"神圣罗马帝国"皇帝——查理曼（Charlemagne）也影响了此后葡萄酒的发展。这位伟大的皇帝预见了法国南部到德国北部葡萄园遍布的远景，曾经一度将著名的勃艮第地区的"科通-查理曼"顶级葡萄园（Corton-Charlemagne Grand Cru）作为他的产业。法国勃艮第地区的葡萄酒，可以说是法国传统葡萄酒的典范，但很少人知道它的源头竟然来自教会——西多会（Cistercians）。

西多会的修道士们可以说是中世纪的葡萄酒酿制专家，这故事源于1112年。当时，一位名叫伯纳德·杜方丹（Bernard de Fontaine）的信奉禁欲主义的修道士带领304个信徒从克吕尼（Cluny）修道院叛逃到勃艮第葡萄产区所在的科尔多省，在位于博恩（Beaune）北部的西托（Citeaux）境内一个新建的小寺院里，建立了西多会。西多会的戒律十分残酷，平均每个修道士的寿命仅为28岁。其戒律的主要内容就是要求修道士们在废弃的葡萄园里砸石头，用舌头尝土壤的滋味。伯纳德死后，西多会的势力扩大到为科尔多省的公区酿制葡萄酒，进而影响到遍布欧洲各地的400多个修道院。

西多会的修道士沉迷于对葡萄品种的研究与改良。20世纪杰出的勃艮第生产商拉鲁列洛华相信西多会修道士会用尝土壤的方法来辨别土质，事实也证明，正是这些修道士首先提出了"土生"（cru）的概念，即相同的土质可以培育出味道和品种一样的葡萄，也正是他们培育了欧洲最好的葡萄品种。在葡萄酒的酿造技术上，西多会的修道士正是欧洲传统酿酒灵性的源泉。大约13世纪，随着西多会的兴旺，遍及欧洲各地的西多会修道院的葡萄酒赢得了越来越高的声誉。

到15、16世纪，欧洲最好的葡萄酒就出产在这些修道院中，一幅16世纪的挂毯描绘了葡萄酒酿制的过程，勃艮第地区出产的红酒则被认为是最上等的佳酿。"量要少，质要好"（drink less but better）是用来描述饮用葡萄酒的一句经典谚语。从14世纪起至今，上等的勃艮第红酒从来没有大规模生产过，用小桶小批量地生产是他们的特色。在此期间，葡萄栽培和葡萄酒酿造技术传入了南非、澳大利亚、新西兰、日本、朝鲜和美洲等地。

哥伦布发现新大陆后，西班牙和葡萄牙的殖民者、传教士在16世纪将欧洲的葡萄品种带到南美洲，在墨西哥、加利福尼亚半岛和亚利山那等地栽种。后来，英国人试图将葡萄栽培技术传入美洲大西洋沿岸，可惜的是，美洲东岸的气候不适合栽种葡萄，尽管作了多次努力，但由于根瘤蚜、霜霉病和白粉病的侵袭以及受这一地区气候条件的影响，这里的葡萄栽培屡屡失败。到19世纪中期，有人利用嫁接技术将欧洲葡萄品种嫁接在美洲的葡萄植株上，利用美洲葡萄的免疫力来抵抗根瘤蚜的病虫害，至此，美洲和美国的葡萄酒业才逐渐发展起来。现在南北美洲都有葡萄酒生产，著名的葡萄酒产区主要分布在阿根廷、加利福尼亚与墨西哥等地。

17、18 世纪前后，法国便开始成为雄霸整个葡萄酒市场的葡萄酒王国。波尔多和勃艮第两大产区的葡萄酒始终是其两大支柱，代表了两个主要类型的高级葡萄酒。波尔多的厚实和勃艮第的优雅，一并成为酿制葡萄酒的基本准绳。然而这两大产区产量有限，并不能满足全世界所需。于是从第二次世界大战后的 20 世纪六七十年代开始，一些酒厂和酿酒师便开始在全世界找寻适合的土壤、相似的气候来种植优质的葡萄品种，研发及改进酿造技术，使整个世界的葡萄酒业得以兴旺起来。特别是美国和澳大利亚采用现代科技，运用高超的市场开发技巧，开创了今天多彩多姿的葡萄酒世界。

从全球来看，葡萄酒国家基本上分为新世界和旧世界两种。新世界的代表是美国、澳大利亚、新西兰、智利及阿根廷等葡萄酒新兴国家，旧世界的代表则是有百年以上酿酒历史的欧洲国家如法国、德国、意大利、西班牙和葡萄牙等国。相比之下，欧洲种植葡萄的历史更加悠久，绝大多数葡萄栽培和酿酒技术都诞生在欧洲。除此之外，新世界的葡萄酒倾向于工业化生产，而旧世界的葡萄酒更倾向于手工酿制。手工酿出来的葡萄酒是手工艺人劳动的结晶，而工业产品是工艺流程的产物，是可以被大量复制的标准化产品。

到目前为止，葡萄酒产量仍然以欧洲最多，其中又以意大利为世界第一，意大利每年都有大量葡萄酒出口到法国、德国和美国，出口量居世界首位。

小资料 2-1　　　　　　　　　**什么是葡萄酒的"好年份"？**

同产区的同款葡萄酒，每年的口感都不一样。葡萄酒酒标上的年份是指葡萄采摘的年份。年份有好坏之分。那么，什么是葡萄酒的"好年份"？英国牛津大学研究人员在发表于 iScience 杂志上的一篇论文中揭示，温度较高、冬季降雨较多、生长期较早且较短的年份，酿造出的葡萄酒质量更高。

研究发现，天气在决定葡萄酒质量方面发挥着重要作用。一般来说，优质葡萄酒与凉爽湿润的冬季、温暖潮湿的春季、炎热干燥的夏季和凉爽干燥的秋季有关。有证据表明，温度和降水的影响贯穿全年，包括葡萄萌芽、生长和成熟、收获乃至越冬休眠期。

为了调查天气和气候如何影响葡萄酒质量，研究人员分析了法国西南部波尔多葡萄酒产区 1950—2020 年的葡萄酒评论家评分与当年天气的关系。与之前只关注生长季天气的研究不同，这项研究还调查了非生长季冬季天气的影响，因为冬季葡萄藤通常处于休眠状态。

研究人员之所以选择波尔多，是因为波尔多是一个完全依赖降雨灌溉的葡萄酒产区，并且波尔多拥有葡萄酒评分的长期记录。葡萄酒评判是主观的，这意味着葡萄酒评论家知道他们品尝的葡萄酒的原产地。由于大多数评论家对于"好"酒和"坏"酒的评价一致，因此研究中的质量是"多年生作物的一种非主观属性"，可用作监测葡萄作物长期变化的标准。

总体而言，研究人员发现，波尔多葡萄酒的质量分数在1950—2020年之间有提高的趋势。

研究人员表示，目前来看，无论是葡萄酒评论家的喜好，还是普通大众的青睐，人们通常都更喜欢酿造时间更长、口感更丰富浓郁、甜度更高、酸度更低的烈性葡萄酒。研究人员在全球范围内看到了一种趋势，即随着气候变暖的加剧，葡萄酒口感也会更加浓烈，质量更好。不过，前提是必须有充足的水分。

这项研究的重点是波尔多葡萄酒，但结果也适用于其他葡萄酒产区。如果有长期的质量记录，该方法还可扩展到检查年度天气变化和长期气候变化对其他多年生作物的影响，如可可和咖啡。

资料来源　张佳欣. 什么是葡萄酒的"好年份"？[N]. 科技日报，2023-10-12（A04）.

2）葡萄酒的酿制工艺

无论什么类型的葡萄酒，都是以葡萄浆果为原料生产的。葡萄浆果的成熟度决定着葡萄酒的质量和种类，是影响葡萄酒生产的主要因素之一。在大多数葡萄酒产区，只有用成熟度良好的葡萄果实才能生产出品质优良的葡萄酒，好的年份也往往是指夏天的气候条件有利于果实成熟的年份。但在气候较为炎热的地区，应尽量避免葡萄过熟。在有的产区，根据采收时间的早晚，既可生产具有一定酸度、果香味浓的干白葡萄酒，也可生产酸度较低、醇厚饱满的红葡萄酒或具有一定残糖的甜葡萄酒。因此，了解葡萄果实的成熟现象和果实的成分及其成熟过程中的转化，并根据需要进行控制，是保证葡萄酒质量的第一步。怎样才能把大自然的杰作转化为葡萄酒呢？酿造葡萄酒需要经过以下几个关键步骤：

（1）收获。

葡萄临近收获，采摘时机的选择是至关重要的。葡萄必须完全成熟，但究竟要成熟到何种程度，各种葡萄是不同的。因为成熟的葡萄在光合作用中会生成糖并积累在果实中。同时，果实中的天然酸被分解。通过检测果实中汁液的密度可以很容易地判断其成熟度。这项检测多在葡萄园中进行，通过光学仪器——折射仪就能完成。如果要酿制无甜味的酒，一定要注意不能让葡萄过熟，否则就会缺少基本的酸味。如果推迟收获，就会增加腐烂、遭到冰雹和秋天霜降等特殊天气破坏的风险。

收获经常会使人精疲力竭，而且人工采摘进度很慢，所花代价也很高。在地形允许的情况下可以用机械收割，机械采收快速、高效，在天气恶劣的情况下更是不可缺少的。但机械收割也有它的劣势，主要是采摘过程中损耗较大。

（2）去梗。

去梗就是把葡萄果粒从葡萄的枝梗上取下来，因为这些葡萄梗含有特别多的单宁，在酒液中可能会形成一股令人不快的味道。葡萄酒若含有太高的单宁，味道会变得苦涩，在嘴里留下一种干涩的感觉。

在酿制红葡萄酒时，去梗的步骤是不可省略的，因为葡萄在榨汁之后，也就是压榨过的葡萄浆就有可能已经自行发酵。在酿制白葡萄酒时，可视情况省掉去梗的步骤，如雷司令葡萄，因为它那严重木质化的枝梗只能释放出极少的单宁。

（3）榨浆。

榨浆就是把粥状的葡萄浆汁从果肉、果核中榨取出来，榨出来的汁液被酿酒师称为葡萄浆。碰到非常温暖的天气，葡萄浆就会自行发酵。

如果酿制白葡萄酒，榨浆的过程要迅速一点。因为酿制白葡萄酒所用的葡萄浆若放置太久，即使葡萄已经去梗，余下的果皮和果核仍能释放出大量的单宁。

如果酿制红葡萄酒，则葡萄浆发酵的过程是必不可少的，因为果皮中所含的红色素就是在这段时间释放出来的，正因如此，红葡萄酒的色泽才是红的。其实，红葡萄果肉的汁液是浅色的，甚至可用来酿制白葡萄酒。

白葡萄酒和红葡萄酒就是从此步骤开始分道而走的。色调从浅黄到金黄，且单宁含量较低的白葡萄酒，是将葡萄榨汁并发酵所得到的。色调从浅红到深紫，有时甚至接近黑色，且单宁含量较高的红葡萄酒，则是将去皮前的葡萄浆和去掉固体成分的葡萄汁发酵得到的。

（4）榨汁。

无论是红葡萄酒还是白葡萄酒，都必须把葡萄浆中的固体成分和液体成分分开，在葡萄酒的酿制过程中，这道工序被称为榨汁。经过榨汁过程后，就可得到酿酒原料——葡萄汁。由于采收的葡萄品种不同，而且成熟度不同，因此其含糖量会有差别。

最古老的榨汁方法是人们赤脚去踩葡萄，这固然是有效的方法，但经济效益不高，也不够卫生，于是就出现了压榨器。在某些南欧国家，至今仍随处可见传统的压榨器。但是现在绝大多数酿酒师普遍采用大型的压榨设备——空气压缩机，用空气压缩机榨取葡萄汁后，再用葡萄汁专用秤测量葡萄汁的糖分含量。如果测量出来的指数低于规定的最低标准，就需要采取增甜的方式来补足必要的糖分，也就是在葡萄汁里添加蔗糖。不过，在意大利及巴尔干半岛的国家中，增甜则是添加含糖量丰富的浓缩葡萄汁。增甜措施的最高限制，是有法定标准的。

（5）发酵。

葡萄经过压榨后，就要进行发酵。发酵是一种通过酵母而起作用的化学过程。经过这一过程，葡萄中的糖分会逐渐变成酒精和二氧化碳。在发酵过程中，糖分会越来越少，酒精度会越来越高。如果发酵过程一直进行，直到所有糖分都转变成酒精，就是完全发酵，得到不含甜味的葡萄酒，它的酒精含量也相对较高。如果葡萄汁的糖分含量超过酵母所能负荷的程度，如一些迟摘的葡萄，发酵的过程就会提前结束，由此便可酿出口味较甜、酒精度较低的葡萄酒。在许多国家，酿酒师不再用葡萄皮中的天然酵母进行发酵，而是在葡萄汁中加入人工酵母，使发酵过程发挥最好的效果。此外还可以利用现代技术去影响发酵过程，如用冷却的方式使发酵过程放慢或用搅拌、添加酵母的方式使它加快，也可以通过添加酒精使它停止发酵，还可以通过添加发酵剂的方式引起二度发酵。

缓慢的发酵过程可酿出口味芳香、口感细腻的葡萄酒；抑制发酵过程可酿出具有一定搭配特点且适合饮用的甜酒；二度发酵则可酿出气泡酒。许多特产酒都是利用特殊的发酵方式酿出来的。

（6）硫化处理。

如果想要保持葡萄酒的果味和鲜度，就必须在发酵过后立刻进行加硫处理，硫可以阻止因葡萄酒接触到空气中的氧气而引起的氧化作用。这可不是我们这个使用化学药剂时代的新发明，早在古罗马时代人们就已经知道未经硫熏处理的葡萄酒很快就会走味，甚至变得难以下咽。

在这里，硫是以硫化酸的形式添加到葡萄酒中的。这种硫化酸本身几乎没有味道，剂量用得少时对健康完全无害。关于硫化酸的使用剂量，酿酒法上有明确规定。欧盟国家针对这一点早已达成共识，并形成了统一的法令和规定，同时也与其他非欧盟国家达成了一致意见。

（7）混合。

混合是把不同葡萄品种所酿出的葡萄酒混合在一起，这种处理方式主要盛行于波尔多和隆河丘等产酒区。其目的是把不同品种葡萄的特性互相调和，使其发挥最佳的效果，这种情形在法国被称为"结合"。

混合酒亦可用于矫正酿酒时的失误，用来消除口味和香气上的缺陷，使老酒翻新，也可用于加入颜色较深的酒液来改善葡萄酒的色泽。

有一条通用的酿酒规则是：越早让混合酒的各种成分搭配，其结合就越完美。这一条规则完全适用于各种葡萄酒的调配。

（8）装瓶。

在葡萄酒装瓶出售之前，需要给它一段时间慢慢成熟，至于时间的长短，则需视葡萄品种和品质而定。一般来说，红葡萄酒比白葡萄酒需要更长的时间，因为白葡萄酒以清淡芳香的风味为特色。为了保持白葡萄酒的鲜度，酿酒师们都会尽早将它装瓶。葡萄酒在贮存在酒桶中的这一段时间内，会继续"成长"，而且会继续进行轻微的发酵。由于空气会透过木片上的小孔钻入酒桶内，并引起轻微的氧化作用，因此还会释出单宁，从而也提高了葡萄酒的品质。

葡萄酒在桶中贮存3~9个月以后，就要准备装瓶，但它的发展并没有结束。只要葡萄酒一天不饮用，它的生命就会继续发展，寿命较长的葡萄酒在装瓶之后，仍需一段相当长的时间才能逐渐达到最佳品质。

（9）封瓶。

直到现在，绝大多数的葡萄酒瓶仍是以软木塞来封口的。品质较普通的葡萄酒是以较便宜的螺旋瓶盖来封口的，至于要久存、品质较高、价格也相对较贵的名酒，就应尽可能使用尺寸更长、孔隙更小的优质软木塞。封住瓶口的软木塞，如果不能经常与瓶内的酒接触，就会变干且容易收缩。至于软木塞是否比塑胶塞对葡萄酒的影响更好至今尚无定论。如果仅凭直觉，人们之所以用软木塞为品质较高的葡萄酒封瓶，可能是为了开瓶时发出的令人愉悦的声响吧。

以上为酿造葡萄酒的一般程序，但具体到不同种类的葡萄酒，在酿造程序上又有所区别。下面我们简单介绍几种。

（1）红、白葡萄酒的酿制程序。

红、白葡萄酒的酿制程序是：首先将采集来的葡萄进行筛选和清洗，之后倒入榨汁机榨汁。红葡萄酒选用紫红葡萄，而白葡萄酒则选用白葡萄或红皮白肉葡萄（仅使用榨出的汁），然后连皮带汁放入发酵池中发酵。为了达到所要求的酒精含量（一般在 12 度左右），在发酵时要加入一定比例的糖（要使每升葡萄酒的酒精含量增加 1 度，就需要加入 17～18 克糖）。一般来说，等到酒中的糖分完全发酵后，便可将发酵池中的自流原酒放入酒窖里的巨大橡木酒桶中存放数月，最后装瓶上市。

（2）桃红葡萄酒的酿制程序。

桃红葡萄酒的酿制程序是：首先将红皮白肉葡萄压碎，然后将葡萄汁和葡萄皮一块倒入发酵池中发酵。当葡萄汁刚开始发酵变成淡红色时，马上进行过滤，并将滤除皮的酒放入发酵池进行二次发酵，等发酵结束后即可将自流原酒放入木桶中贮存。法国法律严格禁止将白葡萄酒和红葡萄酒通过混兑制成淡红葡萄酒出售，因此凡是淡红葡萄酒必须采取上述方法酿制。

（3）新酒的酿制程序。

新酒也叫当年酒，当年的葡萄经发酵产生原酒后，即可过滤装瓶。按照法国有关法律规定，新酒只能在当年 11 月的第 3 个星期四零点之后上市，直到来年的葡萄摘收季节前。法国最有名的新酒叫波日莱红葡萄酒，每年 11 月都大量出口亚洲，在日本和中国香港深受欢迎。

（4）香槟酒的酿制程序。

香槟酒的酿制程序比一般葡萄酒复杂。从工艺上说，香槟酒实际上是一种汽酒，但由于其独特的酿造原料，只有产于香槟地区的酒才能以香槟酒命名。其他地方用类似方法酿制的葡萄酒只能称作葡萄汽酒。

酿造香槟酒首先必须按照严格的规定，即按每 160 千克葡萄榨出 102 千克葡萄汁的比例榨汁，之后放入发酵池中在 20℃～22℃的条件下进行第一次发酵。三周之后进行第一次倾析，并对葡萄酒加以冷却，以加速葡萄酒的沉淀，保证葡萄酒的稳定性。待酒质变清之后，再次倾析并进行勾兑工艺，勾兑的方法是将新酿的香槟酒与以前的好年香槟酒进行勾兑（如遇特殊好年，则可不进行勾兑而直接使用当年的原酒），勾兑后，把酒从木桶中取出，放入瓶中进行二次发酵。封瓶前需加入香槟省特有的天然发酵粉和甜酒。此后，酒中的糖分会慢慢地变成酒精和碳酸并开始产生气泡。酒需在酒窖中存放至少一年，未经勾兑工艺的好年酒至少要在酒窖中存放三年。待发酵停止后酒变得清澈，此时酒精度已达 12 度左右，再通过摇动工艺将沉淀物从酒中全部取出，最后装瓶封口上市。

3）葡萄酒的分类

（1）按葡萄生长来源不同分，葡萄酒可以分为山葡萄酒和家葡萄酒。

①山葡萄酒（野葡萄酒）。

山葡萄酒是以野生葡萄为原料酿成的葡萄酒，产品以山葡萄酒或葡萄酒命名。

②家葡萄酒。

家葡萄酒是以人工培植的酿酒品种葡萄为原料酿成的葡萄酒，产品直接以葡萄酒命名。国内葡萄酒生产厂家大都以生产家葡萄酒为主。

（2）按葡萄酒含汁量分，葡萄酒可以分为全汁葡萄酒和半汁葡萄酒。

①全汁葡萄酒。葡萄原汁的含量为100%，而且不另加糖、酒精和其他成分的葡萄酒是全汁葡萄酒，如干型葡萄酒。

②半汁葡萄酒。葡萄原汁的含量达50%，剩余的50%可加入糖、酒精、水等其他辅料的葡萄酒是半汁葡萄酒。

（3）按葡萄酒的颜色分，葡萄酒可以分为白葡萄酒、红葡萄酒和桃红葡萄酒。

①白葡萄酒。白葡萄酒是选用白葡萄或浅红色果皮的酿酒葡萄，经过皮汁分离，取其果汁进行发酵酿制而成的葡萄酒。白葡萄酒的色泽应近似无色，有的是浅黄带绿、浅黄或禾秆黄，颜色过深则不符合白葡萄酒的色泽要求。

②红葡萄酒。红葡萄酒是选用皮红肉白或皮肉皆红的酿酒葡萄，采用皮汁混合发酵，然后进行分离陈酿而成的葡萄酒。红葡萄酒的色泽应呈自然红宝石色、紫红色、石榴红色等，失去自然感的红色不符合红葡萄酒的色泽要求。

③桃红葡萄酒。桃红葡萄酒介于红、白葡萄酒之间，是选用皮红肉白的酿酒葡萄，在皮汁短时期混合发酵达到色泽要求后分离皮渣继续发酵，最后陈酿而成的。桃红葡萄酒的色泽应该是桃红色、玫瑰红色或淡红色。

（4）按葡萄酒的含糖量分，葡萄酒可以分为干葡萄酒、半干葡萄酒、半甜葡萄酒、甜葡萄酒。

①干葡萄酒。干葡萄酒中的糖分几乎已发酵完，每升葡萄酒中含糖总量低于4克。饮用时感觉不出甜味，酸味明显。

②半干葡萄酒。半干葡萄酒每升葡萄酒中含糖总量为4~12克，饮用时有微甜感。

③半甜葡萄酒。半甜葡萄酒每升葡萄酒中含糖总量为12~50克，饮用时有甘甜、顺滑、爽口感。

④甜葡萄酒。甜葡萄酒每升葡萄酒中含糖总量在50克以上，饮用时有明显的甘甜、醇正感。

（5）按酒中二氧化碳的压力分，葡萄酒可以分为无气葡萄酒、起泡葡萄酒和葡萄汽酒。

①无气葡萄酒（still wine）。无气葡萄酒也称静酒（包括加香葡萄酒），这种葡萄酒不含有自身发酵产生的二氧化碳或人工添加的二氧化碳。

②起泡葡萄酒（sparkling wine）。起泡葡萄酒中所含的二氧化碳是以葡萄酒加糖再发酵而产生的，或者是用人工方法压入的。其二氧化碳含量在20℃时保持压力0.35MPa以上，酒精度不低于8%（v/v）。香槟酒属于起泡葡萄酒，在法国规定只有在香槟省出产的起泡葡萄酒才能称为香槟酒。由于Champagne与英语中"冠军"一词发音相同，因此，香槟酒常作为一种庆贺酒。香槟酒一般用红、白两种葡萄酒混合制成。

③葡萄汽酒。葡萄汽酒中的二氧化碳也是发酵产生或是用人工方法压入的，其二氧化碳含量在20℃时保持压力0.051MPa~0.025MPa，酒精度不低于4%（v/v）。

（6）按再加工工艺分，葡萄酒可以分为加香葡萄酒、加强葡萄酒和白兰地。

①加香葡萄酒。加香葡萄酒也称开胃酒，该酒以具有香气的草本植物的根、茎、花、

果实等为香料，经一定的工艺加工后具有特殊的香味。按酒中所添加的主要呈香物质的不同，葡萄酒又可细分为苦味型、花香型、果香型和芳香型。该酒的酒精含量亦较高，为16% ~ 20%。

②加强葡萄酒。该酒在酿造过程中为保留天然葡萄糖分，中途加入葡萄酒精使其停止发酵，因此酒精含量较高，一般为14% ~ 24%，可保存较长时间。

③白兰地。白兰地是葡萄酒经过蒸馏而得到的蒸馏酒。有些白兰地也可用其他水果酿成的酒制造，但需冠以原料水果的名称，如樱桃白兰地、苹果白兰地和李子白兰地等。

4）葡萄酒的贮存

对葡萄酒来说，贮存是非常重要的环节，这其中包含两个方面：一方面是酒瓶中的贮存，也就是酒在瓶中进行培养的过程；另一方面是出厂以后的收藏，也就是酒的保存状态。对一款真正好的葡萄酒来讲，这两种贮存方式都是非常重要的。

所谓酒瓶中的贮存，是指装瓶封口后的葡萄酒，随着时间的推移由年轻到成熟最终到老化。这是所有葡萄酒都要经历的一次过程，但它也像人的生命历程一样，其间包含着太多的变数和复杂的因果关系。有的葡萄酒的生命历程只有短短的几个月，所有精彩的色泽和口感都集中在这几个月中；有的葡萄酒却能拥有几十年甚至上百年的生命期，有些100多年前的酒，至今依旧在瓶中保持着精彩。

我们可以根据酒液颜色的变化看出瓶中酒的特点，有一条最简单的规律，就是随着酒在瓶中贮存的时间加长，白葡萄酒和桃红葡萄酒的颜色就会由淡变深，红葡萄酒的颜色则会越来越淡。

除了酒的颜色在瓶中贮存时会变化之外，酒香也是一个会变化的极重要的元素。酒香是葡萄酒中最复杂的一种成分，也是一般人可能会忽略或不以为意的东西。

有专家把葡萄酒的酒香分为三种：第一种是葡萄酒原有的果香味；第二种是葡萄酒经过发酵后产生的气味；第三种是陈年葡萄酒的自然酒香。经过几年贮存后，第一种和第二种酒香会被陈年的酒香所替代，这是葡萄酒香味的最高层次。陈年酒香是优质葡萄酒的一种标志，这些佳酿至少在瓶中陈放数年或数十年以上才有诱人的酒香。

构成红葡萄酒味觉结构的最主要成分便是单宁。单宁能够使酒存放的时间更长久，所以年轻的新酿酒单宁都很强劲，这时还不适合饮用，必须继续在瓶中存放，到时口感便会圆润许多，尽管单宁还是很重，但已没有了苦涩的感觉。年代越久远，单宁的口感越润滑甘甜，但味不减。

一款上好葡萄酒的贮存是非常讲究的，在贮存中要注意以下几个方面：

（1）温度。

温度是葡萄酒贮存最重要的因素，这是因为葡萄酒的味道和香气都要在适当的温度中才能最好地挥发，更准确地说，是在酒精挥发的过程中产生最令人舒适的感觉。如果酒温太高，苦涩、过酸等味道便会跑出来；如果酒温太低，应有的香气和美味又不能有效挥发。美国加州大学化学系教授亚历山大·J.帕德尔（Alexander J. Pardell）曾经做过一些相关试验和研究。研究表明，如果以葡萄酒贮存的通用温度标准——13℃作为基准，当温度上升到17℃时，酒的成熟速度会是原来的1.2 ~ 1.5倍；当温度增加到23℃时，酒的成熟速度将是原来的2~8倍；当温度升高到32℃时，酒的成熟速度将是原来的4~56倍。

当然，成熟速度的变化也因酿酒所用葡萄品种、酿造方法的不同而不同。一般而言，不同的葡萄酒所要求的最佳贮存温度如下：

干红葡萄酒：16℃~22℃ 半干红葡萄酒：16℃~18℃

半甜、甜红葡萄酒：14℃~16℃ 干白葡萄酒：8℃~10℃

半干白葡萄酒：8℃~12℃ 半甜、甜白葡萄酒：10℃~12℃

白兰地：15℃以下 香槟（起泡葡萄酒）：5℃~9℃

贮存葡萄酒的温度最好保持恒定，要尽量避免短期的温度波动。通常温度越高，酒的熟化越快；温度越低，酒的熟化就会越慢。也许有人会问，温度稍微高一点，酒的成熟速度快，这样原本需要比较长时间才能成熟的酒不是很快就可以喝了吗？其实，成熟速度快会使酒的味道比较寡淡，而且有时会有因过分氧化而使酒变质的可能。

（2）湿度。

湿度的影响主要作用于软木塞。湿度太低，软木塞会变得干燥，影响密封效果，使更多的空气与酒接触，加速酒的氧化，导致酒变质。即使酒没有变质，干燥的软木塞在开瓶的时候也很容易断裂甚至碎掉，那样就免不了有很多木屑掉到酒里，这可是令人讨厌的事情。如果湿度过高也不好，这样软木塞容易发霉，而且，如果存放在酒窖里的话还容易滋生一种甲虫，这种像虱子大小的甲虫会把软木塞咬坏。葡萄酒的最适宜保存湿度为50%~80%，但一些来自国际知名葡萄酒地窖的测试显示，湿度在90%以上也不影响葡萄酒的保存。

关于恒温酒柜的湿度控制还有个技巧，如酒柜内湿度过高，可以用干布擦干瓶身及酒柜内侧的水珠，并适当打开酒柜门通风。为保护葡萄酒的酒标，可从家用的塑料袋剪下一角贴在酒标上。如果酒柜内湿度过低，可在酒柜内放入一小碟水来增加湿度。

（3）光度。

葡萄酒要避免强光照射，紫外线尤其会使酒早熟，透明玻璃瓶会使这个问题恶化，虽然葡萄酒的墨绿色瓶子能够遮挡一部分紫外线，但毕竟不能完全防止紫外线的侵害。因此想要长期保存的葡萄酒应该尽量放到避光的地方，地窖或者专业葡萄酒恒温柜比较好。

（4）通风。

葡萄酒像海绵一样，会将周围的味道吸到瓶里去，所以，在贮酒环境中，最好能保持通风状态，而且不要摆放味道太重的东西，以免破坏酒的味道。葡萄酒在贮存过程中，可以和威士忌、黄酒、啤酒、露酒放在一起，但不能和白酒、蔬菜、食物放在一起，更不能和油漆、燃油、煤气、化工等易挥发品一起存放，更不能接触、靠近有腐蚀或易发霉、发潮的物品，这些东西都会污染或损坏葡萄酒。即使葡萄酒瓶外只有微量污染残迹，开瓶时也容易破坏酒的风味。至于葡萄酒为何不能与蒸馏酒（如白酒、白兰地）一起存放，主要原因是蒸馏酒的酒度高，易挥发，其香气易侵染葡萄酒，而这种香气是葡萄酒所不允许的。

（5）振动。

一般认为，过度的振动会影响葡萄酒的品质，所以，葡萄酒最好不要贮藏在经常振动的地方，同时应尽量避免将酒搬来搬去，尤其是对年份较久的老酒，这更是一大忌讳。

（6）摆置。

葡萄酒以平放摆置为较理想的状态，这样能让软木塞和葡萄酒接触到，以保持它的湿润度，若将葡萄酒直放，时间太久的话，软木塞会变得干燥易碎，从而无法完全封紧瓶口，使酒体发生氧化。当贮存的葡萄酒数量较多时，准备一本酒档案是十分必要和有用的，档案中应包括酒名、产区、存放位置和编号、年份、生产厂商及定期检查和品尝记录等内容。

● **小资料2-2**　　　　　　　　　　　　**葡萄酒术语集锦**

回味——在吞咽下葡萄酒之后，萦回在喉咙间的酒味。

无酿制年份——没有具体年份的葡萄酒，通常是由不同年份的葡萄混合而酿制出来的。

酒体——葡萄酒在口中的感觉，可以表达为酒体丰满、酒体均匀或酒体轻盈。

生涩——未成熟的果实味道。在薏丝琳和格乌兹来妮葡萄酒中非常和谐。

涩口——由于酸度和单宁含量高而引起的麻辣的感觉。

余味——在吞咽下葡萄酒之后，在嘴里萦回的酒味。时间越长，酒质越好。

柔和——口感和谐，有时实为甜味的委婉说法。

口感——葡萄酒在喉咙内的具体感官表现力。

丰富——富有多样性，有多种愉快的香味。

圆润——酒体平衡，没有涩口的味道，也没有坚硬的感觉。

单宁——从葡萄皮、葡萄籽、葡萄藤以及橡木桶中衍生出来的物质，存在于红葡萄酒中。单宁赋予葡萄酒涩口的感觉，但也有天然保护剂的作用，并有助于葡萄酒陈放。

2.1.2　法国葡萄酒

1）法国葡萄酒概述

法国葡萄酒被世人奉为世界葡萄酒的极品。它之所以深受人们的喜爱，不仅仅在于它与香水、时装一样象征着法兰西的浪漫情调，更重要的是它有着独特的历史和文化底蕴。

法国葡萄酒的起源可以追溯到公元前6世纪。当时腓尼基人和克尔特人首先将葡萄种植和酿造业传入现今法国南部的马赛地区，葡萄酒成为人们佐餐的奢侈品。到公元前1世纪，在罗马人的大力推动下，葡萄种植业很快在法国的地中海沿岸盛行，饮酒成为时尚。然而在此后的岁月里，法国的葡萄种植业却几经兴衰。

公元92年，罗马人逼迫当时的高卢人摧毁了大部分葡萄园以保护亚平宁半岛的葡萄种植和酿酒业，法国葡萄种植和酿造业出现了第一次危机。280年，罗马皇帝下令恢复种植葡萄的自由，葡萄种植和酿造进入重要的发展时期。1441年，勃艮第公爵禁止良田种植葡萄，葡萄种植和酿造再度萧条。1731年，路易十五国王部分取消了上述禁令。1789年，法国大革命爆发，葡萄种植不再受到限制，法国的葡萄种植和酿造业终于进入全面发展的阶段。历史的反复、生存的渴望、文化的熏染以及不断的品种改良和技术革新，推动了法国葡萄种植和酿造业日臻完善，最终使法国葡萄酒走进了世界极品葡萄酒的神圣殿堂。法国葡萄酒的种类繁多，可谓千变万化。从东到西、从南到北，葡萄种植园无处不有。由于葡萄酒对种植葡萄的土地、葡萄的品种有着严格的要求和规定，不同品种的葡萄以及不同土质上出产的葡萄所酿制的葡萄酒均有较大的区别。根据地域分布，法国葡萄酒大致可分为：

西南部：波尔多葡萄酒

中东部：勃艮第葡萄酒、安茹葡萄酒

中南部：波日莱葡萄酒

南部：普罗旺斯葡萄酒、罗纳河谷葡萄酒

东北部：香槟酒、阿尔萨斯葡萄酒

每个区域的葡萄酒也都有近百个不同的品牌，其中最著名的当数波尔多葡萄酒、勃艮第葡萄酒和香槟酒。法国葡萄酒产区如图2-1所示。

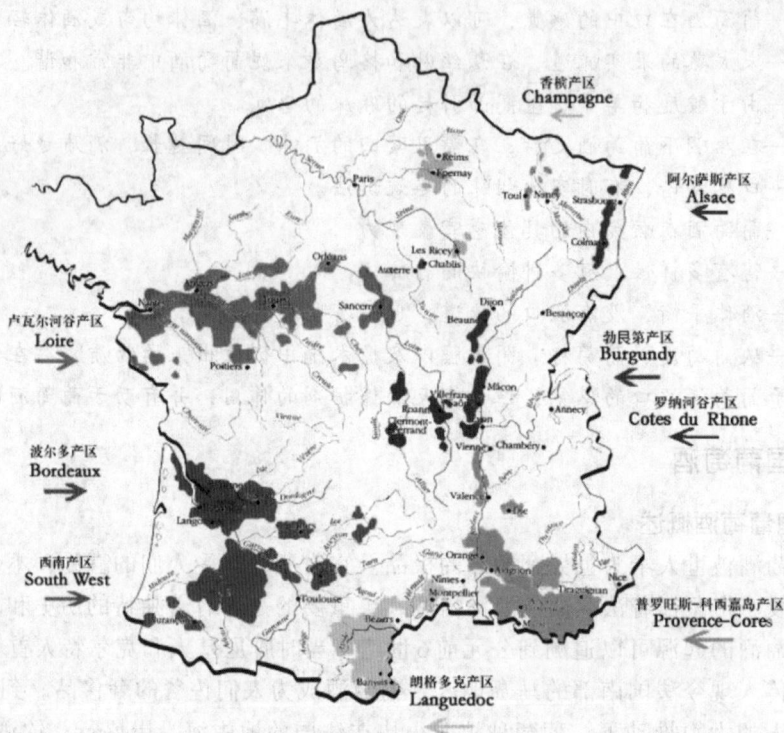

图2-1　法国葡萄酒产区地图

2）法国葡萄酒酒法

法国葡萄酒有严格的等级和品质体系，大致可分为四等。第一等是法定产地葡萄酒，第二等是优良产地葡萄酒。上述两类酒对产地、所采用的葡萄品种、酿制过程、每公顷葡萄的产酒量及最低酒精含量都进行了严格规定。第三等是地区餐酒（Vin de pays），指注明产地的佐餐酒，这类酒在其产量、酒精含量、酿制程序上都有严格规定。第四等是日常餐酒（Vin de table），这种酒不注明产地，大多是通过不同酒窖的酒勾兑而成的。第一等酒又可分为

视频1　法国葡萄酒酒法

26

超一级（1er Cru classe exceptionel）、一级（1e Cru）、二级（2e Cru）、三级（3e Cru）、四级（4e Cru）等多个级别。此外，法国葡萄酒还特别讲究年成（香槟酒只有特别好的年成才标年份），分为特别好年、很好年、好年、较好年、一般年、差年等几类。如果是特别好年的酒，不仅可以长时间贮存，而且因为具有升值潜力而具有一定的收藏价值。比如，一瓶较好的1995年的葡萄酒在当年仅卖80法郎左右，5年之后则可能卖到200法郎以上。一瓶上等葡萄酒陈酿的价格远在一瓶X.O.之上。20世纪以来，直到第二次世界大战之前的好年份有1904年（特别好）、1906年、1921年（特别好）、1928年（特别好）、1929年、1934年、1937年（特别好）。第二次世界大战以后至21世纪以前的好年份有1961年、1964年、1966年、1970年、1971年、1975年、1978年、1981年、1982年（特别好）、1983年、1985年、1986年、1988年、1989年（特别好）、1995年、1996年。

（1）法定产地葡萄酒。

法定产地葡萄酒简称 AOC，是法国葡萄酒的最高级别。AOC 在法文中的意思为"原产地控制命名"。原产地的葡萄品种、种植数量、酿造过程、酒精含量等都要得到专家认证。AOC 只能用原产地种植的葡萄酿制，绝对不可和别地的葡萄汁勾兑。AOC 产量大约占法国葡萄酒总产量的35%。酒瓶标签标示为 Appellation+产区名+Controlee，如图 2-2所示。

图 2-2　法定产地葡萄酒的酒瓶标签

（2）优良产地葡萄酒。

优良产地葡萄酒简称 VDQS，是普通地区葡萄酒向 AOC 级别过渡所必须经历的级别。如果在 VDQS 时期酒质表现良好，则会升级为 AOC。VDQS 产量只占法国葡萄酒总产量的12%。酒瓶标签标示为 Vin De Limite+产区名+Qualite Superieure，如图 2-3所示。

图2-3　优良产地葡萄酒的酒瓶标签

（3）地区餐酒。

日常餐酒中最好的酒被升级为地区餐酒，Vin de Pays 的英文意思是 Wine of country。地区餐酒可以用标明产区内的葡萄汁勾兑，但仅限于该产区内的葡萄。法国绝大部分的地区餐酒产自南部地中海沿岸，产量约占法国葡萄酒总产量的15%。酒瓶标签标示为 Vin de Pays + 产区名，如图2-4所示。

图2-4　地区餐酒的酒瓶标签

（4）日常餐酒。

日常餐酒是最低档的葡萄酒，仅供日常饮用。Vin de Table 的英文意思是 Wine of the table。这种酒可以由不同地区的葡萄汁勾兑而成，如果葡萄汁仅限于法国各产区，可称法国日常餐酒。按规定，日常餐酒不得用欧盟以外国家的葡萄汁，其产量约占法国葡萄酒总产量的38%。酒瓶标签标示为 Vin de Table，如图2-5所示。

图 2-5　日常餐酒的酒瓶标签

3）法国葡萄酒的著名产地

（1）波尔多。

波尔多（Bordeaux）位于法国西南部，在法国最大的省纪龙德省内，是法国最著名的葡萄酒产地。全法国有 1/4 的名牌葡萄酒产自波尔多地区。波尔多盛产红、白葡萄酒，尤其是波尔多的红葡萄酒，无论在色、香、味上，还是在酿制方法上均属世界一流，尤以味道醇美、爽净的特点享誉全球，畅销 150 多个国家和地区。波尔多产区内的葡萄酒多是调配型葡萄酒。波尔多产区南部的苏玳（Sauternes）次产区的白葡萄酒在世界范围内也很著名。波尔多葡萄酒因其悦人的果香和酒香，被誉以"葡萄酒女王"的美称。

（2）勃艮第。

勃艮第（Burgundy）位于法国中部略偏东，由一系列小葡萄种植园组成，呈南北细长延伸的带状分布。勃艮第产区属大陆性气候，与波尔多的葡萄酒相比，勃艮第的红葡萄酒不如前者细腻，但味浓，单宁成分少，又因为含有少许糖分而有淡淡的甜味。勃艮第葡萄酒的成熟期比波尔多葡萄酒早，但品质也容易较早退化。勃艮第产区的葡萄酒力道浑厚坚韧，与波尔多葡萄酒的柔顺恰相对立，被称为"葡萄酒之王"。勃艮第产区的葡萄酒包装多采用略带流线的直身瓶型。

勃艮第产区的葡萄品种较少，主要有生产白葡萄酒的霞多利和阿丽高特，以及酿制红葡萄酒的黑比诺（Pinotnoir）和佳美（Gamay）等几个品种。勃艮第的白葡萄酒大多为干型葡萄酒。

（3）香槟。

香槟区位于法国东北部，由六个小产区组成，面积约 2.6 万公顷，平均年产量超过 1.9 亿升。它的土壤主要为石灰土，适合耕种的表层土大约有 1 米厚。该地的气候比较特别，温和的大西洋暖流与严酷的大陆气流交替作用，另外还有来自周围森林的湿气可起到降温作用。香槟区的葡萄品种主要有三种：比诺罗瓦、比诺曼尼、霞多利。前两种是红葡萄，但果汁是无色的，后一种是白葡萄。

香槟是一种独特的法定产区葡萄酒，它的酿造过程和销售都受到严格的管制。香槟依调味剂的甜味不同而分为干、半干、半甜、甜四种类型。香槟通常上市就适于饮用，没有必要再进行贮存陈酿，不过也有不少消费者喜欢较老年份的香槟。市场上销售的香槟分为记年和不记年两种。记年香槟（酒标标示年份），是葡萄采摘酿制3年后销售的香槟酒；不记年香槟（酒标不标示年份），是装瓶12个月后销售的香槟酒。

　　除了生产香槟酒，香槟区也生产静态葡萄酒（即非起泡葡萄酒），我们常说的红葡萄酒、白葡萄酒即静态葡萄酒。该地区大部分白葡萄酒是用霞多利酿造的，使用比诺罗瓦和比诺曼尼所酿造的红葡萄酒柔顺、易入口，带有果味。

　　香槟产区的著名酒品有白雪（Heidsieck）等。

小资料2-3　　　　　　　　　　　酒瓶小常识

　　波尔多区——直身瓶型，类似中国的酱油瓶形状，是波尔多酒区的法定瓶型，在法国只有波尔多酒区的葡萄酒才有权利使用这种瓶型。

　　勃艮第区——略带流线的直身瓶型。

　　罗纳河谷产区——略带流线的直身瓶型，比勃艮第产区的瓶型矮粗。

　　香槟产区——香槟酒专用瓶型。

　　阿尔萨斯产区——细长瓶型，是法国阿尔萨斯酒区的特有瓶型。

　　普罗旺斯产区——细高瓶型，颈部多一个圆环。

　　卢瓦尔河谷产区——细长瓶型，近似阿尔萨斯瓶型。

　　朗格多克产区——矮粗瓶型。

　　另外，法国日常餐酒也多选用略带流线的直身瓶型。

　　各主要产区代表性瓶型如图2-6所示。

图2-6　法国主要葡萄酒产区的代表性酒瓶

小资料2-4 品酒知识——如何品尝法国葡萄酒

品尝法国葡萄酒有三大步骤,如图2-7所示。

图2-7 品尝法国葡萄酒的步骤

1.看酒(最好在白色背景下)

首先,从酒杯正上方看,看酒是否清澈。如果浑浊,就不好了。

然后,摇动酒杯,从酒杯侧面的水平方向看,看酒从杯壁均匀流下时的速度。酒越黏稠,流速越慢,酒质越好。

最后,把酒杯倾斜45度角来观察,此时,酒与杯壁接合部有一层水状体,它越宽则表明酒的酒精度越高。在这个水状体与酒体接合部,能出现不同的颜色,从而显示出酒的酒龄。蓝色和淡紫色,表明有3~5年酒龄;红砖色,表明有5~6年酒龄;琥珀色,表明有8~10年酒龄;橘红色,说明酒已经过期了。

视频2 看酒

2.闻酒

闻酒前最好先呼吸一口室外的新鲜空气。

闻酒时,把杯子倾斜45度角,鼻尖探入杯内闻酒的原始气味。酿制时间短的酒闻起来尚有果味,而藏酿有复合的香味。摇动酒杯后,迅速闻酒中释放出的气味,看它和原始气味相比是否稳定。

视频3 闻酒

3.品酒

喝一小口酒,在口中打转,如果酒中的单宁含量高,口中会有干涩的感觉,因为单宁有收敛作用,这说明葡萄酒还没有完全成熟。最好的口感是酸、甜、苦、咸达到平衡。吐出或咽下酒液后,再看口中的留香如何。

视频4 品酒

2.1.3 中国葡萄酒

1)中国葡萄酒简史

据考证,我国在汉代(公元前206年)就已经开始种植葡萄并有葡萄酒的生产了。司马迁的《史记》中首次记载了葡萄酒。公元前138年,外交家张骞奉汉武帝之命出使西域,看到"宛左右以蒲陶(即葡萄)为酒,富人藏酒至万馀石,久者数十岁不败。俗嗜酒,马嗜苜蓿。汉使取其实来,於是天子始种苜蓿、蒲陶肥饶地。及天马多,外国使来众,则离宫别观旁尽种蒲陶、苜蓿极望"(《史记·大宛列传》第六十三)。大宛是古西域

31

的一个国家，在中亚费尔干纳盆地。这一史料充分说明，我国在西汉时期已从邻国学习并掌握了葡萄种植和葡萄酿酒技术。西域自古以来一直是我国葡萄酒的主要产地，《吐鲁番出土文书》中有不少史料记载了公元4—8世纪吐鲁番地区葡萄园种植、经营、租让及葡萄酒买卖的情况。从中可以看出，在那段时期葡萄酒的生产规模是较大的。

东汉时葡萄酒仍非常珍贵，《太平御览》卷九百七十二引《续汉书》云，"扶风孟他以蒲萄酒一斛遗张让，即以为凉州刺史"，足以证明当时葡萄酒的珍稀。

汉代虽然引入了葡萄及葡萄酒生产技术，却未使之传播开来。汉代之后，中原地区就不再种植葡萄，一些边远地区时常以贡酒的方式向后来的历代皇室进贡葡萄酒。由于葡萄种植和葡萄酒酿造得不到推广，到了唐代中原地区对葡萄酒已是一无所知。后唐太宗又一度从西域引入葡萄，《南部新书》丙卷记载："太宗破高昌，收马乳蒲桃种于苑，并得酒法，仍自损益之，造酒成绿色，芳香酷烈，味兼醍醐，长安始识其味也。"宋代类书《册府元龟》卷九百七十记载，高昌故址在今新疆吐鲁番东20多千米，当时其归属一直不定。唐朝时，葡萄酒在内地有较大的影响力，从高昌学来的葡萄栽培法及葡萄酒酿法在当时很可能延续了较长时间，以至于在唐代的许多诗句中葡萄酒的芳名屡屡出现。例如，王翰《凉州词》中就有"葡萄美酒夜光杯，欲饮琵琶马上催"的著名诗句。刘禹锡也曾作诗赞美葡萄酒，诗云："我本是晋人，种此如种玉，酿之成美酒，尽日饮不足。"这说明当时山西早已种植葡萄并酿造葡萄酒。白居易、李白等也有吟赞葡萄酒的诗句。当时的胡人在长安还开设店铺销售西域的葡萄酒。

元朝统治者对葡萄酒非常喜爱，规定祭祀太庙必须用葡萄酒，并在山西的太原、江苏的南京开辟葡萄园，至元二十八年还在宫中建造了葡萄酒室。

明代，葡萄的种植得到了广泛的普及，徐光启的《农政全书》卷三十中曾详细记载了我国当时栽培的主要葡萄品种："水晶葡萄，晕色带白，如着粉形大而长，味甘；紫葡萄，黑色，有大小两种，酸甜两味；绿葡萄，出蜀中，熟时色绿，至若西番之绿葡萄，名兔睛，味胜甜蜜，无核则异品也；琐琐葡萄，出西番，实小如胡椒……云南者，大如枣，味尤长。"

我国葡萄酒工业的创立始于清末。1892年，华侨张弼士在烟台建立了葡萄园和葡萄酒公司——张裕葡萄酿酒公司，从西方引进了优良的葡萄品种和机械化的生产方式，贮酒容器从瓮改为橡木桶，从此我国的葡萄酒生产技术上了一个新台阶。此后，山东青岛、北京、山西清徐、吉林通化相继建立了葡萄酒厂，这些厂的规模虽然不大，但葡萄酒工业的雏形已经形成。但由于军阀连年混战，再加上帝国主义的摧残和官僚资本的掠夺，作为民族工业的葡萄酒厂在中华人民共和国成立前一直处于奄奄一息的境地。下面简要介绍几个早期的葡萄酒公司。

（1）山东烟台张裕葡萄酒公司。

山东烟台张裕葡萄酒公司的创始人是著名爱国华侨张弼士。张弼士是广东梅州人，16岁远走南洋，自学徒逐步经商发迹，后专务实业成为南洋首富。1892年，张弼士借公务的机会顺便到烟台考察，确认烟台为理想的葡萄种植地，并着手建厂。他在烟台东山、西山购地近千亩，从欧洲及国内引进优质葡萄120余种，建成了国际名种葡萄基地。依据自办企业取名的惯例，取"昌裕兴隆"的"裕"字，再冠以张姓，"张裕"由此得名。1914年，在南洋劝业会和上海招商局于南京举办的商品陈列赛会上，张裕葡萄酒公司的白兰地、琼瑶浆、红葡萄酒等产品被授予最优等奖章。1915年，在巴拿马太平洋万国博览会上，张裕葡萄酒公司的白兰地、红葡萄酒、雷司令、琼瑶浆等产品荣获金质奖章和最优等奖状，中国第一次有了举世公认的葡萄酒。

（2）山东青岛葡萄酒厂。

1914年，一个德国杂货商在青岛市湖南路创立了青岛地区第一家葡萄酒作坊。数年后，这家作坊转入德商经营的福昌洋行名下，1930年，它又被卖给另一位德商经营的美最时洋行，因其德文名称是 Melcher & Co.，遂取其字头合成 MelCo，中文音译"美口"，该酒厂被命名为美口酒厂。1941年前后，因第二次世界大战爆发，酒进口困难，该厂开始扩大生产，增加木桶容量达10万升，在上海、天津等地甚至东南亚设立代理店，大量外销。后来，美口酒厂被国民党及其官僚资本所收购，但始终没有大的发展。

（3）山西清徐露酒厂。

1921年10月建立的清徐露酒厂，当时称作益华酿酒公司，由山西人张治平建立。最初建厂的动机是振兴民族工业，想生产自己的葡萄酒代替舶来品。建厂之初曾购进法国设备并建有地窖，容器均为当地自制的瓷坛。产品有炼白酒、高红酒、白兰地、葡萄纯汁、葡萄烧酒等。抗日战争时期，清徐沦陷，公司遭到严重破坏，至1949年，产量为2.91吨，员工15人。

（4）吉林通化葡萄酒厂。

吉林通化葡萄酒厂于1938年7月由日本人木下溪所建，次年8月竣工。1941年厂址变迁并扩大规模，年生产能力达到70多吨，厂名改为通化葡萄酒株式会社。1943年再次投资增加发酵及蒸馏设备，员工达150人，年产量达100吨。1944年，日本军队下令将其改为军工厂，生产酒石酸钙。日本投降后，该厂先后被国民党和八路军接管。

近代葡萄酒的启蒙，除张裕葡萄酒公司外，多与天主教会的活动有关。从中华人民共和国成立前夕尚有经营活动的7个酒厂的情况看，只有2个是中国人建的，其余5个都是外国人建的。1949年上述酒厂的总产量为115吨左右。

中华人民共和国成立后，我国的葡萄酒工业获得了新生。它在极其薄弱的基础上，经历了成立初期的恢复、中期的大规模建设以及改革开放以来的曲折发展，终于取得了今天的丰硕成果。葡萄酒行业在初创时期主要是以扩大生产为主，由国家轻工业部组织实施了葡萄酒行业的改建、扩建工程。自1954年开始的第一个五年计划期间，我国自行设计建设了北京东郊葡萄酒厂，这是全国156个重点建设项目之一，相继扩建的还有烟台张裕葡萄酒公司、青岛葡萄酒厂、北京葡萄酒厂、吉林通化葡萄酒厂、陕西丹凤葡萄酒厂、山西清徐露酒厂、河北沙城葡萄酒厂等。第二个五年计划期间，为进一步发挥地域优势，大力开发黄河故道，我国先后从保加利亚、匈牙利、苏联引入了酿酒葡萄品种。我国自己也开展了葡萄品种的选育工作，建设自己的葡萄基地，并且先后新建了河南民权葡萄酒厂、兰考葡萄酒厂和郑州葡萄酒厂，安徽的萧县葡萄酒厂，江苏的连云港葡萄酒厂、丰县葡萄酒厂等10多个葡萄酒厂，使葡萄酒行业不断壮大。

20世纪70年代以后，新疆吐鲁番、宁夏玉泉、湖北枣阳、广西永福、云南开源等地又相继改建或新建了一批葡萄酒厂，使全国县级以上的葡萄酒厂增加到100多家，葡萄酒的产量由1949年的不足200吨发展到1978年的6.4万吨。同时在新疆、甘肃的干旱地区，在渤海沿岸平原、黄河故道、黄土高原干旱地区及淮河流域、东北长白山地区建立了葡萄园和葡萄生产基地。

在此期间，全国性的葡萄酿酒与栽培协作大会对行业的发展起到了重要的推动作用。1974年12月在山东烟台召开了"葡萄酒和酿酒葡萄品种研究技术协作会"，会议交流了自中华人民共和国成立以来各地在葡萄酒生产和葡萄栽培上的经验，分析了存在的问题，成立了"全国性葡萄栽培和葡萄酿酒研究技术协作组"，这对协调行业发展，特别是提高对酿酒葡萄品种的认识，发挥了积极的作用。

1978年党的十一届三中全会以后，葡萄酒行业发生了巨大的变化。1987年的全国酿酒工作会议提出了饮料酒发展的四个转变，其中"粮食酒向果类酒的转变"为葡萄酒的发展创造了机遇。但是，由于葡萄酒市场管理缺乏规范，伪劣产品盛行，消费者不愿购买，1989年前后葡萄酒行业出现大面积滑坡，葡萄种植面积骤减，葡萄酒企业纷纷倒闭，只有少数企业勉强维持。但从总体趋势看，葡萄酒行业仍然处在发展之中，1981年葡萄酒产量超过10万吨，1985年达到23.3万吨，1988年达到30.85万吨。在1978—1983年，由郭其昌领导的干白葡萄酒新工艺的研究取得成功，改变了葡萄酒产品以甜型酿制酒为主的状况，为我国葡萄酒与国际标准接轨迈出了关键性的一步。1983年，按照新工艺生产的长城干白葡萄酒在第14届国际品酒会上获得银奖，这是自中华人民共和国成立以来我国的葡萄酒产品首次获得国际社会的认可。与此相关的葡萄酒稳定性研究、葡萄酒生产新技术工业性实验、葡萄酒行业标准（QB/921—1984）及国家标准（GB/T15037—1994）的制定等，大大提高了我国葡萄酒业的整体水平。1980年中法合营王朝葡萄酿酒有限公司的成立和1983年长城葡萄酿酒有限公司的成立以及二者的飞速发展，再加上张裕葡萄酒公司，三者在我国葡萄酒行业形成了三足鼎立的局面，它们不仅占领了全国50%以上的葡萄酒市场，也使中国的葡萄酒工业在国际舞台上有了一席之地。

进入20世纪90年代，洋酒热首先带动了我国白兰地生产的发展，紧接着干红热在1995年年底迅速升温，给葡萄酒行业的发展创造了机遇。在短短几年的时间里，葡萄酒企业的数量迅速增加，由1985年年底的240多家增至近500家，酿酒葡萄基地也由原来的10多万亩发展到40多万亩。其中产量过万吨的企业已经有7家。与此同时，还有一批严格按国际标准、专业生产干型葡萄酒的中小企业也得到了国内外消费者的认可。苹果酸-乳酸菌发酵及气囊式压榨机和滚动式发酵罐等先进技术和设备的应用，进一步缩小了我国葡萄酒行业与国际行业水平的差距，为我国葡萄酒工业的腾飞奠定了坚实的基础。近几年来，酒庄建设成为葡萄酒行业的一个热点，很多企业开始认识到生产精品酒和发展葡萄酒特色旅游的重要性。与此同时，多元化的投资、大规模的葡萄酒生产企业的建立，也使得中国的葡萄酒行业充满活力。

2）中国葡萄酒产区分布

中国葡萄酒产区分布如图2-8所示。

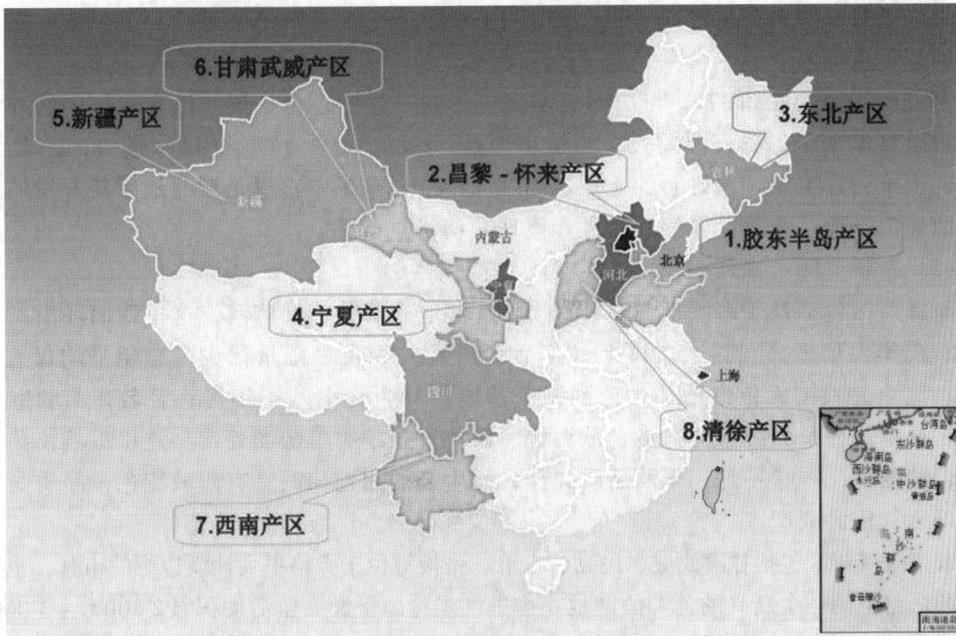

图2-8　中国葡萄酒产区分布图

在我国北纬25°~45°广阔的地域里，分布着各具特色的葡萄酒产地，但由于葡萄生长需要特定的生态环境，同时地区经济发达程度也有差异，因此这些产地的规模较小，较分散，多数在中国东部。

（1）胶东半岛产区

胶东半岛产区包括山东半岛北部丘陵和大泽山。这里由于近渤海湾，受海洋的影响，热量丰富，雨量充沛，年活动积温为3 756℃~4 174℃，年降水量560毫米~670毫米，土壤类型复杂，有砂壤、海滨盐碱土和棕壤。优越的自然条件使这里成为我国最著名的酿酒葡萄产地，山东半岛的霞多丽、贵人香、赤霞珠、品丽珠、蛇龙珠、梅洛、佳利娜、白玉霓等葡萄，都在国内享有盛名。胶东半岛产区是我国目前酿酒葡萄种植面积最大、品种最优良的产区，葡萄酒的产量占全国总产量的1/2。

（2）昌黎-怀来产区

昌黎-怀来产区包括华北北半部的昌黎、蓟县丘陵山地、天津滨海区、河北的宣化、涿鹿、怀来。这里地处长城以北，光照充足，热量适中，昼夜温差大，夏季凉爽，气候干燥，雨量偏少，年活动积温3 532℃，年均降水量413毫米，土壤为褐土，质地偏砂，多丘陵山地，十分适于葡萄的生长。龙眼和牛奶葡萄是这里的特产，近年来已推广赤霞珠、梅洛等世界酿酒名种。

（3）东北产区

东北产区包括北纬45°以南的长白山麓和东北平原。这里冬季严寒，温度在-30℃~40℃，年活动积温为2 567℃~2 779℃，降水量635毫米~679毫米，土壤为黑钙土，较肥沃。在冬季寒冷的气候条件下，欧洲品种葡萄不能生存，而野生的山葡萄因抗寒力极强，已成为这里栽培的主要品种。

（4）宁夏产区

宁夏产区地处北纬37°，与法国波尔多位于同一纬度，包括贺兰山东麓广阔的冲积平原，这里气候干旱，昼夜温差大，年活动积温3 298℃～3 351℃，年降水量180毫米～200毫米，土壤为砂壤土、含砾石，土层有30毫米～100毫米。这里是西北地区新开发的最大的酿酒葡萄基地，主栽世界酿酒品种赤霞珠、梅洛。

（5）新疆产区

新疆产区包括低于海平面300米的吐鲁番盆地的鄯善、红柳河，这里四面环山，热风频繁，夏季温度极高，达45℃以上，年活动积温5 319℃，雨量稀少，全年平均仅有16.4毫米。这里是我国无核白葡萄生产和制干基地。20世纪七八十年代，著名葡萄酒专家郭其昌在这里试种了赤霞珠、梅洛、歌海娜、西拉、柔丁香等酿酒葡萄。这里虽然葡萄糖度高，但酸度低，香味不足，干酒品质欠佳，而生产的甜葡萄酒具有西域特色，品质尚好。

（6）甘肃武威产区

甘肃武威产区包括甘肃武威、民勤、古浪、张掖等位于腾格里大沙漠边缘的市县，也是中国丝绸之路上的一个新兴的葡萄酒产地。这里气候冷凉干燥，年活动积温2 800℃～3 000℃，年降水量110毫米。由于热量不足，冬季寒冷，适于早中熟葡萄品种的生长，近年来已发展了梅洛、黑品诺、霞多丽等品种。

（7）西南产区

西南产区包括云南高原海拔1 500米的弥勒、东川、永仁和川滇交界处金沙江畔的攀枝花，土壤多为红壤和棕壤。这里的气候特点是光照充足，热量丰富，降水适时，在上年的10—11月至第二年的6月有一个明显的旱季，平均降水量为329毫米（云南弥勒）和100毫米（四川攀枝花），适合酿酒葡萄的生长和成熟。利用旱季这一独特小气候的自然优势栽培欧亚种葡萄，已成为西南葡萄栽培的一大特色。

（8）清徐产区

前沿资讯2-1

清徐产区包括山西的汾阳、榆次和清徐的西北山区，这里气候温凉，光照充足，年活动积温3 000℃～3 500℃，年均降水量445毫米，土壤为壤土、砂壤土、含砾石。葡萄栽培在山区，着色极深。清徐的龙眼是当地的特产，近年的赤霞珠、梅洛也开始用于酿酒。

葡萄酒酿世界语 贺兰山起中国风

以上8个产地是经历了几十年发展才逐步形成的，它构筑了21世纪我国酿酒葡萄产地的基本框架。

2.1.4 其他国家的葡萄酒

1）意大利

意大利酿造葡萄酒的历史已经有2 500多年，比法国还早，是全球葡萄酒产量最多的国家。意大利处于地中海气候带，适合种葡萄的地方非常多，葡萄酒也相当多元化。其酿酒葡萄以本国的品种为主，主要的品种有圣乔维塞（Sangiovese）、特雷比奥罗（Trebbiano）、维奈西卡（Vernaccia）。在制定DOC法规之前，意大利的葡萄酒品质很差，被形容成洗车酒，自从学习法国制定了葡萄酒管制后，意大利葡萄酒的品质有了整体的提高，佳酿众多。意大利葡萄酒产区众多，分北部、中部、南部及岛屿三大块，最有名的是皮尔蒙特（Piedmont）和托斯卡纳（Tuscany）两个产区。

皮尔蒙特是意大利最大的葡萄酒产区，出产浓郁丰厚的巴罗洛（Barolo）红酒、口味轻却细腻且香气多变的巴巴罗斯科（Barbaresco）红酒以及有名的阿斯蒂（Asti）起泡酒。

托斯卡纳位于意大利中部西岸，邻海，北起佛罗伦萨，南和卡比利亚及拉提姆接壤，在丘陵和山谷之间，漫山遍野长满了高大的橄榄树，是最优良的产酒区。托斯卡纳葡萄酒据说因为有一种高贵的味道而与众不同，产自这里的Chianti酒风靡全球。

2）西班牙

西班牙是世界上葡萄种植面积最大但单位面积葡萄产量最小的国家，产酒量世界排名第三。西班牙葡萄酒给世人的感觉跟意大利葡萄酒一样：大众化。20世纪70年代西班牙才有了自己的INDO（Instito de Denominaciones de Origen），规定了酒的原产地及品质。里奥哈（Rioja）是西班牙的"波尔多"。因19世纪的蚜虫之害，许多原本在波尔多地区的葡萄种植者远离家园来到里奥哈，重建葡萄园，重新酿酒，所以此地以产波尔多类型的葡萄酒为主，只是葡萄品种及酒的陈放不尽相同。后来西班牙又建立了规定更严格的DOC（Denominaciones de Origen Calificada）。

3）澳大利亚

澳大利亚有良好的土壤条件及稳定的气候，是一个优秀的新兴产区。其葡萄酒产量占世界产量的2%，近三成出口。其原本以生产强化酒精葡萄酒为主，但最近30年来改为大量生产不甜的一般餐用酒。因地处南半球，季节与北半球正好相反，每年二三月份为其葡萄采收期，所以比欧美各产区的葡萄酒提早半年上市，如果你买到当年产的澳大利亚葡萄酒是不足为奇的。澳大利亚葡萄酒中最有特色的是调和葡萄酒（Blend Wine），澳大利亚人勇于创新，大胆尝试前人所没采用过的调配方式，如以解百纳（Caberent）与西拉（Syrah）调配出优良的葡萄酒。

4）德国

德国共有13个特定葡萄种植区，大多在西南部，是地处较高纬度的葡萄种植区，夏天短暂，阳光不足，所以有80%的葡萄园在面河的山坡地，以便吸收较多的阳光。主要的特定葡萄园集中在摩泽尔（Mosel）及莱茵河（Rhen）地区。一般来说，摩泽尔的酒果酸较强，较清爽；莱茵河的酒较浓郁。

5）美国

美国是全美洲最大的产酒国，也是一个生产葡萄酒的科技大国，凭借独特的地理位置、优良的气候、先进的科技以及高超的行销手法，美国在短短30年间在国际市场上俨然成为新兴的优良产酒区。其中加州所产的葡萄酒不论品质还是数量均居全美第一。加州葡萄酒的产量约占全美总产量的九成，其葡萄种植主要分布于中央谷地、南部海岸，其中又以北海岸的那帕谷（Napa Valley）、索诺玛谷（Sonoma Valley）最具知名度，大多数精品酒庄（Boutique Winery）均在此处。近几年来，美国也参考欧洲的区域管制法划定了法定葡萄种植区。

2.2 啤酒

按现行国家产品标准规定，啤酒的定义是："以麦芽为主要原料，加酒花，经酵母发酵酿制而成的，含有二氧化碳的、起泡的低酒精度饮料。"上述定义包含三层意思：第一，啤酒是以麦芽为主要原料生产的。麦芽使用量应不少于50%，至于使用什么样的麦芽，传统上乃至今天仍然沿用大麦麦芽。第二，啤酒是添加酒花，经酵母发酵酿制而成的，是目前世界各国公认的经过糖化、发酵方法而酿制的酿造酒，非配制酒。第三，啤酒应是含二氧化碳、起泡、低酒精度的饮料酒，区别于汽酒和其他配制酒。

2.2.1 世界啤酒历史

啤酒起源于9 000年前的中东和古埃及地区，后传入欧洲，19世纪末传入亚洲。目前，啤酒几乎遍及世界各地。最初的啤酒是不加酒花的，也许只用麦芽制成的啤酒有一种青草似的气味，人们就将药草引入啤酒。在埃及的神话中说，神为了惩罚人类，曾派遣疫病女神下凡，欲将人类毁灭。可是，女神误将人类掺有红色药草的啤酒认为是人血，便大饮而醉，返回天上。因这个神话故事，每当疫病流行的时候，人们都要饮用加红色药草的啤酒。

在中世纪的欧洲，人们曾用一种叫格鲁特的药草及香料为啤酒提味，因这样做需要医学知识及多种材料，故啤酒主要生产于修道院。但自14世纪起，添加蛇麻花（又称啤酒花）的啤酒逐渐盛行于欧亚大陆，因为在那里蛇麻花是随处可见的植物。后来由于林德（Linde）发明了冷冻机，从而使啤酒的香味更趋柔和，而巴斯（Pasteru）发明的在60℃保持30分钟以杀灭酵母和杂菌的方法，使得啤酒的保存期大大延长。有研究表明，古巴比伦、苏美尔人就喝啤酒。考古学家还发现，公元前3 000年的楔形文字中就有关于苏美尔人酿造啤酒的配方的记载，其过程基本上同今天一样。当时还用芦苇管吸啤酒，以防止没有溶解的黑麦草和谷粒进入喉咙。

啤酒在古埃及也很盛行，当时的金字塔建筑工人的用餐食谱就由3个面包、几根葱、几头蒜以及3桶啤酒组成。古埃及的医生开处方治胃病用啤酒，连治牙痛也用啤酒。从已被挖掘的法老陵墓中发现，里面有一桶桶的啤酒，其味道、颜色、气味甚至醉酒效力都一直保持到今天。

在古希腊和古罗马，大麦啤酒最受人们喜爱，古代中国也酿造啤酒。中世纪初期，啤酒在西欧普及，也是北欧和中欧的日常饮料，但是，啤酒花——现代啤酒的主要成分，是8世纪末才从东方引入欧洲的。在这之前酿造的啤酒，没有啤酒花。

当时的许多啤酒酿造工是寺院里的僧侣，特别是在当时的德国和捷克。从1290年纽伦堡市的正式记录里可以看到，德国用大麦酿造啤酒，禁止使用燕麦、小麦和黑麦，而英国人正相反，最喜欢小麦啤酒。

到了14世纪，手工酿酒作坊出现，各种跟啤酒有关的活动逐渐形成。直到现在，德国还举办啤酒节，而在捷克还有啤酒党。

自古以来，人们都重视啤酒的质量。在捷克，啤酒酿造商把刚酿得的啤酒送到市政厅接受检查：把酒泼到专设的长凳上，然后坐上去，几分钟后人黏在长凳上——那么，允许出售；如果不黏，啤酒酿造商就得"挨揍"。还有一种检验的方法，就是在泡沫里投入一枚硬币，如果硬币不立即沉没，就证明这种啤酒可以喝。

世界驰名的巴伐利亚啤酒出现在15世纪，而传统的英国淡色麦酒（啤酒的一种）和黑啤酒要晚300年。到20世纪啤酒已经很普及了，几乎每个欧洲城市都有自己的品牌，只有在意大利和法国南部人们还不习惯喝啤酒而喜欢喝葡萄酒。

啤酒在俄国并不普及。例如，1913年慕尼黑市民每年平均消费啤酒566升，而俄国人每年平均消费啤酒总共才5升。十月革命前，在瑞士的俄国政治侨民聚集在小酒馆里喝茶，只有列宁给自己要了一杯啤酒。

近几年来，由于膜过滤等技术的迅速发展，"纯生啤酒"及系列"特色啤酒"的生产成为现实，我们才能有多种口味的啤酒可选择。

2.2.2　中国啤酒简史

啤酒生产是采用发芽的谷物作原料，经磨碎、糖化、发酵等工序制得的。在中国古代，也有类似啤酒的酒精饮料，古人称之为醴。大约在汉代后，醴被由酒曲酿造的黄酒所淘汰。自清代末期开始，国外的啤酒生产技术开始引入中国。中华人民共和国成立后，尤其是20世纪80年代以来，啤酒工业得到了突飞猛进的发展，据2023年的相关统计，中国现已成为世界最大啤酒生产国。

同远古时期的美索不达米亚人（Mesopotamia）和古埃及人一样，我国远古时期的醴也是用谷芽酿造的，即所谓的蘖法酿醴。《黄帝内经》中记载有醪醴，商代的甲骨文中也记载有不同种类的谷芽酿造的醴。《周礼·天官·酒正》中有"醴齐"，醴和啤酒在远古时代应属同一类型的含酒精量非常低的饮料。由于时代的变迁，用谷芽酿造的醴逐步消失，但口味类似于醴、用酒曲酿造的甜酒却保留下来了，故人们普遍认为中国古代没有啤酒，但是，根据古代的资料，我国很早就掌握了蘖的制造方法，也掌握了用蘖制造饴糖的方法。酒和醴在我国都存在，醴后来逐步被酒所取代。

近代，啤酒是在19世纪末随着帝国主义的洋枪洋炮一起进来的。最早在中国建立的啤酒厂是俄国人在哈尔滨八王子建立的乌尔卢布列夫斯基啤酒厂，此后5年时间里，俄国、德国、捷克分别在哈尔滨建立另外3家啤酒厂。1903年英国和德国商人在青岛开办英德酿酒有限公司，生产能力为2 000吨，这就是青岛啤酒厂的前身。1904年在哈尔滨出现了中国人自己开办的啤酒厂——东北三省啤酒厂。1914年在哈尔滨又建立了五洲啤酒汽水厂，同年在北京建立了双合盛啤酒厂。1935年广州出现了五羊啤酒厂（广州啤酒厂的前身）。1958年我国在天津、杭州、武汉、重庆、西安、兰州和昆明等大城市投资新建了一批生产规模在2 000吨左右的啤酒厂，它们成为我国啤酒业发展的骨干企业。到1979年全国啤酒厂总数达到90多家，啤酒产量达37.3万吨，比中华人民共和国成立前增长了50多倍。但我国啤酒业真正的大发展发生在1979年后的10年，啤酒工业以每年30%以上的速度持续增长。20世纪80年代，我国的啤酒厂如雨后春笋般不断涌现，遍及神州大地。到1988年我国啤酒厂家发展到813个，年总产量达656.4万吨，仅次于美国、德国，名列第三。短短10年，我国啤酒厂家增长9倍，产量增长17.6倍，我国成了名副其实的啤酒大国。我国是近年来啤酒生产发展速度最快的国家之一,1994年全国啤酒产量突破1 400万吨大关,超过德国,成为仅次于美国的世界第二大啤酒生产国。2002年,中国第一次超过美国成为世界最大啤酒生产国。国家统计局数据显示,2013年中国啤酒产量为5 061.5万千升,2014年下降至4 922万千升。此后,啤酒产量进入快速下降通道,到2018年已跌破4 000万千升大关。2020年,数据进一步下降至3 411.1万千升。浙商证券研报也指出,我国啤酒行业2013年总产量及销量达到顶峰,但由于20~50岁主流消费人群数量下降,产品同质化日益严重,2014年后产销量呈下降趋势,在连降7年后于2021年略有回升,产销量达3 562.4万千升,同比增长4.44%,但仍低于2019年水平。啤酒行业步入存量竞争阶段,量减价增趋势未变,经济型啤酒主导的时代已经落幕。数据显示,当前阶段啤酒行业的增长,主要来自高端化背景下的提价驱动。

小资料2-5　　　热爱啤酒的国家——捷克啤酒文化新趋势

8月4日是国际啤酒日。捷克人对啤酒的热爱深深植根于其历史和民族文化之中,啤酒文化不仅是人们珍视的传统,也成为国家特色的一部分。随着时代的发展,捷克啤酒文化正呈现出新的特征。

两位捷克顶级啤酒大师——普尔特酒吧经理特蕾莎·波斯皮西洛娃和红鹿餐厅首席调酒师米罗斯拉夫·涅科尔尼向记者谈起了捷克啤酒文化的新发展趋势。

啤酒仍占据酒类市场主导地位。捷克是全球人均啤酒消费量最高的国家。2022年,捷克人均饮用啤酒136升,比2021年增加了6升。捷克啤酒厂也不断提高产量,2022年产量超过20亿升,比2021年增加近1亿升。调查数据显示,捷克有13%的成年人每天喝啤酒,1/3的人每周至少喝一次啤酒,4/5的人"至少偶尔"喝啤酒。

酒吧文化受到一定挑战。虽然捷克多年来一直保持着全球人均啤酒消费量最高的纪录,但与几年前相比,目前捷克人的饮酒量出现了下降。2009年,捷克几乎一半的啤酒消费是在酒吧和餐馆进行的,而到了2022年,这一比例仅为31%,主要原因是餐馆和酒吧的啤酒价格上涨。

更多女性从事啤酒行业。"金龙头奖"赛事是捷克面向调酒师举办的调酒技术竞赛,这里的"龙头"指的正是餐馆或酒吧接取啤酒的装置。作为第一位赢得该奖的女性调酒师,波斯皮西洛娃说:"女性可以做得很好。在我们酒吧,有一半是女性员工。对她们来说,有时从酒桶里取酒可能会有困难,但她们处理得很好。"

无酒精啤酒受到追捧。出于健康考虑,当下越来越多的捷克人倾向于选择低酒精或无酒精的啤酒。波斯皮西洛娃称:"在过去6年里,捷克无酒精啤酒的国内市场份额翻了一番,目前约占到7%。啤酒厂也开始生产更多的优质无酒精啤酒。2022年,捷克无酒精啤酒销量同比增长47%,预计这一趋势将持续下去。"

年轻一代乐于尝试新口味。涅科尔尼说:"年轻一代对尝试不同口味和风格啤酒的兴趣日益浓厚,啤酒厂也开始尝试采用顶部发酵技术生产啤酒,如小麦啤酒和波特啤酒。酸味和果味的精酿啤酒在年轻人中也越来越受欢迎。为了迎合年轻粉丝的口味,各地精酿啤酒厂兴起,数量不断增加,成了一个新趋势。"

资料来源　杨艺明. 热爱啤酒的国家 [N]. 光明日报,2023-08-11. 有删减.

2.2.3 酿造啤酒的原料

酿造啤酒的主要原料是大麦、酿造水、酵母、啤酒花。

1）大麦

大麦是酿造啤酒的主要原料，但是首先必须将其制成麦芽，方能用于酿酒。大麦在人工控制和外界条件下发芽和干燥的过程，被称为麦芽制造。大麦发芽后称为绿麦芽，干燥后称为麦芽。

麦芽的制造主要分为四个阶段：

第一阶段，精选后的大麦浸泡在水中，使大麦吸收水分，达到能发芽的要求，此阶段称为浸麦。根据设备和工艺要求的不同又有好多种方法，这里就不作详细介绍。

第二阶段，在人工控制的条件下进行发芽，利用发芽过程中形成的酶，使大麦的内容物质分解，变为麦芽。

大麦发芽的主要目的是：让胚乳细胞壁的部分或全部降解，使干燥后的麦芽变得疏松，更易粉碎，内容物质更容易溶出。

第三阶段，发芽完毕的大麦称为绿麦芽，利用热空气进行干燥。

干燥的主要目的是：使绿麦芽停止生长和分解酶，除去多余的水分，防止腐烂，便于运输；使根部干燥，便于除去绿麦芽的生腥味，增加麦芽的色、香、味。

第四阶段，通过机械原理将麦芽的根除去。

2）酿造水

啤酒的主要成分是水，所以水质的好坏对啤酒的影响很大。

3）酵母

酵母的种类很多，用于啤酒生产的酵母叫作啤酒酵母。

啤酒酵母的学名是sac-charomyces cerevisiae，啤酒酿造中酵母起的主要作用就是降糖，产生二氧化碳和酒精。

4）啤酒花

啤酒花（如图2-9所示），简称酒花，作为啤酒工业的原料开始被使用于德国。使用啤酒花主要是利用其苦味、香味、防腐和澄清麦汁的功能。

图2-9 啤酒花

小资料2-6　　　　　　　　　　　　　　　　啤酒花

12世纪，德国人首先把啤酒花作为一种防腐剂加到啤酒中。尽管啤酒花的苦涩味道不被人们所喜爱，但酿造商们还是普遍使用它。因为啤酒花可以让啤酒不易变质，这样生产商就可以长途贩运啤酒了。很明显，正是这样才促进了早期啤酒酿制业的蓬勃发展。

啤酒花有三个种类，都属于草本攀援植物。这些植物全身长满了钩状的爬须，通过一些物体，顺时针缠绕向上攀爬生长。虽然发现过雌雄同体的啤酒花，但通常来说，啤酒花植物是雌雄异体的。雌雄植株只有在开花时才容易辨认（如图2-10和图2-11所示），而从其他形态上很难区分。它们的花是通过风进行授粉的，授粉后，雌株的花会结成一个球果。

图2-10　啤酒花雌株 　　　　　　　　　　　　　　　图2-11　啤酒花雄株

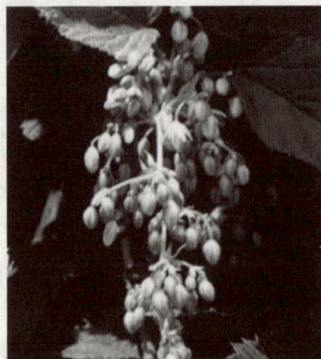

雌株的球果中含有树脂腺，正是这树脂腺产生了啤酒花的苦味素（亦称蛇麻素或忽布素）。啤酒花苦味素中含有精华油和树脂，这两种成分使啤酒花有了独特的香气，以及一些苦涩味。树脂中的 α 酸（alpha acids）是产生苦涩味的成分。通常情况下，酿造一桶啤酒要用8～13盎司的啤酒花。

2.2.4　啤酒酿造工艺流程

啤酒酿造工艺流程如图2-12所示。

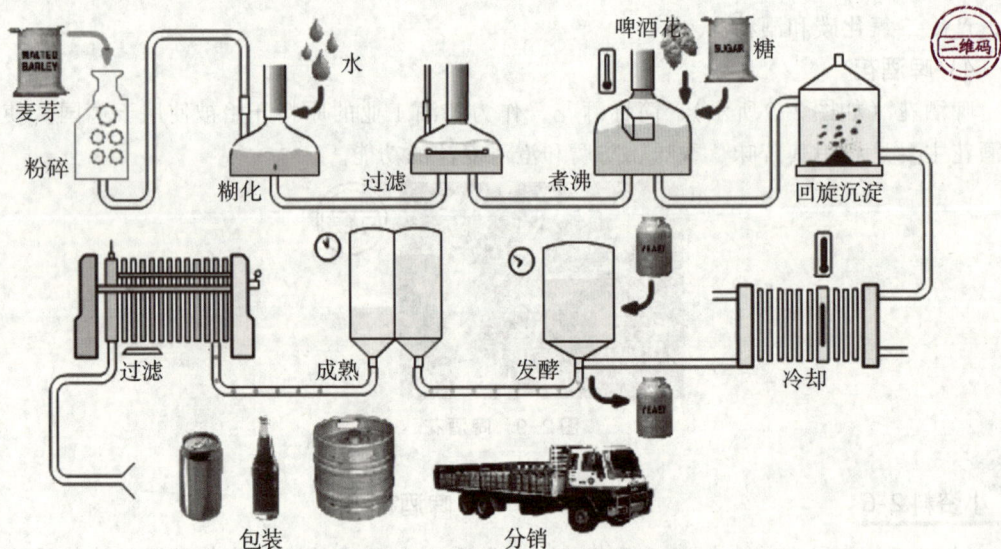

图2-12　啤酒酿造工艺流程示意图

42

麦芽在送入酿造车间之前，先被送到粉碎塔。在这里，麦芽经过轻压粉碎制成酿造用麦芽。

糊化处理即将粉碎的麦芽、谷粒与水在糊化锅中混合。糊化锅是一个巨大的回旋金属容器，有热水与蒸汽入口，搅拌装置如搅拌棒、搅拌桨或螺旋桨，以及大量的温度与控制装置。在糊化锅中，麦芽和水经加热后沸腾，这时天然酸将难溶性的淀粉和蛋白质转变成为可溶性的麦芽提取物，称作"麦芽汁"，然后麦芽汁被送至称作分离塔的过滤容器。

前沿资讯 2-2

精酿啤酒"破圈"最大的痛点是什么？

麦芽汁在被泵入煮沸锅之前需先在过滤槽中去除其中的麦芽皮壳，并加入啤酒花和糖。在煮沸锅中，混合物被煮沸以吸取啤酒花的味道并起色和消毒。在煮沸后，加入啤酒花的麦芽汁被泵入回旋沉淀槽以去除不需要的啤酒花剩余物和不溶解的蛋白质。

2.2.5　啤酒的"度"

啤酒酒标上的度数与白酒酒标上的度数不同，它并非指酒精度，它的含义为原麦汁浓度，即啤酒发酵进罐时麦汁的浓度。

2.2.6　啤酒的分类

1）根据原麦汁浓度分类

根据原麦汁浓度分类，主要有18度、16度、14度、12度、11度、10度、8度啤酒。日常生活中饮用的多为11度、12度啤酒。

2）根据啤酒色泽分类

（1）淡色啤酒。淡色啤酒的色度为5EBC～14EBC。淡色啤酒为啤酒产量最大的一种。淡色啤酒又分为浅黄色啤酒、金黄色啤酒。浅黄色啤酒口味淡爽，酒花香味突出。金黄色啤酒口味清爽而醇和，酒花香味也突出。

（2）浓色啤酒。浓色啤酒色泽呈红棕色或红褐色，色度为14EBC～40EBC。浓色啤酒麦芽香味突出、口味醇厚、酒花苦味较轻。

（3）黑色啤酒。黑色啤酒色泽呈深红褐色乃至黑褐色，产量较低。黑色啤酒麦芽香味突出、口味浓醇、泡沫细腻，苦味根据产品类型而有较大差异。

3）根据杀菌方法分类

（1）鲜啤酒。鲜啤酒是指啤酒经过包装后，不经过低温灭菌（也称巴氏灭菌）而销售的啤酒，这种啤酒味道鲜美，但容易变质，保质期在低温下为7天左右，一般就地销售。

（2）熟啤酒。熟啤酒是指经过巴氏灭菌的啤酒。这种啤酒可以存放较长时间，可用于外地销售，优级啤酒保质期为120天。

4）根据包装容器分类

（1）瓶装啤酒。我国瓶装啤酒主要分为640毫升和355毫升两种包装。国际上还有500毫升和330毫升等其他规格。

（2）易拉罐装啤酒。易拉罐装啤酒采用铝合金包装材料，规格多为355毫升，便于携带，但成本高。

（3）桶装啤酒。桶装啤酒材料一般为不锈钢或塑料包装，容量为30升。啤酒经瞬间高温灭菌，温度为72℃，灭菌时间为30秒。桶装啤酒多在宾馆、饭店销售，并专门配有售酒机。由于酒桶内有压力，因此可以保持啤酒的卫生。

5）根据啤酒酵母性质分类

（1）上面发酵啤酒。上面发酵啤酒采用上面酵母。发酵过程中，酵母随二氧化碳浮到发酵面上，发酵温度为15℃～20℃。啤酒的香味突出。

（2）下面发酵啤酒。下面发酵啤酒采用下面酵母。发酵完毕，酵母凝聚沉淀到发酵容器底部，发酵温度为5℃～10℃。啤酒的香味柔和。世界上绝大部分国家采用下面发酵技术。我国的啤酒均为下面发酵啤酒，其中著名的有青岛啤酒等。

小资料2-7　　　　　　　　世界驰名啤酒品牌　　二维码

1.百威（如图2-13所示）

图2-13　百威

2.贝克（如图2-14所示）

图2-14　贝克

3.喜力（如图2-15所示）

图2-15　喜力

4.嘉士伯（如图2-16所示）

图2-16　嘉士伯

5.科罗娜（如图2-17所示）

图2-17　科罗娜

6.健力士（如图2-18所示）

图2-18　健力士

7.生力（如图2-19所示）

图2-19　生力

8.纽卡斯尔（如图2-20所示）

图2-20　纽卡斯尔

9.朝日（如图2-21所示）

图2-21　朝日

10.青岛（如图2-22所示）

图2-22　青岛

2.3 中国黄酒

中国的黄酒,也称米酒(rice wine),属于酿造酒,在世界三大酿造酒(黄酒、葡萄酒和啤酒)中占有重要的一席。中国黄酒酿造技术独树一帜,是东方酿造界的典型代表和楷模。

2.3.1 黄酒酿造原料

黄酒是用谷物作原料,用麦曲或小曲作糖化发酵剂制成的酿造酒。历史上黄酒的生产原料在北方以粟(英文为setaria italica,在古代,是秫、粱、稷、黍的总称,有时也称粱,现在称为谷子,去除壳后叫小米)为主。在南方则普遍以稻米(尤其以糯米为最佳)为原料酿造黄酒。自宋代开始,由于政治、文化、经济中心的南移,黄酒的生产局限于南方数省。南宋时期,开始生产烧酒。自元代开始,烧酒在北方得到普及,北方的黄酒生产逐渐萎缩,而南方由于饮烧酒者不如北方普遍,因此黄酒生产得以保留。在清代,南方绍兴一带的黄酒称雄国内外。目前,黄酒生产主要集中于浙江、江苏、上海、福建、江西、广东、安徽等地,山东、陕西、辽宁等地也有少量生产。

2.3.2 黄酒的名称

黄酒,顾名思义是黄颜色的酒,所以有的人将黄酒翻译成"yellow wine",其实这并不恰当。黄酒的颜色并不总是黄色的。在古代,酒的过滤技术并不成熟,酒是呈混浊状态的,当时称为"白酒"或"浊酒"。黄酒的颜色也有黑色的、红色的,所以不能光从字面上来理解。黄酒是谷物酿成的,因为可以用"米"代表谷物粮食,故又称为"米酒",国际上通常用"rice wine"表示黄酒。

在当代,黄酒是谷物酿造酒的统称,以粮食为原料的酿造酒(不包括蒸馏的烧酒)都可归于黄酒类。黄酒虽作为谷物酿造酒的统称,但民间有些地区对本地酿造,且局限于本地销售的酒仍保留了一些传统的称谓,如江西的水酒、陕西的稠酒、西藏的青稞酒,如将它们归类为黄酒,当地人也不一定能接受。

在古代,"酒"是所有酒的统称,在蒸馏酒尚未出现的历史时期,"酒"就是酿造酒。蒸馏的烧酒出现后就较为复杂了,"酒"这一名称既是所有酒的统称,在一些场合也是谷物酿造酒的统称。例如,李时珍在《本草纲目》中把当时的酒分为酒、烧酒和葡萄酒三大类,其中"酒"这一节写的都是谷物酿造酒。由于"酒"既是所有酒的统称,又是谷物酿造酒的统称,因此为了区分,黄酒作为谷物酿造酒的专用名称而保留下来。

"黄酒"在明代专门指酿造时间较长、颜色较深的米酒,与"白酒"相区别,明代的"白酒"并不是现在的蒸馏烧酒,如明代有"三白酒",是用白米、白曲和白水酿造而成的,酿造时间较短的酒,酒色混浊,呈白色。酒的黄色(或棕黄色等深色)的形成主要是在煮酒或贮藏过程中,酒中的糖分与氨基酸形成美拉德反应,产生色素,也有的是加入焦糖制成的色素(称糖色)加深其颜色。明代戴羲所撰的《养余月令》卷十一中则有:"凡黄酒白酒，少入烧酒，则经宿不酸。"从这一提法可明显看出黄酒、白酒和烧酒之间的区别，黄酒是指酿造时间较长的老酒，白酒则是指酿造时间较短的米酒（一般用白曲，即米曲作糖化发酵剂）。在明代，黄酒这一名称的专一性还不是很严格，虽然不能包含所有的谷物酿造酒，但起码南方酿酒规模较大的各地，在酿造过程中经过加色处理的酒都可以被包括进去。清代，各地酿造酒虽然仍在生产，但绍兴的老酒、加饭酒风靡全国，这种行销全国的酒质量高，颜色一般较深，因此可能与"黄酒"这一名称的最终确立有一定的关系。因为清朝皇帝对绍兴酒有特殊的爱好，清代时已有所谓"禁烧酒而不禁黄酒"的说法。到了 20 世纪初期，黄酒作为谷物酿造酒的统称已基本确定下来，黄酒归属于土酒类（国产酒称为土酒，与舶来品的洋酒相对应）。

2.3.3　绍兴酒介绍

绍兴酒的主要品种有：

（1）元红酒。其又名状元红，用摊饭法酿造，发酵完全，残留的糖少，酒液橙黄，有独特的芳香，味甘爽微苦，是绍兴酒中的大宗产品、干型黄酒的典型代表。

（2）加饭酒。其生产方法与元红酒相同，因饭量增加醪液稠厚，控制发酵难度较大，酒液深黄带红，芳香浓郁，味醇和鲜美，是绍兴酒中的上品，是半干型黄酒的典型代表。以坛装的陈年加饭酒叫花雕酒。其坛外壁塑绘山水、花、鸟和人物等神话故事，包装精美，可作高档礼品。

（3）善酿酒。其用摊饭法酿造，用贮存 1～3 年的元红酒代水酿制而成。善酿酒自发酵始就有 6% 的酒精浓度，所以发酵缓慢，成品中糖分保持在 7% 以上，是半甜型酒的典型代表。酒色深黄，香气芬芳浓郁，味醇和甜美，是绍兴酒中的珍品。

（4）香雪酒。其用淋饭法制成甜酒酿后，拌入少量麦曲加糟烧酒抑制发酵，保留需要的糖分陈酿而成。酒液呈琥珀色，香味芬芳，味醇厚甜美，是甜型黄酒的典型代表。

素养园地　　　　　　　**为讲好黄酒故事、振兴黄酒产业发声助力**

闲倾一盏中黄酒，闷扫千章内景篇。黄酒是世界最古老的谷物酿造酒，是世界三大古酒之一，源于中国，且唯中国有之，其历史源远流长，文化底蕴深厚，也是最能代表中国文化的酒种，是名副其实的"国粹"。

提起黄酒，2023 年光荣当选新一届全国人大代表的李智慧滔滔不绝地对本报记者数起了"家珍"，黄酒作为华夏文明的核心标志之一，在历史的风起云涌中处处留下了自己的足迹，从无间断，传承至今。随着经济全球化与中国"一带一路"倡议的开花结果，我国黄酒产业正在不断焕发新的生机与活力。

这位来自生产一线的 90 后技术骨干，在 2023 年两会期间，围绕黄酒产业发展带来了三项建议。希望在认真履职的同时，能为讲好黄酒故事、弘扬黄酒文化、振兴黄酒产业发声助力。

"黄酒产业发展速度与白酒、啤酒相比，仍存在着不小的差距。"李智慧代表介绍，消费区域性明显、产业集中度低、基础科研薄弱等多重因素制约着黄酒产业的健康发展。千年黄酒焕发新生，迫切需要依靠基础研究和高新技术引领，加强黄酒健康养生功能研究，不断提升产品品质，丰富产品品类，满足消费者多元化需求。

对此，李智慧代表建议科技部、中国科协、科研院所加大对黄酒的科研投入，加强黄酒基础研究、酿造机理研究、健康因子研究，推动产业健康可持续发展。同时，建议科技部在科研立项中对黄酒产业科研经费扶持方面有所倾斜，对相关科研院所在黄酒基础研究方面能投入更多的技术资源，带动中国黄酒行业走消费引领、品质为本、技术创新的良性发展之路，让中国黄酒真正成为中国的"国酒"，推动中国黄酒这一民族产业更好地传承发展。

三句话不离本行，谈到黄酒酿制技艺，李智慧代表更是打开了话匣子。"传承好保护好中国黄酒酿制技艺，积极申请世界非物质文化遗产，对弘扬中国传统文化，增强民族文化认同感与自信心，有着积极的意义。"对此，李智慧代表提出了三方面建议。一是建议加强黄酒文化遗产挖掘，以"中国（绍兴）黄酒酿制技艺"的名义申报世界非物质文化遗产。二是制定工业遗产及酒类酿制技艺针对性保护体系，在现有保护体系的基础上进行细化，增加工业遗产及酒类酿制技艺保护的针对性内容。三是对知识产权违法行为严厉处罚，建议对侵犯知识产权的违法犯罪行为，进行法律顶层设计，加大惩处力度，提高违法犯罪成本。

国家统计局数据显示，2022年，纳入国家统计局范畴的规模以上黄酒生产企业有90家，累计实现销售收入101.63亿元，实现利润总额12.66亿元。为推进黄酒产业发展，李智慧代表建议国家相关部委进一步加大对黄酒产业的支持力度，在科研投入、技术创新、品牌培育、市场拓展、文化弘扬、产业整合等方面出台实质性的扶持政策，积极支持和优化配置黄酒产业发展所需的技术、人才、资金等各类资源要素，推动黄酒产业规范有序发展。同时，加大高等院校、科研机构与黄酒历史经典产业进行深度项目合作的扶持力度，积极开展技术创新、工艺创新、设备创新等研究和应用。此外，对黄酒文化传播和黄酒产品出口给予政策指导，将民族文化向世界推广，走全球化发展道路。充分挖掘国内、国外双市场的增长潜力，推动中国黄酒走出国门、走向世界。

资料来源 李涛，郭敏，张元欣，等. 为讲好黄酒故事、振兴黄酒产业发声助力［N］. 中国食品安全报，2023-03-11（C03）.

思政元素：讲好中国文化故事。

互动话题：一个民族的复兴，需要强大的物质力量，也需要强大的精神力量。传承优秀文化，坚定文化自信，在新征程上讲好中国故事，国家文化软实力和中华文化影响力日益提高。

研讨要求：

（1）通过深入学习党的二十大精神，结合本案例，请各组围绕"如何讲好中国酒文化故事"开展深入交流和研讨；

（2）每个小组推荐1名成员做主题发言，总结分享一下小组交流研讨的内容。

■ 本章小结

本章系统介绍了三种主要的发酵酒：葡萄酒、啤酒、中国黄酒。葡萄酒的酿造历史悠久，不同种类的葡萄酒又有不同的酿造过程，法国、中国等国家由于地理位置、气候和土壤等原因在葡萄酒的生产上又呈现出不同的特点。啤酒的发展历史也很漫长，现代中国啤酒是在鸦片战争后从外国传入的，而黄酒作为中国特有的酒种又以绍兴酒最为出名。

■ 主要概念

葡萄酒 红葡萄酒 白葡萄酒 干葡萄酒 甜葡萄酒 啤酒 啤酒花 黄酒

■ 判断题

1. 山葡萄酒指以野生葡萄为原料酿成的葡萄酒。 （ ）
2. 半汁葡萄酒指葡萄原汁的含量达50%的葡萄酒。 （ ）
3. 葡萄酒像海绵一样，会将周围的味道吸到瓶里去。 （ ）
4. 葡萄酒以平放摆置较理想。 （ ）
5. 淡色啤酒的酒精度在8度左右。 （ ）

■ 选择题

1. 干葡萄酒指葡萄酒中的糖分几乎已发酵完，每升葡萄酒中总含糖量低于（ ）克的葡萄酒。

A.4 　　　　　　B.12 　　　　　　C.25 　　　　　　D.50

2. 按颜色来分，可以把葡萄酒分为三类，（ ）不属于其中。

A.红葡萄酒 　　　B.白葡萄酒 　　　C.干葡萄酒 　　　D.桃红葡萄酒

3. 在啤酒的四个酿造原料中，起到增加啤酒苦味作用的是（ ）。

A.麦芽 　　　　　B.酵母 　　　　　C.啤酒花 　　　　D.水

■ 简答题

1. 简述红葡萄酒的酿造过程。
2. 简述啤酒的酿造过程。
3. 简述法国葡萄酒的四个等级。

■ 实践训练

取干葡萄酒、甜葡萄酒、啤酒、黄酒各一瓶，让学生进行品酒练习，然后说出各自的口味特点、具体区别等，最后参照表2-1、表2-2、表2-3进行测评。

表2-1　　　　　　　　　　　　**葡萄酒品评评价参考表**

评价内容	分值（分）	评分（分）
看酒（清澈度、黏稠度、颜色）	30	
闻酒（气味稳定性）	30	
品尝（单宁含量、留香效果）	30	
综合评价葡萄酒的优劣	10	
葡萄酒品评总分	100	

表2-2　　　　　　　　　　　　**啤酒品评评价参考表**

评价内容	分值（分）	评分（分）
看酒（清澈度、泡沫、色泽）	30	
闻酒（酒花、麦芽香气）	30	
品尝（无杂味、涩味、苦味、杀口力）	30	
综合评价啤酒的优劣	10	
啤酒品评总分	100	

表2-3　　　　　　　　　　　　**黄酒品评评价参考表**

评价内容	分值（分）	评分（分）
看酒（色泽、亮度）	30	
闻酒（香气协调程度）	30	
品尝（甜、鲜、苦、涩、辣的综合）	30	
综合评价黄酒的优劣	10	
黄酒品评总分	100	

第3章

蒸馏酒

■ 学习目标

　　本章主要讲述蒸馏酒的基本知识。通过本章的学习，对中外各
种蒸馏酒的酿造原料、口味特点、著名品牌有所了解，为后面学习
鸡尾酒的调制打下坚实的基础。

　　发酵后的原酒，经过一次或多次蒸馏过程提取的高度酒叫蒸馏酒。酒精的汽化点是
78.3℃，将酿酒的原料经过发酵后加温至78.3℃，并保持这个温度就可获得汽化酒精，再
将汽化酒精输入管道冷却后，便是液体酒精，但是在加热过程中，原材料中的水分和其他
物质也会掺杂在酒精中，因而形成质量不同的酒液。大多数的名酒都采用多次蒸馏法或取
酒心法等不同的工艺来获取纯度高、杂质含量少的酒液。蒸馏酒可以在常温下长期保存，
一般情况下可放 5 ~ 10 年。

　　世界上有 7 种著名的蒸馏酒，分别是白兰地（Brandy）、威士忌（Whisky）、伏特加
（Vodka）、金酒（Gin）、朗姆酒（Rum）、特其拉（Tequila）、中国白酒（Spirit）。

3.1　白兰地

　　白兰地是指以葡萄或其他水果为原料经发酵、蒸馏而得的酒。白兰地通常的意思是
"葡萄酒的灵魂"。"白兰地"一词分狭义和广义之说，从广义上讲，所有以水果为原料发
酵蒸馏而成的酒都称为白兰地，但现在人们已经习惯把以葡萄为原料，经发酵、蒸馏、贮
存、调配而成的酒称作白兰地，这也就是我们通常所说的白兰地，而以其他水果为原料制
成的蒸馏酒，则在白兰地前面冠以水果的名称，例如苹果白兰地、樱桃白兰地等。新蒸馏
出来的白兰地需盛放在橡木桶内使之成熟，并应经过较长时间的陈酿（如法国政府规定至
少18个月），白兰地才会变得芳郁醇厚，并产生色泽。白兰地的贮存时间越长，酒的品质
越佳。白兰地的酒度一般为43度左右。常见的白兰地品类如图3-1所示。

　　白兰地最早起源于法国。18世纪初，法国的夏朗德河（Charente）的码头因交通方
便，成为酒类出口的商埠。由于当时整箱葡萄酒占船的空间很大，于是法国人便想出了用

拿破仑V.S.O.P.　　轩尼诗V.S.O.P.　　轩尼诗X.O.　　马爹利蓝带　　金版马爹利

马爹利X.O.　　人头马X.O.　　人头马路易十三　　人头马特　　人头马V.S.O.P.

图3-1　常见的白兰地品类

双蒸的办法去掉葡萄酒的水分，提高葡萄酒的纯度，同时减少占用空间而便于运输，这就是早期的白兰地。1701年法国卷入了西班牙战争，白兰地销路大减，酒被积存在橡木桶内。战争结束以后，人们发觉贮藏在橡木桶内的白兰地，酒质更醇、芳香味更浓，而且还有晶莹的琥珀色，这样，世界名酒白兰地便诞生了。因此，用橡木桶贮藏和贮藏一定年限便成为酿制白兰地的重要环节。

酿制1升白兰地大约需要8升葡萄酒，蒸馏出的酒是近乎无色的，但在橡木桶中贮藏时，橡木的色素溶入酒中形成褐色，年代越久，颜色越深。由于有颜色的白兰地更受欢迎，因此很多酿酒厂都使用焦糖加色。

在法国流传这样一句谚语：男孩子喝红酒，男人喝跑特（Port），要想当英雄就喝白兰地，因此白兰地具有至高无上的地位，又被称为英雄的酒。

3.1.1　白兰地的制作方法

1）用白葡萄酒蒸馏制作白兰地

原料酒的发酵工艺与传统法生产的白葡萄酒（不宜用红葡萄酿成的白葡萄酒蒸馏白兰地，原因是在发酵时会生成较多的杂醇油，蒸出的酒液质地粗糙）相同，当发酵完全停止时，残糖达到0.3%以下，在罐内进行静止澄清，然后将上部清酒与酒脚分开，取出清酒即可进行蒸馏（酒脚要单独蒸馏）。白兰地是一种具有特殊风格的饮料酒，它对于酒精度的要求不高，能保存它固有的芳香，因此白兰地的蒸馏方法至今仍停留在壶式蒸馏法（如图3-2所示）上。采用壶式蒸馏法还另有益处，壶是用铜制成的，在加热蒸馏过程中，生成了丁酸、乙酸、辛酸、癸酸、月桂酸盐等。这些物质是不可溶的，除去味道不够好的酸，有利于保证白兰地的质量。

图 3-2　壶式蒸馏法

壶式蒸馏法即采用直接用火加热，主要步骤如下：先将原酒蒸成低度酒，在容量为 150 ~ 500 升的壶中加入新发酵好的原料酒，一直加热蒸至蒸汽中含很少的酒精，约需 8 小时或更长时间，馏出液（粗馏原白兰地）酒度为 24% ~ 32%（v/v）；取部分酒尾分开存放，把壶放空，再放入新的原酒及上次蒸馏所得的酒尾，进行第二次蒸馏；同法，进行第三次蒸馏。将三次蒸馏所得的主要馏出液合并后复蒸，复蒸时间要长些，约 14 个小时，分去 1% ~ 2% 的酒头或部分酒尾，其主要馏出液的平均酒度为 58% ~ 60%（v/v），即为原白兰地。将原白兰地进行勾兑与调配，再经过贮藏和一系列的后加工处理，最后装瓶出厂。

2）用葡萄皮或葡萄渣作原料制作白兰地

将皮渣装在桶中，将容器密闭，使其发酵，因皮渣本身都带有酵母菌，可以不另外加酵母。容器装满后，将口密闭，顶部留一气孔，使二氧化碳溢出。发酵时间一般需要 10 ~ 15 天，温度适宜的话，只需 7 ~ 8 天。发酵完毕后，即可放入蒸馏器中进行蒸馏，方法同上。

3.1.2　白兰地的特点

1）白兰地有一种高雅醇和的口味，具有特殊的芳香

白兰地中的芳香物质首先来源于原料。法国著名的干邑（Cognac）白兰地就是以科涅克地区的白玉霓、白福儿、格伦巴优良葡萄原料酿制的。这些优良葡萄品种含特有的香气，经过发酵和蒸馏，得到原白兰地（原白兰地是指通过蒸馏得到的，还未调配的白兰地）。

优质白兰地的高雅芳香还有一个来源，并且是非常重要的来源，那就是橡木桶。原白兰地贮存在橡木桶中，要发生一系列变化，从而变得柔和、醇厚、成熟，在葡萄酒行业，这叫"天然老熟"。在"天然老熟"过程中，会发生两方面的变化：一是颜色的变化；二是口味的变化。原白兰地都是无色的，它在贮存时不断地吸取橡木桶的木质成分，加上白兰地所含的单宁成分被氧化，经过 5 年、10 年甚至更长时间，逐渐变成金黄色、深金黄色以及浓茶色。新蒸馏出来的原白兰地口味暴辣、香气不足，在贮存过程中，它从橡木桶的木质素中抽取橡木的香气，与自身单宁成分氧化产生的香气结合起来，便形成一种白兰地特有的奇妙的香气。

2）合格的白兰地还有一个极为重要的程序——调配

调配也称勾兑，是白兰地生产的点睛之笔，它使葡萄酒的感观、香气和口感实现高度和谐的统一。怎样调配是各葡萄酒厂家的秘密，各厂都有自己的配方和自己的调配专家。白兰地调配大师不仅需要精深的酿酒知识、丰富的实践经验，而且需要异常灵敏的嗅觉、味觉和艺术鉴赏能力。白兰地有一个特点，它不怕稀释。在白兰地中加入水，不仅风味不变还可降低酒度。因此，人们饮白兰地时往往放入冰块、矿泉水或苏打水，更有加茶水的，越是名贵的茶叶越好，白兰地的芳香加上茶香，口味更加浓郁。

3.1.3 白兰地的贮陈

新蒸馏所得的白兰地，香味不圆熟，质地粗糙，需在橡木桶中陈化。陈化前要稀释至酒度为50%（v/v）左右。稀释用水在使用前可加入50克/100升的无铁的糖色。酒桶应放在地上酒窖陈化白兰地，不应放在地下酒窖贮藏。因为地下酒窖通风不良，不能使白兰地充分氧化，影响老熟。最适宜的贮藏室温是15℃～25℃，相对湿度为75～85度。白兰地的贮藏期越长越好，陈酿时间越久，白兰地的风格越柔顺，香气也越醇厚，价格就越高昂，但这并不等于说白兰地可以无限制陈化于木桶中，酒本身也有一个从未熟到成熟到衰老的过程。先在新桶中陈化1年，后转入旧桶，再陈化5～10年甚至20～30年，一般不超过50年。

白兰地之所以经贮陈后，口感醇和、芳香浓郁，是因为所用的橡木桶对白兰地有微妙的"交换作用"，使本来没有颜色的酒，神奇地变成橡木桶的琥珀色，而且增添了白兰地特有的香气。不过也要付出一定的代价，因为一部分白兰地会随着时间的推移慢慢地蒸发掉。据说，仅在法国干邑地区一年蒸发掉的酒就有约2 000万瓶，难怪有人称这些蒸发掉的酒是被天使偷喝了。由于橡木对白兰地的酒质影响很大，因而酒厂对木材的选择和酒桶的制造也非常讲究。首先，被伐下来的橡木，须经2年以上的风干后才可以用来做木桶，以防橡木中的水分渗出而影响白兰地的醇美口味。其次，所有的木桶都应该纯粹用橡木镶嵌而成，其间不用一颗铁钉或一滴胶水，也不能用锯子来割，以确保贮陈过程不影响酒的色泽和口味。这就要求木匠师傅以聪明才智和娴熟的技巧，利用自然界物体热胀冷缩的原理，将木条用火烤弯，互相吸合制成酒桶，这种酒桶的大小以350升的容量最合适。装入橡木桶中的酒因进入一部分空气中的氧气，会使酒质发生变化，从而引起复杂的化学反应并发展为酒香。另外，橡木桶的溶解物质和它的微生物，对于白兰地的老熟和产生酒香影响极大。酒里的酒精也会蒸发一部分，使酒的烈度降低，并且橡木桶的颜色也逐渐渗入酒中，使原本无色的酒变为晶莹的琥珀色，味道也大有改进。

最好的白兰地是由不同酒龄、不同来源的多种白兰地勾兑而成的。兑酒师要通过品尝贮藏在桶内的酒类来判断酒的品质和风格，并决定勾兑比例。兑酒师都有自己的配方，绝不外传。勾兑后的白兰地在适当的容器中放6个月就可装瓶。白兰地与葡萄酒不一样，不在瓶中沉淀，装瓶以后就成为定型产品。只要密封后避光、低温保存就可长期留用。勾兑的白兰地酒度在国际上一般标准是 42 ~ 43 度，我国的酒度标准是 38 ~ 44 度。

品质优良的白兰地为了突出贮陈年限从而抬高酒价，酒瓶的商标上还要有醒目的特殊标记，这些标记各有不同的意义。例如：

★ 3 年陈　★★ 4 年陈　★★★ 5 年陈　V.O. 10 ~ 12 年陈　V.S.O. 12 ~ 20 年陈　V.S.O.P. 20 ~ 30 年陈　F.O.V. 30 ~ 50 年陈　X.O. 50 年陈　X. 70 年陈

E. Especial 特别的　O. Old 老陈　P. Pale 浅色、清澈　S.Superior 优越的或 Soft 柔顺的　V.Very 非常　X.Extra 格外的、特高档的　C. Cognac 干邑　F. Fine 好的、精美的

这些标记的含义并非很严格的，不仅代表的酒龄没有严格的确定，相同的标记在不同的地区和厂家所代表的意义也不尽相同。

3.1.4　干邑白兰地

众所周知，白兰地最著名的产地当属法国，然而当人们提到极品白兰地的时候，不是泛指法国白兰地，而是指干邑白兰地。干邑是法国南部的一个地区，位于夏朗德省（Charente）境内。干邑地区的土壤、气候、雨水等自然条件特别利于葡萄的生长，因此，这个地区所生产的葡萄是全世界首屈一指的，但这并不是说好的葡萄就一定可以酿出优质的白兰地。干邑是法国白兰地最古老、最著名的产区，干邑地区生产白兰地有其悠久的历史和独特的加工酿造工艺，干邑白兰地之所以享有盛誉，与其原料、土壤、气候、蒸馏设备及方法、老熟方法等密切相关，因此干邑白兰地被称为"白兰地之王"。

干邑白兰地酒体呈琥珀色，清亮透明，口味讲究，风格豪壮，特点鲜明，酒度为 43 度。

干邑白兰地的原料选用的是圣·埃美隆（Saint Emilim）、哥伦巴（Colombard）、白福尔（Folle Blanche）3 个著名的白葡萄品种，以夏朗德壶式蒸馏器经两次蒸馏，再盛入新橡木桶内贮存 1 年后，移至旧橡木桶，以避免吸收过多的单宁。

干邑是白兰地的极品，因此干邑产品受到法国政府的严格限制和保护。依照 1909 年 5 月 1 日法国政府颁布的法令：只有在干邑地区（包括夏朗德省及其附近的 7 个区）生产的白兰地才能称为干邑，并受国家监督和保护。这 7 个产区白兰地的质量和产量见表 3-1。

表 3-1　　　　　　　　　　　干邑地区白兰地的质量和产量

产区	质量	产量
Grande Champagne（大香槟区）	一级	
Petite Champagne（小香槟区）	二级	
Borderies（边林区）	三级	4.53%
Fins Bois（优质林区）	四级	37.82%
Bons Bois（良质林区）	五级	22.19%
Bois Ordinaires/Bois Communs（普通林区）	六级	4.38%

干邑白兰地的名品很多，远销世界各地，常见的品种有人头马 V.S.O.P.（Remy Martin V.S.O.P.）、马爹利 V.S.O.P.（Martell V.S.O.P）、轩尼诗 V.S.O.P.（Hennessy V.S.O.P.）、拿破仑 V.S.O.P.（Courvoisier V.S.O.P.）、普利内 V.S.O.P（Polignae V.S.O.P.）、百事吉 V.S.O.P.（Bisquit V.S.O.P.）、长颈 F.O.V.（F.O.V.）、马爹利蓝带（Ribbion Martell）、人头马俱乐部（Remy Martin Club）、轩尼诗 X.O.（Hennessy X.O.）、马爹利 X.O.（Martell X.O.）、人头马 X.O.（Remy Martin X.O.）、卡米 X.O.（Camu's X.O.）、拿破仑 X.O.（Courvoisier X.O.）、人头马路易十三（Remy Mattin Louis ⅩⅢ）、天堂轩尼诗（Hennessy Paradise）、天堂马爹利（Martell Paradise）、金像 V.S.O.P.（Otard V.S.O.P.）、金像 X.O.（Otard X.O.）、海因 V.S.O.P.（Hine V.S.O.P.）、海因 X.O.（Hine X.O.）、卡姆斯 V.S.O.P.（Came's V.S.O.P.）、大将军拿破仑（Courvoisier Napolone）、奥吉尔 V.S.O.P.（Augier V.S.O.P.）、金路易拿破仑（Louis P'or Napolone）等。其中，V.S.O.P.以下级别的杂牌较多，质量也参差不齐。

3.1.5 雅邑白兰地

仅次于干邑白兰地的是雅邑白兰地（Armagnac），雅邑位于干邑南部，即法国西南部的热尔省（Gers）境内，以产深色白兰地驰名。雅邑虽没有干邑著名，但风格与其很接近，酒体呈琥珀色，发黑发亮，因贮存时间较短，所以口味烈。陈年或远年的雅邑白兰地酒香袭人，它风格稳健沉着，醇厚浓郁，回味悠长，留杯许久，有时可达一星期之久，酒度为43度。当地人更偏爱雅邑。雅邑也是受法国法律保护的白兰地品种。只有雅邑当地产的白兰地才可以在商标上冠以"Armagnac"字样。雅邑白兰地的名品有卡斯塔浓（Castagnon）、夏博（Chabot）、珍尼（Janneau）、索法尔（Sauval）、桑卜（Semp）。

3.1.6 其他国家和地区的白兰地

除了干邑、雅邑以外，世界上还有其他许多国家和地区生产葡萄蒸馏酒，均可称之为白兰地。

1）法国白兰地

法国白兰地（French Brandy），是指除干邑、雅邑以外的法国其他地区生产的白兰地，与其他国家的白兰地相比，品质上乘。

2）西班牙白兰地

西班牙白兰地（Spanish Brandy），除法国以外，西班牙白兰地是最好的。有些西班牙白兰地是用雪利酒（Sherry）蒸馏而成的。目前许多这种酒，是用各地产的葡萄酒蒸馏混合而成的。此酒在味道上与干邑和雅邑有显著的不同，味较甜且带土壤味。

3）美国白兰地

美国白兰地（American Brandy）大部分产自加州，它是以加州产的葡萄为原料，发酵蒸馏至85proof（含果酒85），贮存在白色橡木桶中至少2年，有的加焦糖调色而成。

除此之外，葡萄牙、秘鲁、德国、希腊、澳大利亚、南非、以色列、意大利、日本也主产优质白兰地。

3.1.7　白兰地的饮用

比较讲究的白兰地饮用方法是净饮，用白兰地杯，另外用水杯配一杯冰水。喝时用手掌握住白兰地杯壁，让手掌的温度经过酒杯稍微暖和一下白兰地，使其香味挥发，充满整个酒杯（224 毫升的白兰地杯只倒入 28 毫升白兰地），边闻边喝，这样才能真正地享受饮用白兰地的奥妙。冰水的作用是：每喝完一小口白兰地，喝一口冰水清新味觉，其目的是使下一口白兰地的味道更香醇。

英国人喝白兰地喜欢加水，中国人多喜欢加冰，那都只是对喝一般牌子的白兰地而言的。对于陈年上佳的干邑白兰地来说，加水、加冰则浪费了几十年的陈化时间，丢失了香甜浓醇的味道。

白兰地也可以与其他软饮料混合在一起喝，例如，白兰地加可乐，具体做法是：用一个柯林斯杯放半杯冰块，倒入 28 毫升白兰地、168 毫升可乐，用酒吧匙搅拌一下。

小资料 3-1　　　中国酒业三十年纪念酒发布——八款葡萄酒一款白兰地入选

1.张裕解百纳干红葡萄酒。由中国酒业协会和烟台张裕葡萄酿酒股份有限公司共同打造。张裕解百纳诞生于 1931 年，是国货的典型代表。产品选用山东烟台产区的中国特有葡萄品种——蛇龙珠酿制而成。

2.王朝梅鹿辄干红葡萄酒（超级陈酿）。由中国酒业协会和中法合营王朝葡萄酿酒有限公司共同打造，产品以宁夏贺兰山东麓产区的美乐葡萄为原料。

3.威龙国际酒庄干红葡萄酒。由中国酒业协会和威龙葡萄酒股份有限公司共同打造，产品选用威龙甘肃武威葡萄庄园的马瑟兰葡萄为原料。

4.长城五星赤霞珠干红葡萄酒。由中国酒业协会和中粮长城酒业有限公司共同打造，产品精选河北怀来沙城产区的赤霞珠葡萄为原料。

5.仪尔乡都传奇干红葡萄酒。由中国酒业协会和新疆乡都酒业有限公司共同打造，产品选用新疆焉耆产区的赤霞珠葡萄酿制而成。

6.楼兰酒庄小古堡干红葡萄酒。由中国酒业协会和吐鲁番楼兰酒庄股份有限公司共同打造，产品选用新疆吐鲁番滨沙产区的赤霞珠、美乐葡萄。

7.2017 金士马瑟兰干红葡萄酒橡木桶精选级。由中国酒业协会和秦皇岛金士国际葡萄酒庄有限公司共同打造，经过 8 年标准化规范种植、博士团队 5 年匠心酿造，该款产品 541 项质量检测指标全部合格，富含 79 种功能营养成分和 8 类 92 种风味物质成分。

8.龙谕 12 干红葡萄酒。由中国酒业协会和烟台张裕葡萄酿酒股份有限公司共同打造，产品出自宁夏贺兰山东麓的张裕龙谕酒庄，选用宁夏贺兰山东麓青铜峡甘城子产区的赤霞珠葡萄酿制而成。

9.可雅白兰地 XO 桶藏 10 年。由中国酒业协会和烟台张裕葡萄酿酒股份有限公司共同打造。产品出自张裕公司可雅酒庄，原料为白玉霓葡萄，采用张裕公司专利技术"双酵母控温发酵法"进行发酵，发酵后的原料酒经传统壶式二次蒸馏，选用大桶、小桶、新桶、老桶搭配陈酿。

资料来源　章玉. 中国酒业三十年纪念酒发布［N］. 中国食品报, 2023-01-09. 有删减.

3.2　威士忌

中世纪初的炼金术士偶然发现, 在炼金用的坩埚中放入某种发酵液, 会产生酒精度强烈的液体, 这便是人类初次获得的蒸馏酒。英格兰亨利二世在远征爱尔兰的战争中, 常常饮用一种以谷物为原料的蒸馏酒, 这就是威士忌的前身。威士忌的木桶贮藏法诞生于 18世纪。当时, 一些不满英政府麦芽税的苏格兰造酒商为了逃税, 将造出的酒用木桶装好, 藏在不为人察觉的深山中, 经过一段时间后打开一尝, 发现酒味更加丰厚醇美, 木桶贮藏法就此传播开来, 以苏格兰威士忌最为著名。威士忌在国际酒类贸易中占有重要地位, 其贸易额在蒸馏酒中仅次于白兰地。

苏格兰与加拿大产的威士忌拼法为 Whisky, 而美国与爱尔兰产的威士忌在拼法上稍有不同, 为 Whiskey, 是一种只用谷物作为原料、含酒精的饮料, 属于蒸馏酒类。

"威士忌"这一名称源自盖尔语里的 uisge beatha（意指"生命之水", 拉丁文里称为 aqua vitae）。所谓的"生命之水"一开始其实是指酒精这种物质本身, 早期的人类在刚发现蒸馏术时, 并不是非常了解这种新技术的原理, 因此他们误以为酒精是从谷物（或是谷物溶水形成的麦汁发酵后的产物——啤酒）里面提炼出来的精髓, 一如人的身体里面藏有灵魂, 灵魂是生命的精髓。从这一点不难理解威士忌其实是经过非常长的时间、在非常广泛的区域里逐渐演变而成的一种酒, 它在不同地区会有不同的称呼, 纵使同样的一个称呼也可能在不同地区代表不同的意义, 而非一个很明确的分类, 但为了方便理解, 人们通常只会称呼以谷物这类农产品为原料制造出的烈酒为威士忌。

视频5　威士忌的四大产地

很多国家都生产威士忌, 世界最著名的四大产地生产的威士忌, 即苏格兰威士忌、美国威士忌、爱尔兰威士忌、加拿大威士忌。

3.2.1　威士忌的定义

从广义上解释, 威士忌是所有以谷物为原料所制造出来的蒸馏酒之通称。虽然在传统观念上, 许多人都认为威士忌是以大麦为原料制造的, 但实际上却并非如此。这种情况有点类似白兰地, 虽然许多人都认为只有以葡萄为原料所制造出来的蒸馏酒才叫白兰地, 但事实上, "白兰地"这个名词也泛指所有以水果为原料制造出来的蒸馏酒。

"威士忌"这个名词本身的定义并不是非常严谨的, 除了只能使用谷物（cereals/grains）作为原料这个较为明确的规则外, 有时刚蒸馏完毕还处于新酒状态的威士忌, 其本身特性其实与其他的中性烈酒（neutral spirits, 如伏特加、白色朗姆酒）差异并不大。几乎所有种类的威士忌都需要在橡木桶中陈化一定时间之后才能装瓶出售, 因此我们可以把陈化这道手续列为制造威士忌酒的必要过程。除此之外, 要能在蒸馏的过程中保留下谷物的原味, 以便能和纯谷物制造且经过过滤处理的伏特加酒或西洋谷物酒（如 Everclear）

区别，这是威士忌另一个较为明确的定义性要求。

除了上面两个重点以外，威士忌这个酒种并没有很明确的分类边界可以定义。相比之下，一些比较细的威士忌分类反而拥有非常严谨的定义甚至分类法规，这是个很有趣的现象。

3.2.2　苏格兰威士忌

苏格兰威士忌（Scotch Whisky，或直接简称 Scotch），是一种只在苏格兰地区生产制造的威士忌。特色上，苏格兰威士忌与其他种类的威士忌，尤其是与它极为相似的邻居爱尔兰威士忌最大的不同，是在制造过程中使用了泥炭这种物质。

1）苏格兰威士忌的历史

虽然没有明确的记载，但一般公认威士忌的生产最早是在公元四五世纪时由传教士自爱尔兰地区传入苏格兰。有文献记载的苏格兰威士忌最早记录是在 1494 年，一位天主教修士约翰·柯尔（Friar John Corr）在当时的英王詹姆士四世的要求下，采购了 8 箱麦芽作为原料，在苏格兰的离岛艾拉岛制造出第一批"生命之水"，而当时英王授予的采购契约就成为今日可见的关于苏格兰威士忌最早的文字记录。

苏格兰威士忌的逐渐流行让当地政府意识到这种新产业的存在，并在 1644 年首次开征威士忌的制造税，1786 年甚至针对各地区的威士忌生产课征极高额的赋税，迫使许多造酒人躲躲藏藏地逃至偏远的山区继续造私酒。今日苏格兰威士忌的许多标准制造手法，例如小型的壶状蒸馏器、二手的橡木桶与石板铺地式陈化方式，都与这段时期的"权宜措施"有关，这也是当初先人们始料未及的。

1823 年，英国政府修改税法，开放蒸馏厂营业许可的重新申请，两年间申请合法化的酒厂暴增一倍，今日市面上常听到的苏格兰麦芽威士忌蒸馏厂几乎都是这之后陆续创立的。

2）苏格兰威士忌的品牌

（1）皇家礼炮 21 年（Royal Salute 21 years old）。

1953 年，为庆祝英国女王伊丽莎白二世登基，"芝华士兄弟"（Chivas Brothers）酒厂推出一款名为"皇家礼炮"的顶级调和威士忌。

为打造皇室形象，"皇家礼炮"从名称到包装环环紧扣皇家主题。其名称源于每年英国女王或威尔士亲王生日时，英国皇家海军舰队对空鸣响 21 声礼炮以示最高敬意，每一个手工打造的蓝色瓷瓶都由英国知名陶瓷厂"Wade"的工匠花费 6 天时间制作而成。

伊丽莎白女王登基当年推出的"皇家礼炮"，每一个酒瓶都铸有皇室徽章标签，上面印有女王题词的缩写，女王皇冠上所镶的红、蓝、绿三色宝石，化为三色瓶身。当然，这一切都是为了珍藏瓶内贮藏 21 年的甘美佳酿。

酒色魅力：初闻，丰盈的果香袭人；浅尝，仿若蜜汁般柔顺甘美与深邃迷人的烟熏味巧妙交融，如一首韵味悠长的诗歌，值得仔细品尝，回味再三。

（2）皇家礼炮 50 年（Royal Salute 50 years old）。

2003 年，英女王即位 50 周年，"芝华士兄弟"酒厂推出酝酿 50 年的珍藏纪念酒，而且酒厂表示，至少8年内都不可能再推出超过50年的调和威士忌。

为打造出这种酒的"尊荣极致"，瓶身设计与包装更加气势非凡。瓶身仍由"Wade"以纯手工打造，深蓝色瓶身外饰以999纯银及24K金纹章，连瓶塞也是金银镶嵌。此外，因全球限量255瓶，酒标上还编有珍藏序号，每瓶定价高达1万美金。

酒色魅力：口感犹如"香水"，有核果、花香和烟熏味均匀结合的迷人香气，入喉带有深沉、甘美、醇郁，有令人迷醉的欢愉享受，而以服装来比喻，好比一袭独一无二、创意十足、做工精细的"高级定制礼服"。

（3）芝华士威士忌（Chivas Regal）。

芝华士威士忌平均每一秒钟卖出一瓶，是"芝华士兄弟"酒厂的销售主力。

爱喝威士忌的村上春树在他的小说《海边的卡夫卡》中，让"Johny Walker"变成"猫之杀手"，却让"Chivas Regal"成为他放松心情品尝佳酿的首选。

芝华士威士忌对许多人来说，几乎等于苏格兰调和威士忌的代名词。

酒色魅力：苏格兰调和威士忌的代表作之一，口感华丽又均衡、浓郁又不失柔顺。

（4）格兰利威（The Glenlivet）。

这又是一个受到皇室护航的故事。19世纪初，苏格兰高地充斥着私人酿酒厂，当时政府派遣骑兵团大举取缔非法酒厂，唯独"格兰利威"因为受到乔治五世国王的喜爱而得以保留。

1824年，格兰利威创办人乔治·史密斯取得合法生产格兰利威威士忌的执照，成为苏格兰高地唯一合法酒厂，而国王的偏爱也成为这支单一纯麦芽威士忌的品质保证。

格兰利威单一纯麦芽威士忌系列有12年、18年、21年等年份，果香浓郁的格兰利威12年目前为市场的指定产品。

酒色魅力：关于单一纯麦芽威士忌的那些花香、果香的形容词很多，而格兰利威则更有女人味、更细致、更优雅，有别于其他单一纯麦芽威士忌的翩翩绅士的儒雅味道。

3.2.3　美国威士忌

美国威士忌被译为波本威士忌（Bourbon）。波本是位于美国肯塔基州内的一个县城，该处是美国最先使用玉米作原料酿造出威士忌的地方。没人能确定最早的波本威士忌产于什么时候，有的说是1777年，也有的说是1789年。当年的苏格兰人和爱尔兰人移居到美洲东海岸，按照他们家乡的传统办法用小麦来酿造威士忌。随着时间的推移，移居亦不断地向美洲内陆推进。当他们移居到波本县时，移居者发觉在这里更易种植的是其他一些谷类，先是黑麦，后来是玉米。由此，用玉米酿造威士忌的"波本"便逐渐产生。虽然今天的波本威士忌的产地已扩大到马里兰州、印第安纳州、伊利诺伊州等地，可一半以上的波本威士忌仍然产于肯塔基州。

波本威士忌酒精含量为40%~50%，必须选用至少51%的玉米作为原料酿制而成。事实上，大多数的酒商采用60%或者80%的玉米作原料，其余部分用黑麦和小麦。波本威士忌采用连续蒸馏两次的方法酿造而成，必须在新制的烘烤过的白橡木桶内贮藏2年以上，所有产品均在保温仓库里贮藏和装瓶。

波本威士忌的口味与苏格兰威士忌的口味有很大的区别。由于波本威士忌被贮藏于烘烤过的橡木桶内，从而产生了一种独特的香味。

波本威士忌的佼佼者是"占边"（Jim Beam）和"杰克·丹尼"（Jack Danel）。常见的波本威士忌品类如图 3-3 所示。

| 百灵坛特醇 | 金玺百灵坛 | 芝华士12 | 顺风威士忌 | 添宝15年 |

| 威雀威士忌 | 格兰菲迪 | 格兰威士忌 | 黑方 | 蓝方 |

图 3-3　常见的波本威士忌品类

3.3　金酒

金酒又称杜松子酒，是荷兰来顿大学的医学教授西尔威斯先生在 1660 年发明的一种用于利尿、麻醉的药品，但由于其含有酒精成分，很多人把它稀释后当酒畅饮，很快风靡整个荷兰，成为人们喜爱的酒精饮品。这种酒还具有健胃、解热等功效。金酒是一种以谷物为主要原料，配以各种香料蒸馏出来的蒸馏酒。金酒在世界上名字很多，在荷兰被称为 Genever，在英国被称为 Gin，在德国被称为 Wacholder，而法国则称之为 Geneviereo。金酒在我国也有不同的称谓，广东、香港等地叫毡酒，台湾地区叫琴酒，而大陆多称之为金酒。另外，由于金酒的调香原料主要是杜松子（杜松子属松柏类常绿植物，该果实为浆果类，是酿制金酒不可缺少的原料），所以又有人称其为杜松子酒。金酒在国际上主要分为英国金酒和荷兰金酒两种类型。

17 世纪威廉三世统治英国时，发动了一场大规模的宗教战争，参战的士兵将金酒由欧洲大陆带回英国。1702—1704 年，当政的安妮女王对法国进口的葡萄酒和白兰地课以重税，而对本国的蒸馏酒则降低税收。金酒因而成了英国平民百姓的廉价蒸馏酒。另外，金酒由于原料价格低廉，生产周期短，无须长期增陈贮存，因此经济效益很高，不久就在英国流行起来。当时一家小客栈打出一个非常有趣的招牌，由此可以看出当时的金酒是何等的便宜：

Drunk for a penay 一分钱喝个饱；

Dead drunk for two penay 两分钱喝个倒；

Clean straw for nothing 穷小子来喝酒，一分钱也不要。

英式金酒的生产过程较荷式金酒简单，它用食用酒糟和杜松子及其他香料共同蒸馏而得到干金酒。由于干金酒酒液无色透明，气味奇异清香，口感醇美爽适，既可单饮，又可与其他酒混合酿制或作为鸡尾酒的基酒，所以深受世人的喜爱。

3.3.1 英国金酒

英国金酒又称英国干式金酒或伦敦干金酒。所谓干式金酒，是指酒味不甜、不带原体味的金酒。英国制造金酒的原料是75%的玉米、15%的大麦和10%的其他谷类，经过粉碎、加热、发酵、蒸馏等工艺制造而成。英国干式金酒的蒸馏需要先提炼谷物原酒，经过3次蒸馏后，蒸馏出来的原酒酒液含有90~94度的酒精纯度，然后加入蒸馏水进行稀释，使酒精度降低到60度，再将各种香料（如大面香、胡荽籽、小豆蔻、桂皮、柠檬、橙皮、白花、天使杜鹃的种子和根等，但最主要的还是杜松子）加入蒸馏器中进行第四次蒸馏，最后去掉酒头和酒尾，便得到英国干式金酒。金酒一般不需要酿藏（不过在美国有些金酒要陈酿一段时间），英国干式金酒装瓶时的酒精度数一般控制在34~47度。

1）英国金酒的特点

英国干式金酒具有酒液无色透明，口感甘洌、醇美、爽适，酒香浓郁的特点，广受世人喜爱，尤其是在调制鸡尾酒的过程中，英国干式金酒是酒吧必不可少的基酒之一。

2）英国干式金酒中世界著名的品牌

（1）哥顿

哥顿（Gordon）又称狗头牌金酒。哥顿于1769年由亚历山大·哥顿在伦敦创立，该酒以经过多重蒸馏的酒精配以杜松子以及多种香料调制而成，是目前世界上销量最大的伦敦干金酒，销量高达每秒钟4瓶，是酒吧常备酒品之一。

（2）必发达

必发达（Beefeater）又称将军金酒或伦敦金卫士。必发达金酒由创立于1820年的杰姆斯·巴罗公司出品，是世界著名的金酒产品，也是调配马丁尼时最常使用的基酒。具有香味爽快、入口顺畅的特点，酒度为47度。

（3）布斯

布斯（Booth）又称红狮金酒，是世界上最著名的伦敦咸味金酒，具有口味清爽、明快，入口难忘的特点。

（4）钻石金

钻石金（Gilbey）由创立于1872年的伦敦吉里贝公司出品，目前吉里贝公司和日本尼卡公司合作在日本生产该品牌伦敦干金酒，酒度分为37度、47.5度等。

3.3.2 荷兰金酒

荷兰金酒的产地主要集中在荷兰斯希丹一带，金酒是荷兰的国酒。荷兰金酒是以大麦芽为主要原料，加入调香原料（杜松子、胡荽、小豆蔻、柠檬、杏仁等）蒸馏而成的。其制造方法与英国干式金酒基本相似，制造完成后也不需陈酿就可以直接上市销售。一般酒精度越高，酒质就越好。

荷兰金酒的味道是辣中带甜，有明显的谷物芬芳，无论纯饮还是加冰，喝起来都很爽口，其酒液无色透明，酒香与调香味道突出，甚至可以盖过任何饮料，所以荷兰金酒只适合纯饮或者加冰，而不适合与其他酒水混合调制鸡尾酒。

荷兰金酒中世界著名的品牌有波尔斯（Bols）、汉可斯（Henkes）、波克马（Bokma）、哈瑟坎坡（Hasekamp）。

3.3.3 金酒的饮用

伦敦干金酒可以冰镇后纯饮。冰镇的方法有很多。例如，将酒瓶放入冰箱或冰桶，或在倒出的酒中加冰块，但大多数客人喜欢用之混饮（做混合酒的基酒）。

3.4 伏特加

伏特加是从俄语中"水"一词派生而来的，是俄罗斯具有代表性的白酒，开始是用小麦、黑麦和大麦等作原料酿造的，到18世纪以后就开始使用土豆和玉米作原料了。经蒸馏而成的伏特加原酒，需要经过8小时以上的缓慢过滤，可以使用活性炭吸收原酒液的味道。

伏特加无色、无香味，具有中性的特点，不需要贮存即可出售。由于伏特加无色、透明，与金酒一样，因此它可以与其他酒类混合调成各种混合饮品和鸡尾酒。

3.4.1 俄罗斯伏特加

俄罗斯伏特加最初的用料为大麦，以后逐渐改用含淀粉的玉米、土豆。俄罗斯伏特加在酿造酒醪和蒸馏原酒过程中与其他蒸馏酒相比并无特殊之处，区别在于其要进行高纯度的酒精提炼，达到190proof。其经再次蒸馏后注入白桦活性炭过滤槽中，进行缓慢的过滤，以使精馏液与活性炭分子充分接触而净化，将原酒中包含的酸类、醛类、醇类及其他微量物质去除，从而得到纯粹的伏特加，不需要陈酿。

经过以上工序处理的伏特加，酒液无色，清亮透明如晶体，除酒香外，几乎没有什么别的香味，口味凶烈，劲大冲鼻，咽后腹暖，但饮后绝无上头的感觉。名品有莫斯科绿牌（Moskovskaya）、莫斯科红牌（Stolichnaya）、波士伏特加（Bolskaya）、柠檬那亚（Limon-naya）、斯达卡（Starka）、俄罗斯卡亚（Russkaya）、斯托罗伐亚（Stolovaya）、伯特索夫卡（Pertsovka）。

3.4.2 波兰伏特加

波兰伏特加在世界上颇有名气，它的酿造工艺与俄罗斯伏特加相似，区别只是波兰人在酿造过程中，加入许多植物花、叶等调香原料，所以波兰伏特加比俄罗斯伏特加香味更加丰富、更富韵味，名品有兰野牛（Blue Bison）、维波罗瓦（Wyborowa）、朱波维卡（Zu-browka）。

如今伏特加现已不再是俄罗斯的特产，除波兰外，德国、美国、英国、日本等都能生产出品质与俄罗斯所产相近的伏特加，其中名品有皇牌伏特加（Smirnoff，也音译为斯米尔诺夫，美国）、西尔弗拉多（Silverado，美国）、三莫瓦（Samovar，美国）、芬兰地亚（Finlandia，芬兰）、瑞典伏特加（Absolut Vodka，瑞典）、哥萨克（Cossack，英国）、夫拉地法特（Vladivat，英国）、弗劳斯卡亚（Voloskaya，法国）、卡林斯卡亚（Karinskaya，法国）。

3.4.3 伏特加的饮用

伏特加的标准用量为40毫升/份，可选用利口杯净饮或古典杯加冰块饮用，作为佐餐酒或餐后酒，常温饮用。

单饮时备凉水一杯。快饮是其主要的饮用方式，"大口大口地喝伏特加，佐以鱼子酱和熏鱼"常常被人们用来形容俄罗斯人及波兰人酷爱伏特加的情形。伏特加是一种无臭无味又无香气的酒，非常适宜兑果汁汽水饮用，它也是鸡尾酒最佳的基酒之一。常见的伏特加品类如图3-4所示。

瑞典伏特加　　芬兰伏特加　　皇冠伏特加　　红牌伏特加

图3-4　常见的伏特加品类

3.5 朗姆酒

哥伦布第二次航行美洲时来到古巴。他从加纳利群岛带来了制糖甘蔗的根茎。让人们料想不到的是，这些根茎代替了人们来到这个土著人称作Cipango的岛上想要寻找的金子。

在《怀念天主教皇费尔迪南和伊莎贝拉》一文中有这样的描述："把切下的制糖甘蔗一个一个小节种在土里后就会长成一大片。"古巴有良好的气候条件，肥沃的土壤，水质和阳光使刚刚栽上的作物能够茁壮成长，制糖甘蔗就这样在古巴这片土地上生长了。

印第安人用来榨甘蔗汁的第一代工具叫古尼亚亚（La Cunyaya），随后有了用畜力（马和牛）作为动力的制糖作坊，再后来发展为使用大功率水力设备的制糖厂，最后是现代化的制糖厂。原来的劳动力被从非洲带来的黑奴所替代，这成为古巴制糖工业发展的一个重要因素。1539 年在卡洛斯五世的诏谕中就出现过一些制糖工业的产品，如白糖、粗糖、纯白糖、精制白糖、浮渣、精炼浮渣、蔗糖浆、蔗糖蜜等。法国传教士拉巴（Jean Baptiste Labat，1663—1738）看到，岛上处于原始生活状态的土著人和一小部分居民，用甘蔗汁制作一种刺激性的烈性饮料，喝后能使人兴奋并能消除疲劳。这种饮料是经发酵而成的。欧洲人早在 18 世纪就知道了这种方法，后经过海盗、商人传至古巴。

朗姆酒是古巴人的一种传统饮料，古巴朗姆酒由酿酒师把由甘蔗蜜糖制得的甘蔗烧酒装进白色的橡木桶，之后经过多年的精心酿制，使其产生一股独特的、无与伦比的口味，从而成为古巴人喜欢喝的一种饮料，并且在国际市场上受到了广泛的欢迎。朗姆酒属于天然产品，由制糖甘蔗加工而成。整个生产过程从对原料的精心挑选，到随后生产中酒精的蒸馏、甘蔗烧酒的陈酿，把关都极其严格。朗姆酒的质量由陈酿时间决定，有 1 年的，也有几十年的。市面上销售的通常为 3 年和 7 年的，它们的酒精含量分别为 38 度和 40 度，生产过程中除去了重质醇，而把使人愉悦的酒香保存了下来。

朗姆酒可以单独饮用，也可以与其他饮料混合成好喝的鸡尾酒，在晚餐时作为开胃酒来喝，还可以在晚餐后喝。朗姆酒在重要的宴会上是极好的佐餐伴侣。常见的朗姆酒品类如图 3-5 所示。

百家得金标　百家得朗姆　摩根船长朗姆（黑）　摩根船长朗姆（白）　奇峰朗姆　美雅士

图 3-5　常见的朗姆酒品类

3.5.1　朗姆酒的分类

朗姆酒是微黄、褐色的液体，具有细致、甜润的口感，芬芳馥郁的酒精香味。朗姆酒是否陈年并不重要，主要看是不是原产地，它分为清淡型和浓烈型两种风格。

（1）清淡型朗姆酒是用甘蔗糖蜜、甘蔗汁加酵母进行发酵后蒸馏，在木桶中贮存多年，再勾兑酿制而成的。酒液呈浅黄色到金黄色，酒精含量为 45 ~ 50 度。清淡型朗姆酒主要产自波多黎各和古巴，它们有很多类型并具有代表性。

（2）浓烈型朗姆酒是由掺入蔗糖残渣的糖蜜在天然酵母菌的作用下缓慢发酵制成的。酿成的酒在蒸馏器中进行两次蒸馏，生成无色的透明液体，然后在橡木桶中熟化 5 年以上。

浓烈型朗姆酒呈金黄色，酒香和糖蜜香浓郁、味辛而醇厚，酒度为 45 ~ 50 度。浓烈型朗姆酒以牙买加的朗姆酒为代表。

3.5.2　朗姆酒的驰名品牌

朗姆酒的驰名品牌包括古巴混血姑娘（Mulata）、百家得淡酒（Bacardi Light）、百家得银标（Bacardi Silver）、百家得金标（Bacardi Gold）、百家得151Proof（Bacardi 151）、波多黎各朗姆酒（Puerto Rico Rum）、牙买加朗姆酒（Jamaican Rum）、美雅士朗姆酒（Myer's Rum，牙买加）、哈瓦那俱乐部朗姆酒（Havana Club Rum）、堂吉诃德朗姆酒（Don Q Rum，波多黎各）。

3.5.3　朗姆酒的饮用

朗姆酒的饮用也是很有趣的。在出产国和地区，人们大多喜欢喝纯朗姆酒，不加以调混，实际上这是品尝朗姆酒最好的方法。而在美国，一般用朗姆酒来调制鸡尾酒。朗姆酒的用途也很多，它可用作甜点的调味品，也可在加工烟草时增加风味。

世人对朗姆酒也有许多评价，英国大诗人威廉·詹姆斯说："朗姆酒是男人用来博取女人芳心的最大法宝，它可以使女人从冷若冰霜变得柔情似水。"

朗姆酒商标的阅读方法如图3-6所示。

图 3-6　朗姆酒商标的阅读方法

3.6　特其拉酒

特其拉酒是墨西哥的特产，被称为墨西哥的灵魂。特其拉是墨西哥的一个小镇，此酒以产地得名。特其拉酒有时也被称为"龙舌兰"，是因为此酒的原料很特别，以龙舌兰（Agave）为原料。龙舌兰是一种仙人掌科的植物，通常要生长12年，成熟后割下送至酒厂，再被割成两半后泡洗24小时，然后榨出汁来，汁水加糖送入发酵柜中发酵2天至2天半，经两次蒸馏，酒精纯度达 104 ~ 106proof，此时的酒香气突出，口味凶烈，放入橡木桶陈酿，陈酿时间不同，颜色和口味差异很大，白色酒未经陈酿，银白色酒贮存期最多 3 年，金黄色酒一般贮存 2 ~ 4 年，特级特其拉酒需要更长的贮存期，装瓶时酒度要稀释至 80 ~ 100proof。

3.6.1　特其拉酒的品牌

特其拉酒的名品有凯尔弗（Cuervo）、斗牛士（EI Toro）、索查（Sauza）、欧雷（Ole）、玛丽亚西（Mariachi）、特其拉安乔（Tequila Aneio）。

3.6.2　特其拉酒的饮用

特其拉酒的口味凶烈，香气很独特。特其拉酒是墨西哥的国酒，墨西哥人对此酒情有独钟，饮酒方式也很独特，常用于净饮。每当饮酒时，墨西哥人总先在手背上倒些海盐来吸食，然后用腌渍过的辣椒干、柠檬干佐酒，恰似火上浇油，美不胜言。另外，特其拉酒也常作为鸡尾酒的基酒。

视频6　特其拉酒的服务方式

小资料 3-2

某酒吧销售的特其拉酒品种及价格见表3-2。

表3-2　　　　　　　　　**某酒吧特其拉酒价格**

品名	产地	规格
Jose Cuervo 1800（豪帅快活1800）	墨西哥	750ml
Jose Cuervo Gold（豪帅金快活）	墨西哥	750ml
Jose Cuervo Silver（豪帅银快活）	墨西哥	750ml
Olmeca Gold（奥美加金）	墨西哥	750ml
Olmeca Silver（奥美加银）	墨西哥	750ml
Camino Gold（金运来懒虫金）	墨西哥	750ml
Camino Silver（金运来懒虫银）	墨西哥	750ml
Sauza Gold（苏查金龙舌烈酒）	墨西哥	750ml
Sauza Silver（苏查银龙舌烈酒）	墨西哥	750ml

3.7　中国白酒

中国白酒起源于何时，众说不一，尚无定论。

一种说法是起源于唐代，在唐代文献中，烧酒、蒸酒之名已经出现：李肇写的《唐国史补》中有"剑南之烧春"（唐代普遍称酒为"春"）；雍陶诗云："自到成都烧酒熟，不思身更入长安。"可见在唐代，烧酒之名已广泛流传了。宋代田锡写的《曲本草》中说："暹罗酒以烧酒复烧二次，入珍贵异香，每坛一个，用檀香十数斤烧烟熏之如漆脂，后入酒，熠封，埋土中二三年，绝去烧气，取出用之。"南宋赵希鹄写的《调燮类编》中说："生姜不可与烧酒同用。饮白酒生韭令人增病。饮白酒忌诸甜物。"

以上引文中所说的"烧酒""蒸酒""白酒"是否就是今天的白酒？单从名字相同还不可定论。有人认为我国民间长期相沿，把蒸酒称为烧锅，烧锅生产的酒即为烧酒，但烧锅之名起源于何时，尚待考证，故白酒起源于唐代的论据尚欠充分。

另一种说法是元代时由国外传入。元时中国与西亚和东南亚交通方便，往来频繁，在文化和技术等方面多有交流。有人认为"阿剌古酒"是蒸馏酒，从印度传入。还有人说："烧酒原名'阿剌奇'，元时征西欧，曾途经阿剌伯，将酒法传入中国。"章穆写的《调疾饮食辨》中说："烧酒，又名火酒、'阿剌吉'。'阿剌吉'番语也。"现有人查明"阿剌古""阿剌奇""阿剌吉"皆为译音，是指用棕榈树杆和稻米酿造的一种蒸馏酒，在元代传入中国。

还有一种说法是明代医药学家李时珍（1518—1593）在《本草纲目》中所写："烧酒非古法也，自元时始创。用浓酒和糟入甑，蒸令气上，用器承取滴露。凡酸坏之酒，皆可蒸烧。近时，惟以糯米或黍或秫或大麦蒸熟，和曲酿瓮中十日，以甑蒸好，其清如水，味极浓烈，盖酒露也。"这段话，除说明我国烧酒创始于元代之外，还简略记述了烧酒的酿造蒸馏方法，故人以为可信。

3.7.1　中国白酒的名称

白酒以前叫烧酒、高粱酒，中华人民共和国成立后统称白酒、白干酒。为什么叫白酒、白干酒和烧酒？白酒就是无色的意思，白干酒就是不掺水的意思，烧酒就是将经过发酵的原料入甑加热蒸馏出的酒。

白酒的名称繁多，有的以原料命名，如高粱酒、大曲酒、瓜干酒等，就是以高粱、大曲、瓜干为原料生产出来的酒。有的以产地命名，如茅台、汾酒、景芝白乾、曲阜老窖、兰陵大曲等。有的以名人命名，如杜康酒、范公特曲等。还有的按发酵、贮存时间长短命名，如特曲、陈曲、头曲、二曲等。二锅头、回龙酒等则是以生产工艺的特点命名的。二锅头是我国北方固态法酿制的白酒的一种古老的名称。现在有的酒仍叫二锅头。现在的二锅头是在蒸酒时，掐头去尾取中间馏出的酒。真正的二锅头系指制酒工艺中在使用冷却器之前，以古老的固体蒸馏酒方法，即以锅为冷却器，二次换水后而蒸出的酒。所谓回龙酒就是将蒸出的酒重烤一次得到的酒。

3.7.2　中国白酒的特点

中国白酒在饮料酒中，独具风格。与世界其他国家的白酒相比，中国白酒具有特殊的不可比拟的风味。酒色晶莹、透明，香气宜人。五种香型的酒各有特色，香气馥郁、纯净、溢香好，余香不尽；口味醇厚柔绵，甘润清洌，酒体谐调，回味悠久，那爽口尾净、变化无穷的味道，给人以极大的欢愉和幸福之感。

中国白酒的酒度早期很高，有67度、65度、62度之高。度数这样高的酒在世界其他国家是罕见的。近些年，国家提倡降低白酒度数，不少较大的酒厂成功试制了39度、38度等低度白酒。低度白酒出现初期，大多数消费者不太习惯，饮用起来总觉着不够味，"劲头小"。20世纪90年代初，城市消费者开始习惯饮用低度白酒，其在宴席上逐渐成了一个较好的品种。

3.7.3　中国白酒的分类

中国白酒在酒类中属一大类，还能分出若干类别，主要有以下几种：

1）按使用的主要原料分

（1）粮食酒，如高粱酒、玉米酒、大米酒等。

（2）瓜干酒（有的地区称红薯酒、白薯酒）。

（3）代用原料酒，如粉渣酒、豆腐渣酒、高粱糠酒、米糠酒等。

2）按生产工艺分

（1）固态法白酒。原料经过固态发酵，又经过固态蒸馏而成，为我国传统蒸馏工艺。

（2）液态法白酒。原料经过液态发酵，又经过液态蒸馏而成。其产品为酒精，酒精再经过加工如串香、调配后为普通白酒，俗称大路货白酒。

（3）调香白酒。用固态法生产的白酒或用液态法生产的酒精经过加香调配而成。

（4）串香白酒。用液态法生产的白酒或用液态法生产的酒精经过加香调配而成。

3）按糖化发酵剂分

（1）大曲酒。用大曲（指曲的形状）酿制的白酒。

（2）小曲酒。用小曲酿制的固态或半固态发酵白酒。因气候关系，它适宜在我国南方较热地带生产。用小曲制成的酒统称为米香型酒。

（3）快曲酒。

4）按香型分

（1）浓香型（亦称泸香型、五粮液香型和窖香型）白酒。

（2）清香型（亦称汾香型、醇香型）白酒。

（3）酱香型（亦称茅香型）白酒。

（4）米香型（亦称小曲米香型）白酒。

（5）其他香型（亦称兼香型、复香型、混合香型）白酒。

5）按产品档次分

（1）高档酒。高档酒是用料好、工艺精湛、发酵期和贮存期较长、售价较高的酒，如名酒类和特曲、特窖、陈曲、陈窖、陈酿、老窖、佳酿等。

（2）中档酒。中档酒工艺较为复杂、发酵期和贮存期稍长、售价中等，如大曲酒、杂粮酒等。

（3）低档酒。低档酒亦称大路货，如瓜干酒、串香酒、调香酒、粮香酒和在广大农村销售的散装白酒等。

6）按酒精含量分

（1）高度酒（主要指60度左右的酒）。

（2）降度酒（一般指降为54度左右的酒）。

（3）低度酒（一般指39度以下的酒）。

3.7.4 中国白酒的香型

中国白酒的香型，目前被国家承认的只有5种，即酱香型、浓香型、清香型、米香型和其他香型。

白酒的香型主要取决于生产工艺、发酵、设备等条件，也就是说用什么样的生产工艺、发酵方法和什么样的设备，就能生产出什么香型的酒。例如，酱香型白酒是采用超高温制曲、凉堂、堆积、清蒸和回沙等酿造工艺，石窖或泥窖发酵而成的；浓香型白酒是采用混蒸续渣工艺，陈年老窖或人工老窖发酵而成的；清香型白酒是采用清蒸清渣工艺和地缸发酵而成的；米香型白酒是采取浓、酱两种香型酒的某些特殊工艺酿造而成的；其他香型的酒，如西凤、董酒、景芝白乾等，其生产工艺也各有千秋。

1）酱香型白酒

酱香型白酒，亦称茅香型白酒，以茅台酒为代表，属大曲酒类。其酱香突出、幽雅细致、酒体醇厚、回味悠长、清澈透明、色泽微黄。以酱香为主，略有焦香（但不能出头），香味细腻、复杂、柔顺。含泸（泸香）不突出，酯香柔雅协调，先酯后酱，酱香悠长，杯中香气经久不变，空杯留香经久不散（茅台酒有"扣杯隔日香"的说法），味大于香，苦度适中，酒度低而不变。

2）浓香型白酒

浓香型白酒，亦称泸香型、五粮液香型白酒，以泸州老窖特曲及五粮液为代表，属大曲酒类。其特点可用6个字、5句话来概括，6个字是香、醇、浓、绵、甜、净；5句话是窖香浓郁、清洌甘爽、绵柔醇厚、香味协调、尾净余长。浓香型白酒的种类丰富多彩，有的是柔香，有的是暴香，有的是落口团，有的是落口散，但其共性是：香要浓郁、入口要绵并要甜（有"无甜不成泸"的说法），进口、落口后味都应甜（不应是糖的甜），不应出现明显的苦味。浓香型酒的主体香气成分是窖香（乙酸乙酯），并有糟香或老白干香（乳酸乙酯），以及微量泥香（丁乙酸等）。窖香和糟香要协调，其中主体香（窖香）要明确，泥香要有，也是这种香型酒的独有风格，但不应出头，浓香要适宜、均衡，不能有暴香。

3）清香型白酒

清香型白酒，亦称汾香型白酒，以山西汾酒为代表，属大曲酒类。它入口绵、落口甜、香气清正。清香型白酒的标准是：清香醇正、醇甜柔和、自然协调、余味爽净。清香纯正就是主体香乙酸乙酯与乳酸乙酯搭配协调，琥珀酸的含量也很高，无杂味，亦可称酯香匀称，干净利落。总之，清香型白酒可以概括为清、正、甜、净、长五个字，清字当头，净字到底。

4）米香型白酒

米香型白酒，亦称小曲米香型白酒，以桂林象山牌三花酒为代表，属小曲酒类。小曲香型酒一般以大米为原料。其典型风格是在"米酿香"及小曲香基础上，突出以乳酸乙酯、乙酸乙酯与B-苯乙醇为主体组成的幽雅清柔的香气。一些消费者和评酒专家认为，用蜜香表达这种综合的香气较为确切。米香型白酒可以概括为：蜜香清雅、入口绵柔、落口甘洌、回味怡畅，即米酿香明显、入口醇和、饮后微甜、尾子干净，不应有苦涩或焦煳苦味，允许微苦。

5）其他香型酒

其他香型酒，亦称兼香型、复香型、混合香型白酒，属大曲酒类。此类酒大多工艺独特，大小曲都用，发酵时间长。凡不属上述四类香型的白酒（兼有两种或两种以上香型的酒）均可归于此类。此酒的代表有中国名酒董酒、西凤酒。其口感特点是绵柔、醇甜、味正、余长，其特有风格突出。

前沿资讯3-1

香气表达将成为中国白酒的"世界语言"

3.7.5　中国著名白酒简介

（1）茅台酒。茅台酒产于贵州省仁怀市茅台镇，是以高粱为主要原料酿造的酱香型白酒，其酒度根据不同系列而不同。

（2）汾酒。汾酒产于山西省汾阳市杏花村酒厂，是以高粱为主要原料酿造的清香型白酒，其酒度根据不同系列而不同。

（3）五粮液。五粮液产于四川省宜宾市，是以高粱、糯米、大米、玉米和小麦为原料酿造的浓香型白酒，常见酒度有35度、45度、52度不等。

（4）剑南春。剑南春产于四川省绵竹市，是以高粱、大米、糯米、玉米和小麦为原料酿造的浓香型白酒，酒度有38度、46度、52度等几种。

（5）古井贡酒。古井贡酒产于安徽省亳州市，是以高粱为主要原料酿造的浓香型白酒，酒度根据不同系列而不同。

（6）洋河大曲。洋河大曲产于江苏省泗洋县洋河镇，是以高粱为主要原料酿造的浓香型白酒，酒度有60度、55度和38度等多种。

（7）董酒。董酒产于贵州省遵义市，是以高粱为主要原料酿造的兼香型白酒，酒度一般为58度。

（8）泸州老窖特曲。泸州老窖特曲产于四川省泸州市，是以高粱为主要原料酿造的浓香型白酒，酒度一般为60度。

素养园地　　**文化赋能中国酒业高质量健康发展**

为构建中国酒业文化体系，创新酒文化，用文化赋能中国美酒高质量健康发展，2022年8月18日，由中国酒业协会主办，汾酒集团承办的中国酒业活态文化高峰论坛暨中国酒业协会文化工作委员会年会在山西汾酒集团召开。

全酒种杏花村聚首　嘉宾云集共话酒文化

中国酒业活态文化高峰论坛暨中国酒业协会文化工作委员会年会作为本年度酒类产业的最顶级文化盛会，赢得了全酒种领军企业与行业大咖、文化大咖的大力支持。

值得一提的是，本次论坛赢得了全酒种的高度关注。全酒种在杏花村齐聚一堂，共同探讨中国酒业活态文化的珍贵价值与未来趋向，探讨如何更大化地发挥酒业活态文化优势，为行业助力、为国家新文化战略谋势，可谓善莫大焉！

大咖智慧以文兴酒 文化赋能美酒发展

论坛上大咖云集，各种文化观点精彩纷呈，为中国酒类产业发展奉献了一场难得的文化盛宴。

针对当前中国酒文化的现状与发展趋势，宋书玉理事长分析指出了中国酒业文化发展的四个趋势：一是文化建设的地位变化，正在实现从"边缘"到"中心"的历史性转变；二是文化建设的范畴变化，正在实现从"小文化"到"大文化"、全面"文化+"的历史性转变；三是文化建设的性质变化，正在实现从服务营销、从属营销战略到"文化是核心竞争力、核心战略"的历史性转变；四是文化建设的规模变化，正在实现从少数名优酒企重视文化到全产业重视文化的历史性转变。这四个变化趋势，就是中国酒业文化建设的新格局，新格局决定新文化，我们要合力构建中国酒业新文化体系。

资料来源 赵占岭. 文化赋能中国酒业高质量健康发展［N］. 企业家日报，2022-08-27（C04）. 有删减.

思政元素：文化自信，高质量发展。

互动话题：党的二十大报告中强调，"高质量发展是全面建设社会主义现代化国家的首要任务"。

研讨要求：

（1）结合本案例，请各组围绕"如何推进中国酒业高质量发展"开展深入交流和研讨；

（2）各小组推荐1名成员做主题发言，总结分享小组交流研讨的内容。

■ 本章小结

本章系统介绍了蒸馏酒的分类、蒸馏酒的酿造、世界著名蒸馏酒等内容。世界著名蒸馏酒主要有白兰地、威士忌、金酒、伏特加、特其拉酒、朗姆酒、中国白酒。白兰地以葡萄为原料酿制而成，主要产地国为法国。威士忌以大麦为原料酿制而成，主要产地国为苏格兰等。金酒以杜松子等为原料酿制而成，主要产地国为英国和荷兰。伏特加以马铃薯等为原料酿制而成，主要产地国为俄罗斯。特其拉以龙舌兰为原料酿制而成，产地国为墨西哥。朗姆酒以甘蔗汁等为原料酿制而成，主要产地国为古巴和牙买加。中国白酒是中国特产，可分为酱香型、浓香型、清香型、米香型和其他香型。

■ 主要概念

白兰地 威士忌 金酒 伏特加 特其拉酒 朗姆酒 中国白酒

■ 判断题

1.白兰地最早起源于法国。 （　　）

2.最好的白兰地是由不同酒龄、不同来源的多种白兰地勾兑而成的。　　　（　　）

3.金酒又被称为"生命之水"。　　　　　　　　　　　　　　　　　　　（　　）

4.五粮液产于四川省仁怀市。　　　　　　　　　　　　　　　　　　　（　　）

5.伏特加是从俄语中"水"一词派生而来的，是俄罗斯具有代表性的白酒，开始是用小麦、黑麦和大麦等作原料酿造的。　　　　　　　　　　　　　　　　　　（　　）

■ 选择题

1.酿造金酒的主要原料是（　　）。

A.葡萄　　　　　　　　B.杜松子　　　　　　　C.大麦　　　　　　　　D.土豆

2.以甘蔗汁为主要原料，经发酵、蒸馏后得到的高度酒是（　　）。

A.朗姆酒　　　　　　　B.威士忌　　　　　　　C.特其拉酒　　　　　　D.金酒

3.中国白酒有多种香型，但（　　）不属于中国白酒的香型。

A.醋香型　　　　　　　B.酱香型　　　　　　　C.浓香型　　　　　　　D.清香型

■ 简答题

1.简述六大蒸馏酒的原料与口味。

2.请分别说出两个六大蒸馏酒的著名品牌。

3.简述白兰地的酿造过程。

■ 实践训练

取白兰地、威士忌、特其拉酒、伏特加、朗姆酒、金酒、中国白酒各一瓶，让学生依次品尝，然后说出每种酒的口味特点，最后参照表3-3进行测评。

表3-3　　　　　　　　　　　　　蒸馏酒品评评价参考表

评价内容	分值（分）	评分（分）
能正确认识7种不同的蒸馏酒（中英文标签）	20	
能说出每种蒸馏酒的主要原料	20	
能说出每种蒸馏酒的著名产地	20	
能简单陈述7种酒的酿造过程	10	
能说出每种酒的口味特点	30	
蒸馏酒品评总分	100	

第4章

配制酒

■ 学习目标

　　本章主要讲述配制酒的基本知识。通过本章的学习，要求对配制酒的分类以及开胃酒、佐餐酒、利口酒的著名品牌与口味有所掌握。同时，适当了解中国配制酒的独特制法与口味特色。

　　配制酒是一个比较复杂的酒品系列，它的诞生晚于其他单一酒品，但发展却很快。配制酒主要有两种配制工艺：一种是在酒和酒之间进行勾兑配制；另一种是将酒与非酒精物质（包括液体、固体和气体）进行勾兑配制。

　　配制酒的酒基可以是原汁酒，也可以是蒸馏酒，还可以两者兼而用之。生产配制酒较有名的国家也是欧洲主要产酒国，其中法国、意大利、匈牙利、希腊、瑞士、英国、德国、荷兰等国的产品最为有名。

　　配制酒的品种繁多，风格各有不同，划分类别比较困难。较流行的分类法是将配制酒分为三大类：开胃酒（Aperitif）、佐餐酒（Dessert Wine）、利口酒（Liqueur）。

4.1 开胃酒

　　开胃酒的名称来源于在餐前饮用能增加食欲之意。能开胃的酒有许多，如威士忌、金酒、香槟酒、某些葡萄原汁酒和果酒等，都是比较好的开胃酒精饮料。开胃酒的概念是比较含糊的，随着饮酒习惯的演变，开胃酒逐渐被专指为以葡萄酒和某些蒸馏酒为主要原料配制的酒，如味美思酒、比特酒、茴香酒等。这就是开胃酒的两种定义：前者泛指在餐前饮用能增加食欲的所有酒精饮料，后者专指以葡萄酒基或蒸馏酒基为主的有开胃功能的酒精饮料。

4.1.1 味美思酒

　　味美思酒（Vermouth）的一种主要成分是葡萄酒，约占80%，以干白葡萄酒为酒基；另一种主要成分是各种各样的配制香料。生产者对自己产品的配方是保密的，但大体上有这样一些原料，比如蒿属植物、金鸡纳树皮、木炭精、鸢尾草、小茴香、豆蔻、龙胆、牛至、安息香、可可豆、生姜、芦荟、桂皮、白芷、春白菊、丁香、苦橘、风轮菜、鼠尾草、接骨木、百里香、香草、陈橘皮、玫瑰花、杜松子、苦艾、海索草等。

Vermouth 可能是从古德语"Wermut"或者盎格鲁-撒克逊语"Wermod"演变过来的，它们都指一种叫苦艾的植物。

不同的味美思酒有不同的配方，白味美思酒还需加入冰糖和蒸馏酒，搅匀、冷澄、过滤、装瓶。红味美思还需加入焦糖调色。白味美思含糖量为 10%～15%，色泽金黄。红味美思含糖量为 15%，琥珀黄色。如果做干味美思，含糖量不超过 4%，酒度在 18 度左右。目前，人们不大喜欢喝甜型酒。

意大利味美思酒名牌有仙山露（Cinzano）、马提尼（Martini）、干霞（Gancia）、卡帕诺（Carpano）、利开多纳（Riccadonna）。

法国最著名的味美思酒有香百丽（Chambery）、杜瓦尔（Duval）、诺瓦利·普拉（Noilly Part）。

4.1.2　比特酒

比特酒（Bitter）从古药酒演变而来，有滋补的效用。比特酒种类繁多，有清香型，也有浓香型；有淡色，也有深色；有酒也有精（不含酒精成分）。但不管是哪种比特酒，苦味和药味是它们的共同特征。用于配制比特酒的调料主要是带苦味的草卉和植物的茎根与表皮，如阿尔卑斯草、龙胆皮、苦橘皮、柠檬皮等。

较有名气的比特酒主要产自意大利、法国、特立尼达和多巴哥、荷兰、英国、德国、美国、匈牙利等国。下面介绍几种著名的比特酒。

1）康巴丽

康巴丽（Campari）产于意大利米兰，是由橘皮和其他草药配制而成的，酒液呈棕红色，药味浓郁，口感微苦。苦味来自金鸡纳霜，酒精度为 26 度。

2）菲奈特·布郎卡

菲奈特·布郎卡（Fernet Branca）产于意大利米兰，是意大利最有名的比特酒。它是由多种草木、根茎植物为原料调配而成的，味很苦，号称苦酒之王，但药用功效显著，尤其适用于醒酒和健胃，酒精度为 40 度。

3）苏滋

苏滋（Suze）产于法国，它的配制原料是龙胆草的根块。其酒液呈橘黄色，口味微苦、甘润，糖分 20%，酒精度为 16 度。

4）安高斯杜拉

安高斯杜拉（Angostura）产于特立尼达和多巴哥，以朗姆酒为酒基，以龙胆草为主要调制原料。酒液呈褐红色，药香悦人，口味微苦但十分爽适，在拉美国家深为人们所喜爱，酒精度为 44 度。

4.1.3　茴香酒

茴香酒（Anisés）实际上是用茴香油和蒸馏酒配制而成的酒。茴香油中含有大量的苦艾素。45度酒精可以溶解茴香油。茴香油一般从八角茴香和青茴香中提炼取得，八角茴香油多用于开胃酒制作，青茴香油多用于利口酒制作。

茴香酒中以法国产品较为有名，酒液视品种不同而呈不同色泽，一般都有较好的光泽。茴香酒味浓厚，香郁迷人，口感不同寻常，味重而又刺激，酒度在25度左右。有名的法国茴香酒有里卡尔（Ricard）、巴斯的士（Pastis）、彼诺（Pernod）、白羊倌（Berger Blanc）等。

4.2　佐餐酒

甜点（Dessert）是西餐中的最后一道菜，一般是甜品和水果，与之佐助的酒也是口味较甜的，常常以葡萄酒基为主体进行配制，但与利口酒有明显区别。佐餐酒虽然也是甜酒，但它的主要酒基一般是蒸馏酒。佐餐酒的主要生产国和地区有葡萄牙、西班牙、意大利、希腊、匈牙利、法国南部等。下面介绍几种著名的佐餐酒。

4.2.1　波尔图酒

波尔图酒（Porto Wine）产于葡萄牙杜罗河（Douro）一带，在波尔图港进行贮存和销售。波尔图酒是用葡萄原汁酒与葡萄蒸馏酒勾兑而成的，有白波尔图酒和红波尔图酒两类。白波尔图酒有金黄色、草黄色、淡黄色之分，是葡萄牙人和法国人喜爱的开胃酒。红波尔图酒作为甜食酒在世界上享有很高的声誉，有黑红、深红、宝石红、茶红四种，统称为色酒（Tinto）。红波尔图酒的香气浓郁芬芳，果香和酒香协调，口味醇厚、鲜美、圆润，有甜、半甜和干三个类型，最受欢迎的是1945年、1963年和1970年的产品。

波尔图酒在市场上分三个品种销售：青大（Quintas）、佳酿（Vintages）、陈酿（L.B.V）。波尔图酒著名的产品有库克本（Cookburn）、克罗夫特（Croft）、道斯（Dow's）、方瑟卡（Fonseca）、西尔法（Silva）、桑德曼（Sandeman）、沃尔（Warres）、泰勒（Taylors）等。

4.2.2　雪利酒

雪利酒（Sherry）产于西班牙的加勒斯（Jerez），英国人称其为Sherry，法国人则称其为Xérés。英国人嗜好雪利酒胜过西班牙人，人们遂以英名相称此酒。雪利酒以加勒斯所产的葡萄酒为酒基，勾兑当地的葡萄蒸馏酒，逐年换桶陈酿，陈酿15～20年时，质量最好，风格也达极点。雪利酒分为菲奴（Fino）和奥罗路索（Oloroso）两大类，其他品种均为这两类的变型。

（1）菲奴颜色淡黄，是雪利酒中色泽最淡的，它香气精细优雅，给人以清新之感，就像新苹果刚摘下来时的香气一样，十分悦人。菲奴口味甘冽、清新、爽快，酒度为15.5～17

度。菲奴不宜久藏，最多贮存2年，当地人往往只买半瓶，喝完再购。曼赞尼拉（Manzanilla）是一种陈酿的菲奴，此酒微红色，透亮晶莹，香气与菲奴接近，但更醇美，常有杏仁苦味的回香，令人舒畅。西班牙人最喜爱此酒。巴尔玛（Palma）雪利酒是菲奴的出口学名，分1、2、3、4档，档次越高，酒越陈。阿蒙提拉多（Amontillado）是菲奴的又一个品种，它的色泽十分美丽沉稳，香气带有核桃仁味，口味甘洌而清淡，酒度为15.2～22.8度。

（2）奥罗路索与菲奴有所不同，是强香型酒。金黄中透出棕红色，透明晶亮，香气浓郁扑鼻，具有典型的核桃仁香味，越陈越香。其口味浓烈、口感柔绵、酒体丰满。酒度为18～20度，也有24度、25度的，但为数不多。巴罗高大多（Palo Cortado）是雪利酒中的珍品，市场上供应很少，风格很像菲奴，人称"具有菲奴酒香的奥罗路索"，大多陈酿20年再上市。阿莫路索（Amoroso）又叫"爱情酒"，是用奥罗路索与甜酒勾兑而成的雪利酒，呈深红色，有的近乎棕红色，加有添加剂。其香气与奥罗路索接近，但不那么突出，甘甜味正，英国人爱好此酒。

4.2.3　马德拉酒

马德拉岛地处大西洋，长期以来为西班牙所占领。马德拉酒（Madeira）产于此岛上，是用当地生产的葡萄酒和葡萄烧酒为基本原料勾兑而成的，十分受人喜爱。马德拉酒是上好的开胃酒，也是世界上屈指可数的优质甜食酒。

马德拉酒分为舍西亚尔（Sercial）、华帝露（Verdelho）、布阿尔（Bual）、马姆齐（Malmsey）四大类。

4.2.4　马拉加酒

马拉加酒（Malaga）产于西班牙安达卢西亚的马拉加地区，酿造方法颇似波尔图酒。酒度为14～23度，此酒在佐餐酒和开胃酒中比不上其他同类产品，但它具有显著的滋补作用，较为适合病人和疗养者饮用。

4.2.5　马尔萨拉酒

马尔萨拉酒（Marsala）产于意大利西西里岛西北部的马尔萨拉一带，是由葡萄酒和葡萄蒸馏酒勾兑而成的，它与波尔图酒、雪利酒齐名。酒呈金黄带棕色，香气芬芳，口味舒爽、甘润。根据陈酿的时间不同，马尔萨拉酒风格也有所区别。陈酿4个月的酒称为精酿（Fine），陈酿2年的酒称为优酿（Superiore），陈酿5年的酒称为特精酿（Verfine）。

前沿资讯4-1

王朝布局宴席
佐餐酒市场

较为有名的马尔萨拉酒有厨师长（Gran Chef）、佛罗里欧（Florio）、拉罗（Rallo）、佩勒克利诺（Peliegrino）等。

4.3　利口酒

利口酒，美国称其为Cordial（使人兴奋的饮料），法国称其为Digestifs（餐前或餐后的助消化饮料），我国沿海由广东方言译为利口酒。Liqueur是拉丁语，意思是溶解、使柔和。

公元前460—前377年，生于希腊科斯岛，人称"医学之父"的希波克拉底（Hp-pkrates）在蒸馏酒中融入各种药草，使之变成具有药用价值的酒，这就是利口酒的由来。利口酒传入欧洲其他国家后，修道士对利口酒的发展有巨大的推动作用，其中以西同教堂的出品最为有名。航海时代，水果利口酒受到欧洲上流社会的青睐，利口酒因此有了"液体宝石"的美誉。

制作利口酒的方法主要有蒸馏法、浸泡法、香精法、渗透过滤法四种。

1）蒸馏法

采用蒸馏法制造利口酒的方式可以分为两类：一类是将提香原料直接浸泡在蒸馏酒中，然后一起蒸馏提香；另一类是取出提香原料，只用蒸馏浸泡过的汁液。但是不管哪种方法，由于蒸馏后的酒液是无色透明的，为了使其达到成品酒的标准色泽，蒸馏后都需要添加甜味及食用色素，以达到色泽诱人的目的。蒸馏法主要用于香草类、柑橘类的干皮等原料的提香上。

2）浸泡法

由于一些新鲜的香料经过加热蒸馏后会使其香味流失，因此在一些利口酒的酿制上会选用浸泡法来进行。其操作方法是将增味提香的配料浸泡在酒基中，使酒液从配料中充分吸收其味道和色泽，再将配料滤出，最后加入糖浆和食用植物色素，用以改善利口酒的口味和色泽。这种方法是目前利口酒酿制中被广泛使用的方法。

3）香精法

这是一种快速制造利口酒的方法，将酒基、食用香精、蜂蜜或糖浆混合在一起即可制成。不过，以此种方法制造的利口酒质量较为低下，因此，在法国禁止此类利口酒的生产。

4）渗透过滤法

该种制造方法一般适用于草药及香料利口酒的生产。这种生产方法类似于煮咖啡，生产设备也同咖啡蒸煮器皿相似。一般是将提香原料放在上面的容器中，酒基放在下面的容器中，加热后，酒液往上升，带有香料草药的气味下降，如此循环反复，直至酒液摄取到足够的香味为止。

视频7 利口酒的分类

由于制作方法与原料特别，利口酒含糖量较高、相对密度大、色彩丰富、气味芬芳独特，可以用来增加鸡尾酒的色香味，是调制彩虹酒不可缺少的材料。西餐中也可用于烹调，或用于制作冰淇淋、布丁及甜点。药用方面有舒筋活血、助消化的功效，一般作餐后酒。而按制作的原料不同，可以把利口酒分为果类利口酒、草类利口酒和种料利口酒三种。

4.3.1　果类利口酒

果类利口酒（Liqueurs de fruits）一般采用浸泡法酿制，其突出的风格是口味清爽新鲜。

1）库拉索酒

库拉索酒（Curacao）产于荷属库拉索岛，该岛位于离委内瑞拉 60 千米的加勒比海。库拉索酒是由橘子皮调香浸制成的利口酒，有无色透明的，也有呈粉红色、绿色、蓝色的，橘香悦人，香馨优雅，味微苦但十分爽适。酒度为 25～35 度，比较适用于餐后酒或配制鸡尾酒。

2）大马尼尔酒

大马尼尔酒（Grand Marnier）产于法国干邑地区，是用苦橘皮浸制成"橘精"调香配制而成的果类利口酒。大马尼尔酒是库拉索酒的"仿制品"。

大马尼尔酒有红标和黄标两种，红标以哥涅克为酒基，黄标则以其他蒸馏酒为酒基。它们的橘香味都很突出，口味凶烈、甘甜、醇浓，酒度在 40 度左右，属特精制利口酒。

投放市场的大马尼尔酒还有另外两个产品：一个是"百年酿"（Cuvée du Centenaire），另一个是"雪利马尼尔"（Cherry Marnier）。

3）库舍涅橘酒

库舍涅橘酒（Cusenier Orange）产于法国巴黎，配制原料是苦橘和甜橘皮。库舍涅橘酒也是库拉索酒的"仿制品"，风格与库拉索酒相仿，略为逊色，酒度为 40 度。

4）冠特浩酒

冠特浩酒（Cointreau）在世界上很有名气，产量较大，主要由法国和美国的冠特浩酒厂生产，是用苦橘皮和甜橘皮浸制而成的，也是库拉索酒的"仿制品"，度数为 40 度，较适合作为餐后酒和兑水饮用。

同属此类的橘酒还有库拉索三干酒（Curacao Triple Sec）、库拉索橘酒（Curacao Orange）、蜜橘利口酒（Liqueur de Mandarine）、金水酒（Eau D'or）、橘烧酒（Flamorange）、梅道克真酒（Cordial Médoc）等。

5）马拉希奴酒

马拉希奴酒（Maraschino），又名马拉斯钦（Marasquin），原产于南斯拉夫境内的萨拉（Zara）一带，第二次世界大战后转向意大利威尼斯地区，主要产于帕多瓦（Padoue）附近。

马拉希奴酒以樱桃为配料，樱桃带核先制成樱桃酒，再兑入蒸馏酒配制成利口酒。马拉希奴酒有两个牌号：一个叫 Luxado；另一个叫 Drioli，它们都具有浓郁的果香，口味醇美甘甜，酒度在 25 度上下，属精制利口酒，适用于餐后饮用或配制鸡尾酒。

6）利口杏酒

杏子是利口酒极好的配料，可以直接浸制，也可以先制成杏酒，再兑白兰地。酒度为 20～30 度。世界较有名的利口杏酒（Liqueurs d'abricots）有产于匈牙利的凯克斯克麦特杏酒（Kecskmet）和产于法国的加尼尔杏酒（Abricotine Garnier）。

7）卡悉酒

卡悉酒（Cassis），又名黑加仑子酒，产于法国第戎（Dijon）一带，酒呈深红色，乳状，果香优雅，口味甘润，维生素 C 的含量十分丰富，是利口酒中最富营养的一种。酒度为 20～30 度，适于餐后或兑水、配鸡尾酒饮用等。

卡悉酒的名牌产品有第戎卡悉（Cassis de Dijon）、博恩卡悉（Cassis de Beaune）、悉斯卡（Sisca）和超级卡悉（Supercassis）等。

可用来配制利口酒的果料有很多，如菠萝、香蕉、草莓、覆盆子、橘子、柠檬、李子、柚子、桑葚、椰子、甜瓜等。

4.3.2 草类利口酒

草类利口酒（Liqueurs de Plantes）的配制原料是草本植物，制酒工艺较为复杂，有点秘传色彩，让人感到神秘莫测。生产者对其配方严格保密，人们只能了解其中的大概情况。

1）修道院酒

修道院酒（Chartreuse）是法国修士发明的一种驰名世界的配制酒，目前仍然由法国依赛（Isère）地区的卡尔特教团大修道院所生产。修道院酒的秘方至今仍掌握在教士们的手中，从不披露。经分析表明：该酒以葡萄蒸馏酒为酒基，浸制 130 余种阿尔卑斯山区的草药，其中有虎耳草、风铃草、龙胆草等，再配兑以蜂蜜等原料，成酒需陈酿 3 年以上，有的长达 12 年之久。

修道院酒中最有名的叫修道院绿酒（Chartreuse Verte），酒度在 55 度左右。此外，还有修道院黄酒（Chartreuse Jaune），酒度在 40 度左右；陈酿绿酒（V.E.P.Verte），酒度在 54 度左右；陈酿黄酒（V.E.P.Jaune），酒度在 42 度左右；驰酒（Elixir），酒度在 71 度左右。修道院酒是草类利口酒中一个主要品种，属特精制利口酒。

2）修士酒

修士酒（Bénédictine），有的译为本尼狄克丁，也有的称泵酒。此酒产于法国诺曼底地区的费康（Fécamp），是很有名的一种利口酒。此酒为祖传秘方，参照教士的炼金术配制而成，人们虽然对它有所了解，但仍然没有完全弄清楚它的制作细节。

修士酒用葡萄蒸馏酒做酒基，用 27 种草药调香，其中有海索草、蜜蜂花、当归、丁香、肉豆蔻、茶叶、桂皮等，再掺兑糖液和蜂蜜，经过提炼、冲沏、浸泡、掐头去尾、勾兑等工序最后制成。

修士酒在世界市场上获得了很大成功。生产者又用修士酒和白兰地兑和，制出另一新产品，命名为"B and B（Bénédictine and Brandy）"，酒度为 43 度，属特精制利口酒。修士酒瓶上标有"D.O.M."字样，是一句宗教格言"Deo Optimo Maximo"的缩写，意为"奉给伟大圣明的上帝"。

3）衣扎拉酒

衣扎拉酒（Izarra）产于法国巴斯克（Basque）地区，在巴斯克族语中，Izarra 是"星星"的意思，所以衣扎拉酒又名"巴斯克星酒"。该酒调香以草类为主，也有果类和种类，先用草料与蒸馏酒做成香精，再将其兑入浸有果料和种料的阿尔玛涅克酒液中，加入糖和蜂蜜，最后用藏红花染色而成。衣扎拉酒有绿酒和黄酒之分，绿酒含有 48 种香料，酒度为 48 度；黄酒含有 32 种香料，酒度为 40 度。它们均属于特精制利

80

口酒。

4）马鞭草酒

马鞭草具有清香味和药用功能，用马鞭草浸制的利口酒是一种高级药酒。马鞭草酒（Verveine）主要有三个品种：马鞭草绿白兰地酒（Verveine Verte Brandy），酒度为55度；马鞭草绿酒（Verveine Verte），酒度为50度；马鞭草黄酒（Verveine Jaune），酒度为40度，均属特精制利口酒。最出名的马鞭草利口酒是弗莱马鞭草酒（Verveine de Velay）。

5）涓必酒

涓必酒（Drambuie）产于英国，是用草药、威士忌和蜂蜜配制成的利口酒。它在美国也十分流行和知名。

6）利口乳酒

利口乳酒（Crémes）是一种比较稠浓的利口酒，以草料调配的乳酒比较多，如薄荷乳酒（Créme de Menthe）、玫瑰乳酒（Créme de Rose）、香草乳酒（Créme de Vanille）、紫罗兰乳酒（Créme de Violette）、桂皮乳酒（Créme de Cannelle）等。

4.3.3 种料利口酒

种料利口酒（Liqueurs de Graines）是用植物的种子为基本原料配制的利口酒。用作配料的植物种子有许多种，制酒者往往选用那些香味较强、含油较高的坚果种子进行配制加工。

1）茴香利口酒

茴香利口酒（Anisette）起源于荷兰的阿姆斯特丹（Amsterdam），为地中海诸国最流行的利口酒之一。法国、意大利、西班牙、希腊和土耳其等国均生产茴香利口酒。其中，以法国和意大利的最为有名。

茴香利口酒是先用茴香和酒精制成香精，再兑以蒸馏酒基和糖液，搅拌、冷处理、澄清而成，酒度在30度左右。茴香利口酒中最出名的叫玛丽·布利查（Marie Brizard），是18世纪一位法国女郎的名字，该酒又被称作波尔多茴香酒（Anisettes de Bordeaux），产于法国。

2）顾美露

顾美露（Kümmel）的原料是一种野生的茴香植物，名叫"加维茴香"（Carvi），主要生长在北欧。顾美露产于荷兰和德国，较为出名的产品有阿拉西（Allash，荷兰），波尔斯（Bols，荷兰），弗金克（Fockink，荷兰），沃尔夫斯密德（Wolfschmidt，德国），曼珍道夫（Mentzendorf，德国）。

3）荷兰蛋黄酒

荷兰蛋黄酒（Advocaat）产于荷兰和德国，主要配料是鸡蛋黄和杜松子，香气独特，口味鲜美，酒度为15～20度。

4）咖啡乳酒

咖啡乳酒（Créme de Café）主要产于咖啡生产国，它的原料是咖啡豆，先烘焙粉碎咖啡豆，再进行浸制和蒸馏，然后将不同的酒液进行勾兑，加糖处理，澄清过滤而成，酒度在26度左右。咖啡乳酒属普通利口酒，较出名的有高拉（Kahlúa，墨西哥）、蒂亚·玛丽亚（Tia Maria）、爱尔兰绒（Irish Velvet）、巴笛奶（Bardinet，法国）、巴黎佐（Parizot，法国）。

5）可可乳酒

可可乳酒（Créme de Cacao）主要产于西印度群岛，它的原料是可可豆种子。制酒时，将可可豆经烘焙粉碎后浸入酒精中，取一部分直接蒸馏提取酒液，然后将这两部分酒液勾兑，再加入香草和糖浆制成。较为出名的可可乳酒有朱傲可可（Cacao Chouao）、亚非可可（Afrikoko）、可可利口（Liqueurde Cacao）。

6）杏仁利口酒

杏仁利口酒（Liqueurs d'amandes）以杏仁和其他果仁为配料，酒液绛红发黑，果香突出，口味甘美。较为有名的杏仁利口酒有阿玛雷托（Amaretto，意大利）、仁乳酒（Créme Denoyaux，法国）、阿尔蒙利口（Almond Liquers，英国）。

4.3.4 利口酒的饮用

1）用杯

饮用利口酒通常使用利口酒杯或雪利酒杯。

2）饮用

利口酒通常用作餐后酒以助消化，每杯在25毫升左右。

（1）果类利口酒：饮用温度由客人自定，但基本原则是：果味越浓的甜味越大，饮用温度越低。杯具需冰镇，可以溜杯也可加冰或冰镇。

（2）草类利口酒：修道院酒用冰块降温，或将酒瓶置于冰桶中。修士酒则用溜杯，酒瓶在室温即可。

（3）种料利口酒：茴香利口酒常温也可，冰镇也行。可可酒及咖啡酒需冰镇。

选用高纯度的利口酒，可以一点点细细品尝，可以加入苏打或矿泉水，也可加适量柠檬水，但酒要先加入。利口酒可加在冰淇淋、果冻中，做蛋糕时也可用其替代蜂蜜。

4.3.5 不同风味的利口酒

1）鸡蛋利口酒

详细说明：鸡蛋利口酒（如图4-1所示），集蛋黄、酒香、糖、白兰地及香草精华于一体，是香味浓郁的乳状甜酒，入口倍觉柔滑香浓。加冰、调配鸡尾酒或加水饮用均可，此款是充满荷兰风味的利口酒，更是上佳雪糕甜品的材料。

2）樱桃白兰地利口酒

详细说明：樱桃白兰地利口酒（如图4-2所示）糅合了樱桃及霖酒，甜蜜的樱桃味道，再加上少许霖酒的点缀，构成了富有异国风味的利口酒。净饮、加冰或用来调配鸡尾酒都同样理想。

图 4-1　鸡蛋利口酒

图 4-2　樱桃白兰地利口酒

3）百利甜利口酒

详细说明：百利甜利口酒（如图 4-3 所示）是极具创意的甜酒。自 1974 年在爱尔兰生产以来，在短短 25 年后，风靡全球，年销量达 400 多万箱，成为单一品味甜酒之冠。在世界洋酒中名列第 13 位，无与伦比，畅销 160 多个国家和地区。百利甜利口酒可以加入冰块或碎冰饮用或混入冰淇淋饮用。无论在何时何地以百利甜利口酒做休闲饮品，都给饮者带来独特的感受。

4）薄荷利口酒

详细说明：薄荷利口酒（如图 4-4 所示）的薄荷香味非常浓郁、自然，以白兰地做基酒，调配来自英格兰、美国和摩洛哥等地的薄荷素油，经连续式蒸馏法酿造出品质精纯的产品。依调酒手册的不同需要，有绿色及透明两种薄荷利口酒供选择，且富含多种助消化的成分。

图 4-3　百利甜利口酒

图 4-4　薄荷利口酒

5）可可利口酒

详细说明：可可利口酒（如图 4-5 所示）以最优等的烘焙可可豆为原料，先于蒸馏过程中等可可豆破裂，再进行过滤，同时添加多种药草制成黑可可利口酒，可可味香浓醇厚。白可可利口酒的制造过程和黑可可利口酒相同，唯一不同点在于可可豆以完全蒸馏取代过滤程序，白可可利口酒香味较淡雅，色泽透明。

6）君度香橙利口酒

详细说明：君度香橙利口酒（如图 4-6 所示）独具浓郁的香味，它具有果的甜味，橘皮香中交杂橘花香，还有白芷根的味道，加上油加利木香及淡淡薄荷凉，综合而成丝丝令人难忘的余香。早期的君度较偏向用作基酒，20世纪80年代以后，君度中加入冰块及柠檬片的简单调法，已成为巴黎、米兰、纽约、东京等大都会最风行的饮法，其微甜微酸、清凉剔透的原始风味，赢得了世人的喜爱。

图 4-5　可可利口酒　　　　　　　　　　　　　图 4-6　君度香橙利口酒

7）咖啡利口酒

详细说明：咖啡利口酒（如图4-7所示）的原料是灌木咖啡红肉果实中生长的咖啡豆。当今，咖啡主要在南美洲种植，但是其原产地是非洲，就是现在的埃塞俄比亚。其中，第一款甘露咖啡利口酒在世界驰名，是在墨西哥城甘露公司的保护和资助下，按传统的秘密配方由精选的上等咖啡加药草和香草制得的。甘露咖啡利口酒产自墨西哥，已问世几十年，乃现时美国最风行的利口酒品牌，拥有超过900万爱好者，遍及加拿大、澳大利亚、新西兰、墨西哥、日本和欧洲等地，现在还继续扩展至东南亚和南美洲。甘露咖啡利口酒可调制出超过200种的鸡尾酒和特色饮品。甘露咖啡利口酒配以牛奶令人顺畅而满足，不愧为其中的佼佼者，还可配以可乐、俄罗斯红牌伏特加等，风格独特。

8）杏仁利口酒

详细说明：杏仁利口酒（如图4-8所示）以系列产品杏桃白兰地香甜酒为基底制成。以成熟杏桃的核果为主原料，让人强烈地以为是杏仁核果产品的自然气息。

图 4-7　咖啡利口酒　　　　　　　　　　　　　图 4-8　杏仁利口酒

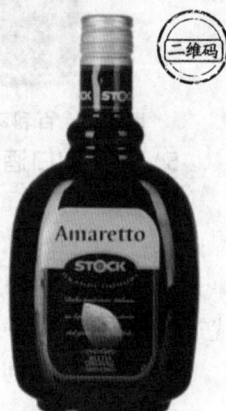

4.4 中国配制酒

4.4.1 竹叶青

竹叶青的产地在中国山西汾阳。竹叶青是汾酒的再制品，它与汾酒一样具有古老的历史。南朝梁简文帝萧纲（503—551）有诗云："兰羞荐俎，竹酒澄芳。"该诗说的是竹叶青酒的香型和品质。南北朝文学家庾信（513—581）在《春日离合诗》（二）一诗中曰："田家足闲暇，士友暂流连。三春竹叶酒，一曲鹍鸡弦。"这优美的诗句，描写了田家农舍的安适清闲，记载了三春陈酿的竹叶青酒。由此可见，杏花村竹叶青酒早在1 400多年前就已成珍品。

竹叶青酒色泽金黄兼翠绿，酒液清澈透明，芳香浓郁，酒香药香谐和均匀，入口香甜，柔和爽口，口味绵长。酒精度为45度，糖分为10%。经专家鉴定，它具有养血、舒气、和胃、益脾、除烦、消食的功能。有的医学家认为，竹叶青酒对心脏病、高血压和关节炎等疾病也有明显的医疗效果。如果少饮、久饮，则有益身体健康。

最古老的竹叶青酒只是单纯加入竹叶浸泡，求其色青味美，故名"竹叶青"。而现在的竹叶青酒以汾酒为底酒，配以广木香、公丁香、竹叶、陈皮、砂仁、当归、零陵香、紫檀香等10多种名贵药材和冰糖、白砂糖浸泡配制而成。杏花村汾酒厂专门设有竹叶青酒配制车间。竹叶青酒的配制方法是：用小坛将药材放入70度汾酒里浸泡数天，取出药液放入陶瓷缸里的65度汾酒中。再将糖液加热取出液面杂质，过滤冷却，倒入已加药液的酒缸中，搅拌均匀，封闭缸口，澄清数日，取清液过滤入库。再经陈贮、勾兑、品评、检验、装瓶、包装等128道工序才作为成品出厂。

4.4.2 刺梨酒

贵州布依族酿制的刺梨酒驰名中外。刺梨酒的酿制方法是：每年秋天收获粳稻以后，就采集刺梨果，将其晒干。接着用糯米酿酒，酒盛于大坛中，再将刺梨放进坛里浸泡。一个月以后（泡的时间越长越好）即成。酒呈黄色，喷香可口，约12度左右，不易醉人。

4.4.3 杨林肥酒

杨林肥酒是享誉海内外的传统配制酒，以产地而得名。杨林镇地处云南省中部的嵩明县杨林湖畔，早在明初已商贾云集，工商业繁荣，酿酒业尤为发达。每年秋收结束，杨林湖畔，玉龙河边，百家立灶，千村酿酒，呈现出一派"太平村酒贱"的兴盛景象。传统的酿酒技艺和丰富的药物学知识是杨林肥酒成功的坚实基础。清末，杨林酿酒业主陈鼎设"裕宝号"酿酒作坊，借鉴兰茂《滇南本草》中酿造水酒的十八方工艺，采用自酿的纯粮小曲酒为酒基，浸泡党参、拐枣、陈皮、元肉、大枣等十余种中药材，同时加入适量的蜂蜜、蔗糖、豌豆尖、青竹叶，精心配制。通过长期的摸索实践，于清光绪六年（公元1880年），向市场上推出了一种色泽碧绿如玉、清亮透明、药香和酒香浑然一体的配制酒。这种酒醇香绵甜，回味隽永，具有健胃滋脾、调和腑脏、活血健身的功效，创始者陈鼎将其命名为"杨林肥酒"。

4.4.4 鸡蛋酒

彝族鸡蛋酒是一种具有浓郁地方特色和民族特色的保健型配制酒。彝族鸡蛋酒的配制过程为：

1) 备料

纯粮烧酒、生姜、草果、胡椒、鸡蛋、糖等。各种原料的使用比例是：若制作10千克鸡蛋酒，配生姜0.1千克、胡椒0.015千克、糖3千克、鸡蛋5个。

2) 煮酒

先把草果放在火塘中烤焦、捣碎，生姜洗净、去皮、捣扁。备好的草果、生姜和白酒同时下锅，温火将酒煮沸后，加糖，等糖完全融化后，撤去锅底的火，但保持余热，捞出生姜及草果碎块，将鸡蛋调匀后，呈细线状缓缓注入酒锅内，同时快速搅动酒液，最后撒入胡椒粉即可饮用。

地道的彝族鸡蛋酒现配现饮，上碗时余温不去，香郁扑鼻，鸡蛋如丝如缕，蛋白洁白如丝，蛋黄金灿悦目，入口余温不绝，饮后清心提神，祛风除湿。节庆佳期，一碗热腾腾的鸡蛋酒烘托出节日的祥和与热烈；嘉宾临门，一碗香喷喷的鸡蛋酒显示出彝族人的真挚与热诚。

4.4.5 松苓酒

松苓酒是满族的传统饮料，其制作方法非常独特：在山中寻觅一棵古松，伐其本根，将白酒装在陶制的酒瓮中，埋于其下，几年后挖掘取出。据说，通过这种方法，古松的精华就被吸到酒中。松苓酒酒色为琥珀色，具有明目、清心的功效。

其他配制酒种类很多，如在成品酒中加入中草药材制成的五加皮酒，加入名贵药材的人参酒，加入动物性原料的鹿茸酒、蛇酒，加入水果的杨梅酒、荔枝酒等。

小资料4-1   **药酒**

药酒，古代同其他酒一起统称"醪醴"。我国最早的医书《黄帝内经》中就有"汤液醪醴论篇"。醪醴，就是用五谷制成的酒类，醪为浊酒，醴为甜酒。以白酒、黄酒和米酒浸泡或煎煮具有治疗和滋补性质的各种中药或食物，去掉药渣所得的口服酒剂（或用药物和食物与谷物、酒曲共同酿制），即为药酒。因为酒有"通血脉，行药势，温肠胃，御风寒"等作用，所以，酒和药配制可以增强药力，既可治疗疾病和预防疾病，又可用于病后的辅助治疗。滋补药酒还可以药之功，借酒之力，起到补虚强壮和抗衰益寿的作用。远在古代，药酒已成为我国一个独特的重要剂型，至今在国内外医疗保健事业中，仍享有较高的声誉。随着人们生活水平的不断提高，药酒作为一种有效的防病祛病、养生健身的可口饮料，已开始走进千家万户。一杯气味醇正、芳香浓郁的药酒，既没有古人所讲的"良药苦口"的烦恼，又没有现代打针输液的痛苦，给人们带来的是一种佳酿美酒的享受，所以人们乐于接受。诸如人参酒、鹿茸酒、五加皮酒、虎骨酒、国公酒、十全大补酒、龟龄集酒、首乌酒等享有盛名的药酒，深受广大群众的欢迎。

素养园地　　保护为基础　加大对竹叶青酒等传统露酒酿造技艺申遗的支持力度

"竹叶青酒的酿造技艺是宝贵的传统文化，传统匠人的技艺传承应得到高度重视。"作为山西杏花村汾酒集团竹叶青酒泡制技艺的传承人，38年来，公司保健酒配制车间配制师郝持胜一直工作在生产一线。因此，他很关注露酒行业对于传统酿造技艺的传承与保护，也很重视竹叶青酒的传承。2023年全国两会期间，作为全国人大代表，郝持胜在接受本报记者采访时介绍道，中国露酒是在中医药"药食同源""医酒同源"的主张下，孕育出的独具东方传统健康理念的酒种。露酒最早源于商朝，在宋朝达到鼎盛期，一直延续至今。竹叶青酒作为中国露酒的代表性品牌，传承中国传统文化"天人合一""道法自然"的健康理念，每味药材及其配伍，药材熬制工艺及与汾酒如何完美结合，都融合了几千年中华医学的精华，是中国唯一始终坚持"纯植物草本"的健康名酒，曾荣获三届国家名酒称号、五次国际金奖。

当前，中国酒业已经进入新一轮产业调整阶段，产业结构、产品结构、市场和消费结构均面临变革与调整，而这也为露酒的产业发展提供了新的机会窗口。"新国标"也将饮料酒分类框架由发酵酒、蒸馏酒、配制酒三类调整为发酵酒、蒸馏酒、配制酒和露酒四类，从标准层面突出了露酒的功能属性、风格特征和工艺特色，为露酒产业繁荣振兴奠定了基础。

白酒酿造技艺传承至今已有上千年，是我国古代劳动人民在长期的生产实践中创造总结出来的，古文献记载的酿酒工艺非常有限，技艺的传承几乎都是靠每一代酿酒技师口口相授、代代相传。"从我的亲身感受来讲，我们对传统露酒酿造技艺的保护是比较到位的。"郝持胜代表表示，近年来，通过行业的整体努力，露酒开始执行单独的标准，从标准层面突出了露酒的功能属性、风格特征和工艺特色。但是，技艺的保护形势依然不容乐观。特别是在商业化的冲击下，传统工艺中原有的价值取向、精神信仰正在受到影响，对此，郝持胜代表建议：

一是希望政府、社会各界能加大对竹叶青酒等露酒酿造技艺申遗的支持力度，并以此为契机，全面整理历史及当下的传统工艺要诀，系统梳理技艺，做好工艺规范、技法构成、技艺步骤等经验的整理。

二是能依托中医药的传承与发展，以相关学术研究作为保护实践的支撑，对有关工艺技法和经验构成进行知识谱系的梳理和研究，帮助传统露酒构建更加系统、完善的传承体系。

三是大力弘扬传统露酒文化的精髓，并结合新时代需求，在传统饮用文化的基础上，帮助传统露酒构建更加科学的文化体系。

资料来源　李涛，李国梁，郭敏，等. 保护为基础　加大对竹叶青酒等传统露酒酿造技艺申遗的支持力度［N］. 中国食品安全报，2023-03-06（B04）. 有删减.

思政元素：传承、保护和弘扬中华优秀传统文化。

互动话题：习近平总书记在党的二十大报告中指出："坚持创造性转化、创新性发展，以社会主义核心价值观为引领，发展社会主义先进文化，弘扬革命文化，传承中华优秀传统文化，满足人民日益增长的精神文化需求。"党的二十大为新时代文化遗产保护和传承指明了方向，提供了根本遵循。

研讨要求：

（1）通过深入学习党的二十大报告，结合本案例，请各组围绕"如何传承、保护和弘扬中国传统露酒酿造技艺"开展深入交流和研讨；

（2）各小组推荐1名成员做主题发言，总结分享小组交流研讨的内容。

■ 本章小结

本章系统地介绍了配制酒的分类、开胃酒、佐餐酒、利口酒、中国配制酒等内容。就世界范围来讲，配制酒可以分为开胃酒、佐餐酒、利口酒，其中利口酒的种类最多，可以分为种料利口酒、草类利口酒、果类利口酒三大类，利口酒也是调制鸡尾酒的主要原料。中国也有配制酒，中国配制酒主要以药酒的形式出现，特别是各少数民族，各有其特色配制酒。

■ 主要概念

配制酒　开胃酒　佐餐酒　利口酒

■ 判断题

1.配制酒的酒基既可以是原汁酒，也可以是蒸馏酒，还可以两者兼而用之。　（　　　）

2.配制酒有浸泡、混合、蒸馏、勾兑等几种配制方式。　（　　　）

3.Sherry酒是西班牙著名的开胃酒。　（　　　）

■ 选择题

1.按酒的酿造方式分类，可以把酒分为三类，（　　　）不属于其中。

A.发酵酒　　　　　B.混合酒　　　　　C.蒸馏酒　　　　　D.配制酒

2.竹叶青是中国著名的配制酒，它以（　　　）为主要配制原料。

A.利口酒　　　　　B.二锅头　　　　　C.女儿红　　　　　D.汾酒

3.按原料来分类，可以把利口酒分为三大类，（　　　）不属于其中。

A.果类利口酒　　　B.药类利口酒　　　C.草类利口酒　　　D.种料利口酒

■ 简答题

1.分别简述利口酒的名品和饮用方法。

2.简述配制酒的四种酿造方法。

■ 实践训练

取10种利口酒，让学生品尝。要求其说出这10种酒的口味的区别，并对这10种酒进行归类，最后参照表4-1进行测评。

表4-1　　　　　　　　　　　　利口酒品评评价参考表

评价内容	分值（分）	评分（分）
能从英文标签上认知利口酒	20	
能说出利口酒所用的主要原料	20	
能对10种利口酒进行正确的分类	30	
能说出各种酒的口味特点	30	
利口酒品评总分	100	

第5章

软饮料

■ 学习目标

本章主要讲述软饮料的种类及特点，重点掌握茶、咖啡、碳酸饮料、果汁和矿泉水的分类及特点，为今后学会鉴别酒水和提供酒水服务打下良好的基础。

软饮料是指所有不含酒精成分的饮料，此类饮品品种繁多，不可胜数。在酒吧中通常使用的有：茶、咖啡、碳酸饮料、果汁和矿泉水等。本章将重点介绍酒吧中常用的软饮料。

5.1 茶

5.1.1 茶的基本知识

茶，属山茶科，是多年生常绿木本植物的芽叶。这种常绿灌木高约五六尺，叶长呈椭圆形，有锯齿。茶叶的故乡——中国是茶树的原产地，是世界上饮茶、制茶最早的国家。早在数千年前，我国的云南、贵州、四川等地就生长着野生茶树，中国的茶叶生产已有数千年的历史。

5.1.2 茶叶的营养价值

经分析鉴定，茶叶内所含的化合物多达500种，这些化合物中有人体所必需的营养成分，如维生素、蛋白质、氨基酸、糖类及矿物质元素等。

1）富含多种维生素

茶叶中所含的维生素，按其溶解性可分为水溶性维生素和脂溶性维生素。其中，水溶性维生素包括维生素C和B族维生素。维生素C，又名抗坏血酸，能提高人体的抵抗力和免疫力。在茶叶中维生素C含量较高，一般每100克绿茶中维生素C含量可达100～250毫克，绿茶档次越高，其营养价值也相对越高，高级龙井茶中维生素C含量甚至高达360毫克以上，比柠檬、柑橘等水果的维生素 C 含量还高。每人每日只要喝 10 克高档绿茶，就能满足人体对维生素 C 的日需要量。但红茶、乌龙茶因加工中经发酵工序，维生素 C 受到氧化破坏而含量下降，所以含量较低。茶叶中 B 族维生素的含量也较为丰富。饮茶是补充水溶性维生素的好方法，经常饮茶可以满足人体对多种维生素的需要。

由于脂溶性维生素难溶于水，茶叶用沸水冲泡也难以被吸收利用，因此，现今提倡适当"吃茶"来弥补这一缺陷，即将茶叶制成超微细粉，添加在各种食品中，如含茶豆腐、含茶面条、含茶糕点、含茶糖果、含茶冰淇淋等。吃了这些茶食品，则可获得茶叶中所含的脂溶性维生素，更好地发挥茶叶的营养价值。

2）补充人体所需的蛋白质和氨基酸

茶叶中能通过饮茶被直接吸收利用的水溶性蛋白质含量约为 2%，大部分蛋白质为非水溶性物质，存在于茶渣内。茶叶中的氨基酸种类丰富，多达 25 种以上，其中的异亮氨酸、亮氨酸、赖氨酸、苯丙氨酸、苏氨酸、缬氨酸，是人体必需的 8 种氨基酸中的 6 种。此外，茶叶中还有婴儿生长发育所需的组氨酸。这些氨基酸在茶叶中含量虽不高，但可作为人体日需量的补充。

3）补充人体所需的矿物质元素

茶叶中含有人体所需的大量元素和微量元素。大量元素主要是磷、钙、钾、钠、镁和硫等；微量元素主要是铁、锰、锌、硒、铜、氟和碘等。例如，茶叶中含锌量较高，尤其是绿茶，每克绿茶中平均含锌量达 73 微克，高的可达 252 微克；每克红茶中平均含锌量也有 32 微克。茶叶中铁的平均含量，每克绿茶中为 123 微克，每克红茶中为 196 微克。这些元素对人体的生理机能有着重要的作用。

5.1.3　茶叶的药用价值

茶叶中有一部分化合物是对人体有保健和医疗作用的。从古至今，茶叶在民间一直是被当作药物利用的。现代科学的大量研究证实，茶叶确实含有与人体健康密切相关的成分。茶叶不仅具有提神清心、清热解暑、消食化痰、去腻减肥、清心除烦、解毒醒酒、生津止渴、降火明目、止痢除湿等药理作用，还对现代疾病（如辐射病、心脑血管病、癌症等）有一定的药理功效。茶叶中具有药理作用的主要成分是茶多酚、咖啡碱、脂多糖等。其中，茶多酚是这个领域研究的重点，以下着重介绍茶多酚对人体的生理作用。

1）有助于延缓衰老

茶多酚具有很强的抗氧化性和生理活性，有阻断脂质过氧化、清除活性酶的作用，是人体自由基的清除剂，茶多酚的抗衰老效果要比维生素 E 强十几倍。

2）有助于抑制心血管疾病

茶多酚对人体脂肪代谢有着重要作用。人体的胆固醇、甘油三酯等含量高，血管内壁脂肪沉积，血管平滑肌细胞增生后会形成动脉粥样硬化斑块，诱发心血管疾病。茶多酚，尤其是茶多酚中的 EC、ECG 和 EGC 及其氧化产物茶黄素等，有助于使这种斑状增生受到抑制，使增强血凝黏度的纤维蛋白原降低，凝血变清，从而抑制动脉粥样硬化。

3）有助于防癌、防辐射、抗病毒

茶多酚可以阻断亚硝酸胺等多种致癌物质在体内的合成，并具有直接杀伤癌细胞和提高机体免疫能力的功效。有关医疗部门临床试验证实，茶多酚及其氧化产物具有吸收放射性物质锶90和钴60的能力。茶多酚有较强的收敛作用，对病原菌、病毒有明显的抑制和杀灭作用，在消炎止泻方面也有明显效果。

4）有助于美容护肤

茶多酚是水溶性物质，用它洗脸能清除面部的油腻，收敛毛孔，具有消毒、灭菌、抗皮肤老化，减少日光中的紫外线辐射对皮肤的损伤等功效。

5.1.4　茶多酚

茶多酚是茶叶中酚类物质及其衍生物的总称，并不是一种物质，因此常称作多酚类。过去茶多酚又称作茶鞣质、茶单宁。茶多酚在茶叶中的含量一般为15%～20%。在茶多酚的各组成成分中以黄烷醇类为主，黄烷醇类又以儿茶素类物质为主。儿茶素类物质的含量约占茶多酚总量的70%。近年来的研究发现，茶叶中的茶多酚是人类防病治病最有效的物质之一。茶多酚为什么有益人体健康？要了解这个问题，首先要知道人体有一种"氧自由基"存在，过量的"氧自由基"诱发了各种致病因子，而茶多酚却能清除过量的"氧自由基"。因为茶多酚属于黄烷醇化合物的复合体，具有很强的抗氧化性和生理活性，因此，茶多酚能抑制脂质的过氧化，发挥抗衰老的功效。人们在日常饮食中，往往摄入致癌物质亚硝酸基，这种成分在人体内会合成亚硝胺，促使细胞癌变，而茶多酚清除"氧自由基"的作用，能阻断亚硝胺在体内的合成，从而减少癌变的发生。科学研究已证实绿茶中的茶多酚可以防癌。

茶多酚既然能为人体清除"氧自由基"，就能有效地防止低密度脂蛋白的过氧化，保护内皮细胞，防止平滑肌斑块状增生和动脉粥样硬化，避免心肌梗死（冠心病）或脑血栓（中风），从而防止人体心血管的脂质代谢紊乱。因此，饮茶——吸取茶多酚有益于高血压患者。茶叶自古以来被用来治疗痢疾、肠胃病或伤风感冒，这也跟茶多酚有关，因为茶多酚能对人体肠道内存在的多种细菌加以鉴别，与长期存在的无害机体的细菌和平相处，而对偶然入侵者则给予消灭，特别是对中毒性细菌有强烈的杀灭功能，所以饮茶对人体消化系统有保护作用，甚至还可以清洁口腔、防止龋齿。至于茶多酚的抗辐射功效，主要由于它能降低"氧自由基"代谢产物的含量，避免人体中毒。

茶多酚可用于食品保鲜防腐，无毒副作用，食用安全。茶叶能够保存较长的时间而不变质，这是其他的菜叶、花草所达不到的。将茶多酚掺入其他有机物（主要是食品）中，能够延长贮存期，防止食品褪色，提高纤维素的稳定性，有效保护食品的各种营养成分。其主要用途如下：

1）用于糕点及乳制品的加工

在饼干、蛋糕、奶粉、奶酪、牛奶等高脂肪糕点及乳制品中加入茶多酚，可保持其原有的风味，防腐败，延长保鲜期，防止食品褪色，抑制和杀灭细菌，提高食品卫生标准，延长食品的销售寿命。另外，它还可使甜味"酸尾"消失，味感甘爽。

2）用于饮料的生产

茶多酚不仅对色素的稳定具有一定功效，可做清凉饮料的保香和保色剂，配制果味茶、柠檬茶等饮料，还能抑制豆奶、汽水、果汁等饮料中的维生素 A、维生素 C 等多种维生素的降解和破坏，从而保证饮料中的各种营养成分。茶多酚饮料是极具前景的天然保健饮料。

3）用于水果和蔬菜的保鲜

在新鲜水果和蔬菜上喷洒低浓度的茶多酚溶液，可抑制细菌繁殖，保持水果、蔬菜原有的颜色，达到保鲜防腐的目的。

4）用于肉制品的加工

茶多酚对肉类及其腌制品如香肠、肉食罐头、腊肉、火腿等，具有良好的保质抗损效果，尤其是对罐头类食品中耐热的芽胞菌等具有显著的抑制和杀灭作用，并能够消除臭味、腥味，防止氧化变色。

5）用于食用油的贮藏

在食用油中加入茶多酚，能阻止和延缓不饱和脂肪酸的自动氧化分解，从而防止油脂的质变腐败，使油脂的贮藏期延长一倍以上。

6）用于日用化工品的生产

茶多酚可用作除臭剂、香烟添加剂、牙膏添加剂、花露水添加剂和防晒霜添加剂。

7）用于农业方面

茶多酚可去除污水中的铅等金属离子，可望在污水处理方面获得应用。

8）用于医学方面

茶多酚具有防治心血管疾病、抗癌抗突变、治疗皮炎、降血糖、降血压、抗病毒等多种作用。

9）用于酶工程方面

天然制品茶多酚能通过氢键与蛋白质和酶结合形成沉淀，分离出酶和蛋白质，可以满足食品、医药用酶对安全卫生的特殊要求。

另外，茶多酚的副产品咖啡因，又称咖啡碱，为白色晶体或粉末，溶于水、乙醇等，能兴奋大脑皮层，所以有提神作用。

5.1.5　茶叶的加工过程

绿茶的加工，简单分为杀青、揉捻和干燥三个步骤。其中杀青对绿茶品质起着决定性作用。杀青是利用高温破坏鲜叶中酶的特性，制止多酚类物质的氧化，以防止叶子褐变；随着叶内的部分水分被蒸发，叶子逐渐变软，为揉捻造型创造条件；同时，具有青草气的低沸点芳香物质挥发消失，从而使茶叶香气得到改善。

揉捻是塑造绿茶外形的一道工序，利用外力，使叶片揉破变轻，卷转成条，同时部分茶汁附着在叶表面，便于冲泡。

干燥方法有烘干、炒干和晒干三种途径。绿茶的干燥工序，一般先经过烘干，然后再进行炒干。干燥的目的是蒸发水分，整理外形，充分发挥茶香。

红茶制法有萎凋、揉捻、发酵、干燥四个工序。下面以功夫红茶为例，简单介绍一下红茶的制造工艺。

萎凋是指鲜叶经过一段时间失水，使硬脆的梗叶萎蔫凋谢的过程，经过萎凋，可适当蒸发水分，使叶片变软，增强韧性，便于造型。此外，这一过程使青草味消失，茶叶清香欲现，是形成红茶香气的重要加工阶段。萎凋方法有自然萎凋和萎凋槽萎凋两种。

揉捻的目的与绿茶相同，茶叶在揉捻过程中成形并增进色香味浓度，同时，由于叶细胞被破坏，便于在酶的作用下进行必要的氧化，利于发酵的顺利进行。

发酵是红茶制作的独特阶段，经过发酵，叶色由绿变红，形成红茶红叶红汤的品质特点。其机理是叶子在揉捻作用下，组织细胞膜结构受到破坏，透性增强，使多酚类物质与氧化酶充分接触，在酶促作用下产生氧化聚合作用，其他化学成分亦相应发生巨大变化，发酵适度，嫩叶色泽红匀，老叶红里泛青，青草气消失，具有熟果香。

干燥是利用高温迅速钝化酶的活性，停止发酵，蒸发水分，固定外形，保持干度以防霉变，散发大部分低沸点青草气味，激化并保留高沸点芳香物质，获得红茶特有的甜香的过程。

乌龙茶的制造工序可分为：萎凋、做青、炒青、揉捻、干燥。其中，做青是形成乌龙茶特有品质特征的关键工序，是奠定乌龙茶香气和滋味的基础。

萎凋指的是凉青、晒青。乌龙茶的萎凋区别于红茶的萎凋。乌龙茶的萎凋和发酵工序不分开，两者相互配合进行。萎凋方法有四种：凉青、晒青、烘青、人控条件萎凋。

做青是乌龙茶制作的重要工序，萎凋后的茶叶置于摇青机中摇动，叶片互相碰撞，擦伤叶缘细胞，从而促进酶促氧化作用。摇动后，叶片由软变硬。再静置一段时间，氧化作用相对减缓，使叶柄叶脉中的水分慢慢扩散至叶片，此时鲜叶又逐渐变软。经过有规律的动与静的过程，茶叶发生了一系列生物化学变化。叶缘细胞受到破坏，发生轻度氧化，叶片边缘呈现红色。叶片中央部分，叶色由暗绿转变为黄绿，即所谓的"绿叶红镶边"；同时水分的蒸发和运转，有利于香气、滋味的提升。

乌龙茶的内质已在做青阶段基本形成，炒青像绿茶的杀青一样，主要是抑制鲜叶中的酶的活性，控制氧化进程，防止叶子继续褐变，固定做青形成的品质。同时使青草气挥发和转化，叶片黄绿而亮，形成馥郁的茶香。此外，还可挥发一部分水分，使叶子柔软，便于揉捻。

干燥可抑制酶性氧化，蒸发水分和软化叶子，并起热化作用，消除苦涩味，使得滋味醇厚。

黄茶的品质特点是黄叶黄汤。其制法特点主要是闷黄过程，利用高温杀青破坏酶的活性，其后多酚类物质在湿热作用下发生氧化作用，并产生一些有色物质。变色程度较轻的，是黄茶；程度较重的，则形成了黑茶。闷黄是黄茶制造工艺的特点，是形成黄叶黄汤的关键工序。从杀青到干燥结束，都可以为茶叶的黄变创造适当的湿热工艺条件，但作为一个制茶工序，有的茶在杀青后闷黄，有的则在毛火后闷黄，有的闷炒交替进行。针对不同茶叶品质，方法不一，但殊途同归，都是为了形成良好的黄叶黄汤品质特征。

白茶是我国特产，主要产自福建省。白茶的干茶表面密布白色茸毫，其品质特征的形成：一是采摘多毫的幼嫩芽叶，二是制法上采取不炒不揉的晾晒烘干工艺。

黑茶的制造工序有杀青、揉捻、渥堆、干燥。渥堆是黑茶制造的特有工序，是将揉捻后的叶子堆放在篾垫上，上盖湿布，以保湿保温，根据温度变化翻动 1~2 次。

5.1.6 茶叶的品评

茶叶的品质是由色、香、味、形四个因素构成的，对茶叶品质的把握是从茶叶的外形和内质两方面进行的。

茶叶外形：将干茶放入白色茶盘中，看它的色泽、条索、嫩度、整碎等。色泽均匀、光亮，条索紧实，嫩度高，完整匀齐为上乘。冲泡后的叶底可以对干茶外形作一个对照和补充。

茶叶内质：将茶叶进行开汤，俗称沏茶。开汤后，先嗅香气，同时看汤色，再尝滋味，最后看叶底。绿茶：香气清高纯正，汤色浅绿或黄绿、明亮，滋味鲜爽，叶底嫩、匀整者为上品。红茶：香气浓郁纯正、略带甜香，汤色金红明亮、有金圈，滋味醇厚，叶底肥厚匀整为上品。乌龙茶：香气馥郁而高扬，汤色橙黄明亮，滋味醇爽而持久，叶底为绿叶红镶边为上品。

5.1.7 茶叶的鉴别

1) 对绿茶中春茶、夏茶、秋茶的鉴别

对于绿茶，由于采摘季节的不同，茶叶的价格有很大的差别，所以掌握对绿茶中春茶、夏茶、秋茶的鉴别方法很重要。凡干茶的条索紧结，色泽绿润，茶叶肥壮重实，或有较多毫毛，且又香气馥郁者，乃春茶的品质特征。凡干茶条索松散，色泽灰暗或乌黑，嫩梗瘦长，香气略带粗老者，乃夏茶的品质特征。凡干茶大小不一，叶张轻薄瘦小，色泽黄绿，且茶叶香气平和者，乃秋茶的品质特征。

2) 对绿茶中新茶、陈茶的鉴别

新绿茶色泽青翠碧绿，汤色黄绿明亮，香气清香馥郁，滋味醇厚鲜爽。陈茶色泽枯暗无光，汤色黄褐浑浊，香气平淡低闷浑浊，滋味淡而不爽。

3) 对高山茶和平地茶的鉴别

高山茶条索紧结、厚重，色泽绿润，汤色绿亮，香气持久，滋味浓厚，叶底明亮，叶质柔软。平地茶条索细瘦、露筋、轻薄，色泽黄绿，汤色清淡，香气平淡，滋味醇和，叶质较硬，叶脉显露。

5.1.8 茶叶的分类

茶叶的分类有多种方法，中国茶叶大体上可分为基本茶类和再加工茶类两大部分。

根据发酵程度不同将茶叶分为全发酵茶、半发酵茶、不发酵茶。

根据我国出口茶的类别将茶叶分为绿茶、红茶、乌龙茶、白茶、花茶、紧压茶和速溶茶等几大类。

根据产地不同将茶叶分为川茶、浙茶、闽茶等。

根据生长环境不同将茶叶分为平地茶、高山茶、丘陵茶。

根据制造方法不同和品质上的差异，将茶叶分为绿茶、红茶、乌龙茶、白茶、黄茶和黑茶六大类。通常所说的茶叶分类是按这种方法划分的，只是将其更加细化。

5.1.9 中国十大名茶

划分中国十大名茶的方法有好几种，这里只介绍其中的一种分法（见表5-1）。

表5-1 中国十大名茶

序号	茶叶品种	产地	品质特征
1	西湖龙井	浙江杭州西湖区	茶叶为扁形，芽叶细嫩、整齐，为一芽一叶或一芽二叶，芽叶不带夹蒂，色泽绿黄，手感光滑，香气清香，叶底均匀成朵
2	碧螺春	江苏吴县太湖的洞庭山	茶叶卷曲成螺、白毫显露、青绿隐于其中、披银戴绿，一芽一叶、汤色黄绿、白毫悬浮其中，叶底幼嫩，均匀明亮
3	信阳毛尖	河南信阳车云山	茶叶条索紧细、圆、光、直，色泽青黑，一芽一叶或一芽二叶
4	君山银针	湖南岳阳君山	茶叶芽头肥壮挺直、匀齐披毛，色泽黄亮，香气清鲜，汤色浅黄、味醇爽，冲泡时芽尖向着水面，悬空倒立，形如银枪倒立，然后慢慢下沉到杯底
5	六安瓜片	安徽六安、金寨	茶叶平展，不带芽和茎梗，色泽绿润，形似瓜子，香气清高，汤色碧绿，滋味回甘，叶底厚实明亮
6	黄山毛峰	安徽黄山市	茶叶细嫩稍卷曲，芽肥壮、匀齐，有锋毫，形似"雀舌"，色泽嫩绿油润，香气清鲜，汤色杏黄、清澈明亮，味醇厚、回甘，叶底芽叶成朵，厚实鲜艳
7	祁门红茶	安徽祁门县	茶叶紧细、匀齐，色泽棕红，味道浓厚强烈、醇和鲜爽
8	顾渚紫笋	浙江长兴县水口乡顾渚村	茶叶为一芽一叶，叶稍长于芽，色泽绿翠披毫，味甘醇鲜美，有兰花之香，汤色清澈晶亮，叶底细嫩
9	铁观音	福建安溪县	茶叶呈螺旋形、紧结重实、形美如观音，色泽砂绿光润，香气如兰，汤色清澈金黄，味醇厚甜美，入口微苦立即回甘，耐冲泡，叶底肥厚明亮，青绿红镶边
10	武夷岩茶	福建武夷山	茶叶条索肥壮、匀整，为扭曲条形，滋味醇厚回甘，润滑爽口，汤色橙黄、清澈艳丽、叶底匀亮、边缘朱红或起红点，中央叶肉黄绿色，叶脉浅黄色，耐泡

5.1.10　有机茶

有机食品产生于20世纪80年代末90年代初，是发达国家（也包括部分发展中国家）为维护生态平衡而发展起来的农业生产模式。有机茶是有机食品的一种，是按照有机农业生产方式，在不施用任何人工合成化学肥料、生长调节剂、农药、除草剂，尽量依靠农作物轮作及秸秆、牧畜肥、豆科作物、绿肥、场外有机废料、含有矿物质的矿石，维持养分平衡，在利用生物、物理措施防治病虫害的茶园中采购鲜叶，并在加工、包装、运输、贮藏过程中都不受到任何污染并经过有机食品认证机构认证的茶叶。

有机茶是21世纪最健康、安全、保健的纯天然饮品。有机茶具有严格的认证体系：有机茶园要位于远离城市、工厂、村庄的深山或半深山区；茶园四周要有很多树木，具有很好的生态系统以满足茶树自身物质循环要求；在0~45厘米的土层中，每千克土的有机质含量不得少于15克；茶园要有3年转换期，即3年内不施用任何化肥、农药及各种生长调节剂；土壤中各种重金属、微生物含量都要有一定的限制。经过复杂的检测、认证，对符合条件的颁发有机食品销售证书，其有效期仅为1年，期满要重新认证。有机食品的认证标准要高于绿色食品和无污染食品。

● 小资料5-1　　　　　　工信部：茶叶包装拟调整为"不超过三层"

工信部发布了《限制商品过度包装要求——食品和化妆品》强制性国家标准第2号修改单（征求意见稿），其中重点聚焦茶叶K值、空隙率、包装层数，拟将茶叶的包装层数由"不超过四层"调整为"不超过三层"，并规定茶叶商品总质量应不大于内装物茶叶质量的6倍。

2021年8月，《限制商品过度包装要求——食品和化妆品》强制性国家标准向社会公布。考虑到新国标政策在实施过程中，相关生产企业要根据新标准对产品包装进行规范化设计，对存量产品清库存，新国标设置了2年的实施过渡期。如今，过渡期结束，根据国家绿色低碳发展形势需要，有关部门拟对这一标准做出适当修改，这传递出国家治理"过度包装"的决心。

茶叶过度包装有一定的普遍性、长期性和顽固性。在中消协对主流电商平台茶叶开展的一项调查中，存在茶叶过度包装问题的占比11.2%。

上述征求意见稿的相关内容可谓简单明了、指向性明显。比如，将茶叶的包装层数由"不超过四层"调整为"不超过三层"；销售价格在200元以上茶叶的包装成本占销售价格的比例由20%以内改为15%以内；对商品必要空间系数也进行了修改等。

商品包装的主要功能是保护商品，"过度包装"会使一些商品一味追求"颜值"而忽视产品内在品质。期待相关国标的修改和落实，能助推更多生产企业和商家改变生产经营理念和方式，打造良好的绿色消费环境，实现经济发展与生态环境保护相协调，全面推动相关市场规范、有序、可持续发展。

资料来源　吴睿鸫. 工信部：茶叶包装拟调整为"不超过三层"［N］. 中国食品安全报，2023-08-31（A01）. 有删减.

5.2 咖啡

"咖啡"这个词来源于拉丁文中的生物属类名Coffea，这个属类是茜草科植物类的一员，它有500多个种类、6 000多个品种，其中多数是热带乔木和灌木。野生的咖啡树可以长到5～10米高，但庄园里种植的咖啡树，为了增加结果量和便于采收，多被剪到2米以下的高度。咖啡树的叶片对生，呈长椭圆形，叶面光滑，末端的树枝很长，分枝少，而花是白色的，开在叶柄连接树枝的基部。成熟的咖啡浆果外形像樱桃，呈鲜红色，果肉甜甜的，内含一对种子，也就是咖啡豆（coffee beans）。咖啡树的特质之一是它一年之内可以结果好几次；另一个特点是花和果实在成熟期不同阶段同时并存。如果果实长得过熟，里面的豆子就会烂掉；如果不够熟，采下来的豆子不会自己变熟。通常一棵树的年平均产量约为2磅。

关于咖啡，广泛流传着一些传说，以下介绍其中有代表性的两种：

第一种传说：据说在公元6世纪时，在埃塞俄比亚有个牧羊人叫卡尔迪（Kaldi）。有一天在放羊的时候，他发现饲养的羊只活蹦乱跳。后来他发现，原来它们吃了一种灌木树的红色果子。他也很好奇地摘了一些来吃，竟然也一起活蹦乱跳了起来。后来他把果实分送给修道院的僧侣，让他们避免在晚上祈祷时睡着，保持清醒。而这个故事，随着这些僧侣四处流浪，渐渐流传开来。从此以后，这种果实便被用作提神药，且颇受医生的好评。这种果实就是现今的咖啡豆。而且，所有的历史学家也都认同埃塞俄比亚的咖法地区是咖啡的诞生地这一说法。

第二种传说：公元1258年，因为犯罪而被驱逐出境的酋长雪克·欧玛，流浪到一个离故乡摩卡很远的地方——瓦萨巴（位于阿拉伯）。当他因饥饿走不动而坐在树下休息时，一只鸟用一种他从未听过且极为悦耳的声音啼叫着。他仔细地看着那只鸟，发现鸟是吃了树上的果子之后，才发出那样美妙的声音。于是他便把树上的果子都摘下来，并放到锅中加水熬煮，竟然渐渐散发出浓郁的香味。他喝了之后觉得很好喝，并且也感到很有精神，从此只要遇到生病的人他就煮这种水给他们喝。由于他四处行善，家乡的人就原谅了他，让他回到摩卡，并称他为"圣者"。

咖啡树理想的生长环境是：温度为华氏65～75度，拥有适当的海拔高度，年降雨量为40～120英寸，最适宜的土壤是被分解的火山土、腐殖土和渗透性土壤的混合。咖啡的产地广布于南美、中美、西印度群岛、亚洲、非洲、阿拉伯、南太平洋及大洋洲等地区。而在产量方面，占全世界第一位的巴西（约30%）和以第二位的哥伦比亚（约10%）为中心的中南美地区共占60%，其次是非洲、阿拉伯约占30%，其余的10%则分布于亚洲各国及多数岛屿。我国云南、海南、广东、广西、福建等地也有栽培。

5.2.1 咖啡的分类

咖啡分类的方法有很多，我们日常生活中所见到的咖啡，无外乎两种：一是焙炒咖啡，也就是我们所讲的咖啡豆。这种咖啡饮用起来较为麻烦，需要研磨和使用专用的器皿才能得到一杯香浓的咖啡。二是速溶咖啡，又被称为"即溶咖啡"，是旅居芝加哥的美籍日本人佳藤悟里在 1901 年发明的。1938 年，雀巢公司第一次将速溶咖啡推向市场。速溶咖啡的口味和品种经过了多次改进和变革，今天我们完全可以用速溶咖啡冲调出一杯香浓可口的咖啡。它的优点是保鲜期长、口味经久，而且最重要的是，它更快捷、更经济，也更干净。

如果用专业眼光来对咖啡进行分类的话，可以从产地和品种两个方面来进行。

1）按产地分类

（1）巴西（南美洲）咖啡。巴西是世界第一大咖啡生产国和出口国。巴西咖啡制定有本国等级标准，按混入异物多少分为 2～8 级；将颗粒大小以筛网号表示，分为 13～19 号；按味道的优劣分 6 个档次。巴西的咖啡几乎都是阿拉比卡种，质量好，价格稳定。最有名的品种是圣多斯，它在很多年前就已成为混合调制中不可缺少的原料，具有味道温和、酸苦适中、香味柔和的特点，适合中度烘焙。

（2）哥伦比亚（南美洲）咖啡。哥伦比亚仅次于巴西，是世界第二大咖啡生产国。最有名的种植地区是麦德林、波哥大、马尼萨莱斯、阿尔梅尼亚。哥伦比亚栽种的咖啡多属阿拉比卡种，很受欢迎，整体质量和价格比较稳定，煎炒出来的咖啡豆体形大而整齐。哥伦比亚咖啡具有酸、苦、甜味浓重的特点，适合中度至深度的烘焙。

（3）墨西哥（中美洲）咖啡。由于地理环境和气候原因，墨西哥咖啡栽种地区靠近危地马拉，生产分类属中美洲类型。主要产区为柯阿韦拉、瓦哈卡各州。产品多为高地生产的水洗式豆，具有很好的芳香味和酸味。等级按产区海拔高度分为 3 级，即阿尔杜乌拉（海拔 1 219～1 280 米）、普利马·拉贝杜（海拔 853～1 006 米）、曾因·拉巴杜（海拔 640～762 米）。咖啡豆主要出口美国。墨西哥咖啡具有颗粒大、酸甜有劲、味香浓的特点，适合中度至深度的烘焙。

（4）危地马拉（中美洲）咖啡。危地马拉出产的咖啡豆，第一产区是圣马尔库斯，位于靠近墨西哥的山岳地区，第二产区是克萨尔特南戈，另外还有科班、安提瓜。产品具有良好的酸味和芳香，有滑爽的感觉，是混合式咖啡的好材料。咖啡豆按产区海拔高度分为 7 个级别，海拔高的产品香味浓，海拔低的产品质量稍差一些。危地马拉咖啡苦而香浓，口感佳，适合深度烘焙。

（5）萨尔瓦多（中美洲）咖啡。作为咖啡的出产国，萨尔瓦多与墨西哥、危地马拉处于竞争地位。在高地产区收获的咖啡豆颗粒大、香味浓，很像危地马拉的产品，但质量稍差些。萨尔瓦多按产区海拔高度将咖啡豆分为 3 个级别，即高地咖啡豆、中高地咖啡豆、低地咖啡豆。萨尔瓦多咖啡酸、苦、甜味温和适中，适合中度至深度的烘焙。

（6）洪都拉斯（中美洲）咖啡。洪都拉斯出产山岳地区水洗式咖啡豆，为低地咖啡豆的优良品种。产地有圣他巴尔巴拉、古兰阿斯、科马亚瓜、乔卢特卡等。按产地海拔高度分 3 个级别。咖啡豆由中颗粒到大颗粒，具有酸而微甜、柔和的味道，适合中度至深度的烘焙。

（7）哥斯达黎加（中美洲）咖啡。哥斯达黎加出产的咖啡豆为优良品种，口感浓厚，具有酸味，受到的评价很高。产地分布在沿海地区和中间地区。哥斯达黎加咖啡豆属大颗粒品种，按栽种的海拔高度划分咖啡豆的等级。太平洋沿岸高地出产的咖啡豆酸味和香味好；大西洋沿岸低地出产的咖啡豆酸味较淡，不具备浓厚的口感，存在较多缺陷。哥斯达黎加咖啡酸味适中而香醇，适合中度至深度烘焙。

（8）古巴（西印度群岛）咖啡。古巴是以西印度群岛中最大的古巴岛为中心建立的共和国。古巴盛产砂糖、烟草和咖啡。咖啡是18世纪中叶由法国人从海地引入的，属中大颗粒绿色优质咖啡豆，按咖啡豆的大小划分等级，有特级、中级、普通三个级别。库利斯塔尔山是古巴引以为豪的大颗粒高级咖啡豆的产地。古巴咖啡味道稳定，酸、苦、甜均衡，适合中度烘焙。

（9）牙买加（西印度群岛）咖啡。牙买加是西印度群岛中的岛国，面积很小。在横断牙买加岛的山脉斜坡上，栽种着咖啡树。产品按生产地区划分为3级，即BM（蓝山）、HM（高山）、PM（布拉伊姆、奥兹舒特）。BM、HM、PM在品牌名前加注。质量和价格排序为：BM、HM、PM（注：BM价格是HM的1.5倍，HM价格是其他产品的2.5倍左右）；产量排序为：PM、HM、BM。其中蓝山的口感、香气、酸味、个性化风味均匀良好，评价很高，大部分出口日本。为了保证质量，任何级别的咖啡豆都要具备如下条件：收获时间一致，形状、大小一致，具上等口味。牙买加生产的咖啡豆有一致的酸、苦、甜、香味，适合轻度至中度的烘焙。

（10）肯尼亚（非洲）咖啡。肯尼亚是东部非洲赤道上的国家，其咖啡直属优质阿拉比卡种，具有优美的特殊口味。按咖啡豆大小分7个级别，按口味（用杯测试）分6个级别。口味上，对"肯尼亚AA"的评价非常高。肯尼亚咖啡强酸而香，是德国人的最爱，适合深度烘焙。

（11）埃塞俄比亚（非洲）咖啡。埃塞俄比亚是"咖啡"这个名字诞生的地方。埃塞俄比亚西南部的咖法区、南部的锡达莫区、东部高地哈拉尔产的咖啡都很有名。"哈拉尔·摩卡""隆古贝里·摩卡"等颗粒小，具有独特而强烈的味道、特殊的芳香气味，有时将它们都叫成"摩卡"。按次品豆混入数量来划分级别：G1～G8。以G5为例，每300克中次品豆数为46～100克。由于有强烈酸味的"奥兹舒特·埃塞俄比亚"具有很好的质量，目前主要向欧洲出口。

（12）也门（阿拉伯半岛）咖啡。也门属阿拉伯国家，是阿拉比卡咖啡种的发祥地，其"摩卡咖啡"曾风靡一时，但作为咖啡产地现在已呈现出衰退局面。摩卡咖啡具有独特的葡萄酒口味，是最受人们欢迎的饭后咖啡，同时它也是混合式咖啡不可缺少的原料，常与巴西咖啡、哥伦比亚咖啡一起调和使用。也门咖啡按产地划分咖啡的等级，口味微酸而后劲强，也有甜味，适合中度至深度烘焙。

（13）印度尼西亚（东南亚）咖啡。印度尼西亚咖啡的主要产区为苏门答腊岛、爪哇岛、苏拉威西岛。占总产量90%的是罗布斯塔种咖啡，是世界三大咖啡豆种之一。苏门答腊岛产的曼特宁咖啡很有名，口感特别滑润；爪哇岛的"爪哇·阿拉伯"有很好的酸味，是荷兰人偏爱的咖啡豆；苏拉威西岛出产大粒"卡罗西"；西南部海拔1 200米的杜拉佳地区出产"杜拉佳"。印度尼西亚出产的咖啡苦而浓郁，也带有甜味，适合深度烘焙。

（14）夏威夷（夏威夷群岛）咖啡。夏威夷咖啡主要是由日本移民开始种植的。目前，夏威夷咖啡的产量有所减少。夏威夷康那是大家熟知的咖啡品种，具有芳香味和刺激的酸味。特别是陈年咖啡豆，具有类似酿造出来的、特有的柔和酸味，因此陈年的康那很受欢迎。夏威夷咖啡口味强酸、香郁，具有热带风味，适合中度至深度的烘焙。

2）按品种分类

（1）蓝山（Blue Mountain）咖啡。蓝山咖啡是咖啡中的极品，产于牙买加的蓝山，最好的蓝山咖啡是用生长在山腰的咖啡豆制作的，山顶次之，山脚的再次。蓝山咖啡拥有所有好咖啡的特点，不仅口味浓郁香醇，而且由于咖啡的甘、酸、苦三种口味搭配完美，因此完全不具苦味，仅有适度而完美的酸味。一般都单品饮用，但是因产量极少，价格昂贵无比，所以市面上一般都以味道近似的咖啡调制。

（2）摩卡（Mocha）咖啡。摩卡是阿拉伯也门共和国的一个港口，当年阿拉伯地区种植的咖啡豆通过摩卡港运出，所以人们把阿拉伯地区产的咖啡统称为摩卡咖啡。其原产地为埃塞俄比亚，摩卡咖啡豆小而香浓，其酸味优雅，醇味强，甘味适中，风味独特，含有巧克力的味道，是极具特色的一种纯品咖啡。经水洗处理后的咖啡豆，是颇负盛名的优质咖啡，一般皆单品饮用，但若能调配混合咖啡，更是一种理想风味的综合咖啡。摩卡咖啡香味浓烈，煮时要非常小心，煮的时间约 40 秒，搅拌圈数要少而快，以气味判断咖啡的煮法，一有味道立刻熄火，以免咖啡煮的时间过久，而突出摩卡的酸味。

（3）曼特宁（Mandeling）咖啡。曼特宁咖啡原产地为印度尼西亚的苏门答腊岛，带有极重的浓香味，口味较苦，但有种浓郁的醇度。一般的咖啡爱好者大都单品饮用，但也是调配混合咖啡不可或缺的品种。曼特宁咖啡是苦味咖啡的代表。

（4）哥伦比亚（Colombia）咖啡。哥伦比亚咖啡是少数冠以国名在世界上出售的原味咖啡之一。咖啡等级分为顶级（Supermo）、优秀（Excelso）和极品（UGQ）三等。顶级咖啡所用的咖啡豆较大，其原材料取自新收获的咖啡豆。优秀咖啡通常比顶级咖啡口感柔和，酸度也略高，但两者均属芳香型咖啡，颗粒适中，果实优良。哥伦比亚咖啡经常被描述为具有丝一般柔滑的口感，在所有的咖啡中，它的均衡度最好，口味绵软、柔滑。其中，顶级咖啡最具特色，口味柔软香醇，带微酸至中酸，其品质及香味稳定，是用以调配综合咖啡的上品。

（5）巴西圣多斯（Santos）咖啡。圣多斯是巴西最大的海港，是世界上最大的咖啡输出港、最大的咖啡交易地。其咖啡豆的等级由第二等至第八等，以第二等为最好。由于巴西圣多斯咖啡的味道分外柔和，微酸、微苦，为中性咖啡之代表，是调配温和咖啡不可或缺的品种，因此几乎所有的混合豆中都有巴西圣多斯咖啡豆，而且比例很高。

（6）炭烧（Charcoal）咖啡。炭烧咖啡是一种重度烘焙的咖啡，味道焦、苦，不带酸味，咖啡豆有出油的现象，极适合用于蒸汽加压制作。

（7）肯尼亚（Kenya）咖啡。肯尼亚咖啡是非洲高地栽培的代表性咖啡。最好的咖啡等级是豆型浆果咖啡（PB），然后是 AA++、AA+、AA、AB 等，依次排列。上等咖啡光泽鲜亮，肉质厚，呈圆形，味浓质佳，且略带酒香，通常采用浅烘焙。清晨起来喝一杯肯尼亚咖啡，具有醒脑的效用。

（8）夏威夷康那（Konafancy）咖啡。康那咖啡具有最完美的外表，它的果实异常饱满，而且光泽鲜亮。咖啡的口味浓郁芳香，并带有肉桂香料的味道，酸度也较均衡适度。最佳的康那咖啡分为三等，即特好（Extra Fancy）、好（Fancy）和一号（Number One）。这三等咖啡在庄园和自然条件下都有出产。现在市面上大多数自称为"康那"的咖啡只含有不到5%的真正夏威夷康那咖啡。

（9）危地马拉（Guatemala）咖啡。危地马拉咖啡原产地为危地马拉。咖啡树种属于阿拉比卡种咖啡的波旁（Bourbon）树，是酸味中强的品种之一。味道香醇而略具野性，曾享有世界上品质最佳的声望。

（10）爪哇（Java）咖啡。爪哇咖啡原产地为印度尼西亚的爪哇岛，属于阿拉比卡种咖啡。烘焙后苦味极强而香味清淡，但感觉不到任何酸味。这种口味深受荷兰人的喜爱。此种咖啡豆常使用于混合咖啡与即溶式冲泡咖啡。

5.2.2　咖啡豆的选购

"新鲜"是购买咖啡豆最重要的考虑因素，判断所买的豆子新鲜与否有以下四个步骤：

第一步，抓一把咖啡豆，用手心感觉一下是否为实心豆。

第二步，靠近鼻子闻一闻香气是否足够。

第三步，拿一颗豆子放入口中咬两下，有清脆的声音表示豆子保存良好没有受潮。

第四步，注意咖啡豆的外包装是否完好。如果包装袋有空气透入，那么咖啡豆极易因接触到空气而吸进湿气，影响其品质。

总之，选购咖啡豆主要凭借经验，从咖啡豆的外观上辨其好坏。分辨时首先用眼睛观察，看是否大小均匀，是否有贝壳豆、黑豆、无膨胀豆、蛀虫豆、残缺豆等瑕疵豆，色泽是否一致，有无色斑；其次用鼻子闻，闻起来香味是否浓郁香醇；最后再用口，试其是否充分烘焙，抽出水分，口感是否清脆良好。

如果要买单品的咖啡豆，抓一把在手掌中，除了照上述的判断之外，还要看一看每颗豆子的颜色、颗粒大小、形状是否相似，以免买的是混合豆。如果买混合豆的话，颜色、颗粒大小、形状不同就很正常了。在市面上所看到的豆子有些油油亮亮，有些则暗淡无色，这是因为有些豆子已经炒过了，有些还没有炒，重烘焙的咖啡豆出油是正常的，但是浅烘焙的豆子如果出油就不好了，这时的豆子可能已经不新鲜。重烘焙的咖啡豆味道浓郁，会把浅烘焙的豆子香味压过，所以将这两种豆子混合时最好的比例是1（重烘焙）：3（浅烘焙），当然这不是规定的比例，可按不同口味尝试不同比例的配方。如果用的是土耳其咖啡豆或浓咖啡豆混合的话，由于这两类豆子的香气非常浓郁，因此可以多用一些浅烘焙的咖啡豆来调和。最理想的状况是刚炒过的咖啡豆不要马上研磨，应该把它存放在密封罐中约24小时，等香味全都释放出来之后再研磨。切记每次喝多少磨多少，这样才能保持咖啡的香味及新鲜度。

5.2.3　咖啡豆的烘焙、研磨及贮存

1）咖啡豆烘焙

（1）烘焙的作用。烘焙咖啡的主要目的是借各种不同的烘焙程序，让生咖啡豆中的成分发生变化，使咖啡豆呈现出独特的咖啡色，散发出诱人的香味，拥有特别的口感。烘焙过程中最重要的是能够将豆子的内、外侧都均匀地炒透而不过焦。咖啡的味道80%取决于烘焙，它是冲泡好喝的咖啡最重要也是最基本的条件。在烘焙的过程中，咖啡豆的成分会起化学变化，生成挥发性的芳香，并变成焦糖色。重量因而减少15%～20%，容量约增加30%，咖啡特有的酸味、苦味、甘味、涩味、香醇等，均是因烘焙而产生的。一般而言，轻度的烘焙酸味较强，具独特香味，烘焙程度越深，酸味渐失，苦味越重。烘焙咖啡豆的温度为200℃～250℃。为求烘焙过后的咖啡豆颜色表里一致，须注意应由低温开始烘焙，并在短时间内使其尽量膨胀，避免炒焦，同时要防止脂肪的分离，因为脂肪一旦分离就会在咖啡豆表面凝固。

（2）烘焙的分类。具体见表5-2。

表5-2　　　　　　　　　　　　　烘焙的分类

烘焙分类	特　征	主要用途
light roast 淡烘焙	呈黄小麦色，香味淡薄	实验用
cinnamon roast 肉桂香烘焙	呈肉桂色，为一般的烘焙程度，留有强烈的酸味	用于美式咖啡
medial roast 中度烘焙	栗色，浓度香醇、酸味可口	主要用于混合式咖啡
high roast 浓烘焙	酸甜中和而有苦味	主要用于蓝山咖啡
city roast 城市烘焙	苦味较酸味浓	用于哥伦比亚及巴西的咖啡
full city roast 市区烘焙	无酸味，以苦味为主	用于冰咖啡，中南美人也时常饮用
French roast 法式烘焙	表面有油脂，色泽略黑，适合与牛乳调味（如维也纳咖啡）	用于蒸汽加压器煮的咖啡
Italian roast 意式烘焙	呈炭黑色，表面泛油，苦味强劲	用于意式浓缩咖啡及卡布奇诺

（3）烘焙中的注意事项。在烘焙的过程中，需要着重注意以下方面：

①火力不可太强，否则豆子烘焙不均，有浓有淡，味道很差。

②不要以强火快速烘焙，如果烘焙过度，豆心烧焦会有苦味。烘焙过程中要有耐心。

2）咖啡豆的研磨

（1）咖啡豆的研磨方法。咖啡豆的研磨方法，可根据研磨的粗细程度大略分为粗研磨、中研磨与细研磨三种，并可依咖啡器具之不同而使用不同的研磨方法。此外，还有中细研磨或比细研磨更细的极细研磨（成粉状咖啡）。

（2）磨豆机的种类。咖啡豆的研磨工具是磨豆机。磨豆机可分成三种：

①家庭用手动回转式磨豆机（适合需求量小、颗粒较大的咖啡豆）。

②家庭用电动式磨豆机（可磨出各种颗粒大小的咖啡粉）。

③专业用电动锯齿式磨豆机（商业用途，一次可磨出1千克左右的咖啡粉）。

如果考虑磨豆的品质、磨豆量及使用时间和方便性，使用家庭用的电动式磨豆机将是比较好的选择。如果开设咖啡厅或酒吧，则应选用专业用电动锯齿式磨豆机。

（3）研磨咖啡豆的注意事项。研磨咖啡豆时，应注意以下事项：

①降低研磨的热度。研磨的热度将导致咖啡香味提早溢散。使用家庭用手动回转式磨豆机，则要轻轻地旋转，尽可能使其不产生摩擦热量。

②颗粒大小均匀。颗粒大小不均将导致冲泡时间无法掌握。

③研磨时机应选在煮咖啡前，按需要分量研磨即可。因为磨成粉状后，其表面积增加而易吸收湿气，非常容易氧化或潮湿而影响咖啡的味道，所以研磨后应尽快冲泡，才能保持咖啡的原味。

3）咖啡豆的贮存

咖啡豆如果暴露于空气或潮湿的环境下，其中的咖啡油脂便会逐渐消失，而且开始腐坏。延长咖啡饮用期的方法是将咖啡贮存在密封的环境里。已烘焙的咖啡豆最佳饮用时间是在常温下保存1周左右，在冰箱内或真空状态下保存1个月左右，因此不要购买太多，如果家庭饮用的话，一次购买0.5千克左右即可。已研磨好的咖啡粉一般在常温下可保存3天，而在冰箱内可以保存1周。保存的重点是不要令其接触热空气与湿气，以使用真空瓶保存为最佳。

5.2.4 咖啡冲泡方法

1）虹吸式冲泡法

该法又称塞风壶冲泡法或真空壶冲泡法。因其冲泡器具优美，冲煮过程充满艺术性且散发浓郁咖啡香，被广泛使用于家庭、旅馆、咖啡店中。塞风壶基本上由两个玻璃球组成，一个套在另一个之上，中间由套有滤布的过滤器隔开，此种冲泡方法可一边欣赏冲泡过程，一边享受萃取咖啡的乐趣。烘焙要求：中度至深度烘焙。研磨要求：细、中研磨度。适用范围：单品咖啡、混合咖啡。虹吸式冲泡法是利用蒸汽压力的原理，使被加热的水由下面的烧杯经由虹吸管和滤布向上流升，然后与上面杯子中的咖啡粉混合，而将咖啡粉中的成分完全萃取出来。经过萃取的咖啡液，在移去火源后，再度流回下面的烧杯。由于冲泡过程充满表演的乐趣，又能欣赏咖啡萃取的过程，所以更能营造喝咖啡的气氛。

特色：香醇可口，但酸味稍微重了些。一般说来，虹吸式冲泡法较常用于单品咖啡的冲泡。

具体做法（2 人份咖啡）如下：

（1）注入适当的开水于烧瓶内（每杯约 120 毫升），由于咖啡粉会吸水，故水要多一些，以酒精灯加热。

（2）将滤布固定于上面杯子的下方。新滤布在使用前，应先用水煮过。

（3）等烧瓶中的热水开始沸腾后，将上面杯子置于烧瓶上，使开水上升至上面杯子。

（4）加入咖啡粉并以木匙搅拌，让咖啡粉与开水充分溶合。

（5）搅拌后静置 45～60 秒，然后熄火，使咖啡液流回烧瓶。

注意事项：切忌将咖啡反复冲泡，因为第二次以后的冲泡只能得到含烟焦味咖啡色的水而不是咖啡。必须先将壶外侧的水滴彻底地擦拭干净，以防止加热后壶身因受热不均而破裂。烧瓶在高温时，应避免接触冷水而造成破裂，而且应注意壶内无水或无咖啡时，切勿点火烘烤以防破裂。滤布用完后须充分洗净，并保存于水中或冰箱内，以免干燥后生油垢味。咖啡壶在使用

视频 8　虹吸咖啡的制作

后，必须立即用清水冲洗，以防止有残留的咖啡油脂附着在壶壁上，而影响下次冲咖啡的品质。因烧瓶的瓶口很小，清理的要诀是使用过后马上用微温的清水或柠檬水冲泡，可将咖啡油脂完全洗去，并放置阴凉处风干即可。

2）美式咖啡电动煮法

该法使用方便，是完全自动的煮法。电动咖啡机所煮出的咖啡味道较淡薄，适合使用大杯子来喝。

具体做法（5 人份咖啡）：

将 600 毫升的水倒入咖啡机水箱。过滤器内装一层滤纸，均匀撒入 50 克咖啡粉。装好咖啡壶打开电源，水加温至 92℃～93℃时，会经由自动咖啡器内的导管流下，由过滤器滴出咖啡。

3）蒸汽加压式冲泡方法（意大利热咖啡冲泡法）

利用高压蒸汽原理，将煮沸的热水经由导管通过咖啡粉（细研磨），由下而上或由上而下，冲煮出香浓、醇苦的意大利咖啡。此法由意大利引进，是时下相当流行的冲煮法，适合口味浓重者。采用此法必须注意咖啡豆的调配品质，咖啡粉研磨要极细，且应掌握冲煮时间与水量。

材料与器具：意大利咖啡粉、意大利咖啡壶（摩卡壶）、壶架、酒精灯（或瓦斯炉）、滤纸、上压盖、咖啡匙。

具体做法：先将热水倒入咖啡壶底座中，再将咖啡槽座放进底壶，放入研细的意大利咖啡粉，在咖啡粉上加一层滤纸，使粉不至于冲上去，放入上压盖，将咖啡粉压紧，将上层壶身与下层拧紧，开大火煮至上层壶身冒出蒸汽，咖啡液流进壶身中即告完成，此时可以熄火，将咖啡倒进杯中即可。

另外，由于原汁咖啡很苦，因而人们常常加入糖或其他添加剂以改进它的味道。目前，欧美流行的特制咖啡饮品有皇家咖啡、维也纳咖啡、爱尔兰咖啡等。

4）水滴式冲泡方法

水滴式咖啡又称荷兰咖啡。滴壶的原始形式最早是在19世纪初由巴黎大主教达贝洛发明的，这种冲泡咖啡的方法，是使用冷水或冰水来萃取，让水呈水滴状，以每分钟约40滴的速度，一滴一滴慢慢地萃取咖啡精华。由于速度极为缓慢，所以应选用深烘、细研磨的咖啡粉来萃取。这种以长时间方式冲泡出来的咖啡，所含的咖啡因极低，故而喝起来格外爽口，在一般的咖啡馆中，水滴式咖啡的价格是普通冰咖啡的3倍，而且要事先预约（提前一天）。

具体做法：

（1）先在杯中放入冰块，再注入冷开水。

（2）选用深烘、细研磨的咖啡粉，倒入圆筒过滤器中，再将咖啡粉轻压固定。

（3）将水滴式咖啡壶专用的圆形滤纸固定于圆筒过滤器内。

（4）把装好的咖啡粉及滤纸的圆筒过滤器与过滤管装妥，以使过滤器固定于台架上。

（5）固定好圆筒过滤器后，接着把已装入冰水的上面的壶也固定于台架上。

（6）调节点滴栓的水量，使之以每分钟约40滴的速度滴落，5~6个小时后即大功告成。

小资料5-2　　　　　　　　　　极品咖啡的秘密

出产于印度尼西亚的努瓦克咖啡每千克售价高达1 000美元，是当今世界上最昂贵的咖啡。它的制作过程非常独特，需要被亚洲麝猫吃下并以粪便的形式排泄出来，才会带有其他咖啡无可取代的浓郁醇香。加拿大圭尔夫大学的研究人员发现，这是因为麝猫的消化过程会把咖啡豆中的蛋白质分解为小分子，从而使咖啡豆在烘焙时更加芳香。

此外，一些给咖啡带来轻微苦味的蛋白质则在这个过程中被完全去除。努瓦克咖啡的年产量现降到不足230千克。研究人员正在尝试使用新的工艺模拟麝猫的消化过程，但也有人指出，努瓦克咖啡的可贵之处正在于其稀有，这种尝试很可能费力不讨好。

5.3　其他常见软饮料

5.3.1　矿泉水

矿泉水的英文直译是春天之水，是富有矿物营养成分的健康之水，能给人带来生命和活力。我国对饮用天然矿泉水的定义是：从地下深处自然涌出的或人工发掘的、未受污染的地下矿泉水，含有一定量矿物盐、微量元素或二氧化碳气体；在通常情况下，其化学成分、流量、水温等动态指标在天然波动范围内相对稳定。20世纪70年代以后，天然矿泉水成为世界饮料消费的主流；中国矿泉水业始于20世纪80年代中后期，迄今已有近40年的历史。

1）矿泉水的营养与保健作用

水是构成一切生物体的基本成分，不论是动物还是植物，均依赖其维持最基本的生命活动。所以，水是生命之源泉。此外，水也是人类最必需的营养素之一。人的体重中水分含量占 50%～70%。人体含水量随年龄、性别、肌肉发达程度以及体脂多少而异。体内的水分主要与蛋白质、脂类或碳水化合物相结合，形成胶体状态。人体总水量中约 50% 是细胞内液，其余 50% 为细胞外液，包括细胞间液、血浆，维持着身体内水和电解质的平衡。

人可数十天无食，不可数天无水。身体缺水最先的感觉便是口渴，它是体内需水的信号，通过饮水即可补充所需水分。人类通过长期生活实践逐渐发现，喝了某种水源的水除了能解渴外，还能促进身体健康，减少某些疾病的发生，甚至可以延年益寿；用某种泉水浴身或浸泡四肢还可医治某些皮肤病，或安神镇静，同时也使一些慢性病加速康复。古今中外，人们最为推崇的水源便是天然矿泉水。远在古罗马时代，欧洲一些地方的矿泉水就被人们奉为"圣水"，用以医治疾病。我国利用矿泉水治病的历史已有 3 000 余年，可谓源远流长。郦道元《水经注》中有"鲁山皇女汤，饮之愈百病"的说法，《东观汉记》中有"醴泉出京师，饮之者痼疾皆愈"的记载。这些古代文献中的记载表明，中国人在很早以前就已经懂得，饮用矿泉水不但可强身健体，治疗多种疾病，而且对某些顽疾也有一定的康复效果。

根据有关记载，在浙江绍兴柯岩风景区，有一个自然出露的矿泉水源，相传已有 600 余年历史，民间称为"天医菩萨圣水"。逢年过节，方圆百里的人群蜂拥而至，叩拜"天医菩萨"恩赐圣水，祈祷水到病除。自古以来，人们习惯于把矿泉水的防病治病作用蒙上一层神秘的色彩，广为流传。但这毕竟缺乏科学依据，甚至被某些别有用心的人利用，成为愚弄其他人的工具。经现代科学分析和营养流行病学调查发现，长期饮用矿泉水的居民，某些疾病和肿瘤的发病率明显低于饮用其他水源水的当地人群，而且生长发育指标良好，平均寿命延长。水质分析也表明，矿泉水除了无污染外，其所含丰富的矿物质与微量元素也有别于其他水源水。这就是矿泉水具有营养与保健作用的主要因素，也正是其他纯净水、蒸馏水等所望尘莫及的。

2）矿泉水的分类

我们通常见到的矿泉水从口感上可分为微咸、微甜和无味三种，依其矿物质含量大致可分为四种类型：

（1）重碳酸盐类矿泉水。阴离子以重碳酸盐为主，主要有重碳酸钠矿泉水、重碳酸钙矿泉水、重碳酸镁矿泉水，以及它们的复合型矿泉水。

（2）碳酸矿泉水。矿泉水中含有大量的二氧化碳气体，饮之有特殊的碳酸饮料刺激气味。

（3）医疗矿泉水。矿泉水中含有的成分对某种疾病有特殊治疗功效，是天然合成的"药水"。我国东北地区和西南地区的一些矿泉水具有特殊的医疗效果。

（4）特殊成分矿泉水。特殊成分矿泉水，如铁矿泉水、硅矿泉水、锶矿泉水等。

3）世界著名矿泉水品牌

（1）阿波利纳斯（Apollinaris）。阿波利纳斯矿泉水是产自于德国莱茵地区的著名瓶装矿泉水，含有天然的碳酸气体，具有较好的口感。

（2）依云（Evian）。依云又称埃维昂，产自法国，为重碳酸钙镁型淡矿泉水。依云矿泉水以纯净、无泡、略带甜味而著称于世，如图 5-1 所示。

（3）巴黎（Perrier）。巴黎矿泉水是法国出产的高度碳酸型矿泉水。它来源于Gard-bouillens喷出的"沸滚水"，装在当地朗格多克玻璃厂生产的绿色瓶中，是世界最著名的矿泉水品牌之一。除直接饮用外，还适合与威士忌酒兑饮，甚至法国的许多酒吧、俱乐部将其作为苏打水来使用，如图5-2所示。

（4）维特尔（Vittel）。维特尔矿泉水是产自于法国的无泡型矿泉水，略带咸味，是世界上公认的最佳天然矿泉水，非常适合在就餐时饮用，如果冰镇则口感更佳。

（5）维希（Vichy-cellestins）。维希矿泉水是法国著名的重碳酸钙镁型淡矿泉水。维希矿泉水略带咸味，口感上佳，以其医药价值而闻名全球，是世界著名的瓶装矿泉水品牌。

（6）圣·佩里格林诺（San Pelle Grino）。圣·佩里格林诺矿泉水是产自意大利的起泡型天然矿泉水，富含矿物质，口感甘涩而味美。

（7）卡瑞·克斯堡（Garci-crespo）。卡瑞·克斯堡矿泉水是产自墨西哥的天然矿泉水，富含各种矿物质，碳酸气体含量较少，也无其他强烈的味道。

（8）崂山。崂山矿泉水产自中国青岛，是重碳酸钙型矿泉水，含有极丰富的矿物质元素，口感清纯，如图5-3所示。

图5-1　依云矿泉水　　　　图5-2　巴黎矿泉水　　　　图5-3　崂山矿泉水

4）法国依云矿泉水介绍

依云是一个只有7 300位居民的法国小镇，它背靠阿尔卑斯山，面朝莱芒湖，湖对面是瑞士的洛桑。依云是法国人休闲度假的好去处，夏天作疗养，冬天来滑雪。依云最著名的是依云水。

依云镇背后雄伟的阿尔卑斯山是依云水的源头，高山融雪和山地雨水在阿尔卑斯山脉腹地经过长达15年的天然过滤和冰川砂层的矿化形成了依云水。然而，阿尔卑斯山的雨水流到依云变成了依云矿泉水，流到日内瓦、洛桑却什么也不是了。

依云水的发现是一个传奇。1789年夏，法国正处于大革命的惊涛骇浪中，一个叫勒塞尔（Lessert）的法国侯爵患上了肾结石。当时流行喝矿泉水，他决定试一试。有一天，当他散步到附近的依云小镇时，就取了一些源自卡查特（Cachat）绅士花园的泉水。饮用了一段时间后，他惊奇地发现自己的病奇迹般地痊愈了。这件奇闻迅速传开，专家们就此专门作了分析并且证明了依云水的疗效。此后，大量的人们涌到了依云小镇，亲自体验依云水的神奇，医生们更是将它列入药方。卡查特绅士决定将他的泉水用篱笆围起来，并开始出售依云水。拿破仑三世及其皇后对依云镇的矿泉水情有独钟，1864年正式赐名依云（Evian，来源于拉丁文，本意就是水）。卡查特家的泉边一时间衣香鬓影、名流云集，共同享受依云水。

现在，依云镇70%的财政收入和依云矿泉水相关，矿泉水厂900多名工人中，3/4来自当地。因为依云矿泉水的水源在这里，所以依云镇成为一个非常有名的旅游城市。靠水吃水的依云人对水源地自然是无比珍惜。依云矿泉水的制造商将水源地周围的村庄组织起来，组成一个叫APM的协会，由协会出资保护土壤，鼓励多植树，尽量不使用化肥。

在依云小镇上有4个公共饮水点，依云矿泉水长年累月地流淌，供镇上的人饮用。其中最有名的就是卡查特绅士花园。清晨或黄昏，镇上的居民排着队在这里免费装饮用水，17秒就可以装满2升容量的空瓶，之后他们乐颠颠地回家。要知道，镇上商店里的200毫升瓶装依云水可卖得很贵呢。

在镇上，依云水的第二个用途是依云水平衡中心（SPA）。1824年，第一家温泉疗养院在依云镇建立；1902年，专门的依云水治疗中心成立，并于1984年改建为SPA，即依云水平衡中心。水疗一天的费用是57欧元，一个完整的疗程需要3周。这个SPA所用的水都是依云水，所用的护理产品（如护肤水雾）也是依云水。在婴儿出生后的3~9个月，妈妈们带着宝宝来到SPA，宝宝在依云水泳池里游泳，产后的母亲在此迅速恢复体形。

全世界97%的水是盐水，2.1%的水来自地球南北两极的冰川融水，只留下0.84%的水能供人类饮用，而这其中只有0.00000004%是依云矿泉水，但它拥有高达10.8%的全球市场占有率。

这就是依云的品牌战略：卖的是天然纯净，赢的是高端市场。

5）崂山矿泉水介绍

崂山地处青岛市东北部，绵亘于崂山市境内，古称劳山、牢山，又名鳌山、辅唐山。其主峰崂顶即巨峰，居于群峰中央，海拔1 130米。崂山泉历史悠久，早在1 500多年前，就有"泰山虽云高，不及东海崂"之说。秦始皇曾于公元前219年亲临崂山，观蓬莱仙境，眺瀛洲风采。唐玄宗也曾遣人上崂山炼丹。自古以来，崂山既是道家云集之地，也是文人墨客探胜品水之所。李白、苏东坡、顾炎武、高凤翰、蒲松龄、康有为等都曾先后登临崂山。古今游人游览崂山，必饮崂山泉水，崂山泉水自古有"神水""仙饮"之称。唐朝常衮《中书门下贺醴泉表》中记载："积年之疾，一饮皆愈，挈瓶而至，踵迹相望，日以万计，酌之不竭。"崂山矿泉水未必如古人所云"积年之疾，一饮皆愈"这般灵验，但其健身祛病之功效是显而易见的。如果经常饮用崂山泉水，可以加速人体内的新陈代谢，增进食欲。矿泉水中所含各种矿物质被人体吸收后，可以起到调节内分泌、舒张末梢血管等功效，所以崂山矿泉水是大自然赐予人们的天然优质饮料。

崂山水为冷矿泉水，因崂山临海矗立，地处海陆气流汇合之处，气温适宜，雨量充沛，植被发育良好。当大量降雨渗入花岗岩体裂隙中后，成为地下水，在径流过程中溶解了岩体中的多种矿物质，再从山体翠谷中流出，便形成了著名的崂山冷矿泉水。崂山泉流纵横，有崂山九水、潮音瀑、龙潭瀑、神水泉、金液泉、天液泉等泉群，仅山顶就有瀑布5处、泉水16处、洞穴39处。

崂山矿泉水的发现起源于100多年前一段传奇：1905年，德国商人马牙在太平山麓打猎时，口渴难耐之际，发现几只小刺猬趴在一汪清泉旁喝水，他也俯首小啜，顿感清爽甘甜、精神倍增，他惊讶于此水的神奇，便带回德国化验，由此发现水中富含多种对人体有益的矿物质和微量元素，水质竟胜于法国著名的矿泉水，这一发现不仅给世人带来了惊喜，更开创了中国矿泉水的先河。

1930年，德商罗德维在此打井进一步开发水源，并在中国打成了第一口矿泉水水井，经当时福柏医院德国科学家的检验，确认此水有很高的保健和医疗价值，便号召病人饮用，病人饮后病情大见好转，青岛矿泉水的名声一下子打响了。随后，德商罗德维便在此投资建厂，生产出了中国第一瓶矿泉水——爱乐阔（ALAC）健康水，这也是崂山矿泉水的前身。该水因为优良的水质和口感，很快在中国香港、日本、德国及中国内地市场打开了销路，崂山矿泉水也随之美名远扬。

1934年，该厂推出了中国第一瓶果味含气汽水，引起轰动。

1943年12月，国民党政府全面接管了工厂，青岛崂山汽水股份有限公司成立，主打产品是爱乐阔矿泉水和果味汽水，产品小部分在国内销售，成为达官贵族的高档饮品，另外大部分销往国外，公司也由此成为当时在青岛知名度极高的几家公司之一。

中华人民共和国成立后，公司更名为国营青岛汽水厂，其产品被命名为"崂山矿泉水"，在市场上供不应求，并成为北京人民大会堂的专用饮用水和国务院招待贵宾的国宴用水，崂山矿泉水的唯一生产厂家——青岛汽水厂便迅速发展为全国饮料行业的"四大金刚"之一。

1953年，国家组织科技人员开发研制出了中国第一瓶碳酸饮料——崂山可乐。

1962年，青岛汽水厂的崂山矿泉水恢复了出口，并远销美国、日本、澳大利亚等十几个国家和地区，在当时的饮料矿泉水行业，全国独此一家，公司也从此步入了一个新的发展阶段。

20世纪90年代，青岛崂山矿泉水有限公司与法国专家合作，历经3年终于在崂山山脉勘探到几处优异水源地，并分别在崂山仰口和北龙口建立了花园式绿色生产基地，使崂山矿泉水的生产能力得到了大幅度的提高。

1999年4月，崂山北龙口基地的新厂房投入使用，公司生产车间全部搬迁至新基地。与此同时，公司为保护水源地的生态环境，出资对厂区附近约13亩的水井所在地进行了封闭管理，水井上盖起了封闭的管理房，并在其周围700平方米范围内建起了围墙，在同行业中树立了榜样。

2002年，公司对北龙口生产基地进行了二期扩建，从意大利引进了先进的全封闭无菌灌装生产线，使生产能力达到1 200桶/小时，充分保证了市场的需求。

2003年9月至2006年9月，崂山矿泉水两度荣获"中国名牌"产品称号。2018年度"中国500最具价值品牌"榜单中，"崂山"一举跃进200强。

5.3.2 碳酸饮料

碳酸饮料是在经过纯化的饮用水中压入二氧化碳气体，并添加甜味剂和香料制成的一种饮料。因含有二氧化碳气体，所以在我国的许多地区又称为"汽水"。这类饮料的重要质量特征是具备其特有的甜度、酸感和二氧化碳清凉口感。在制造过程中要添加酸味剂、无机盐类，在低温、低压的条件下，充入二氧化碳气体，使二氧化碳气体溶于饮料之中。碳酸饮料中除糖外，其他营养成分的含量很少或者根本就没有。但因含二氧化碳，可助消化，并能促进体内热气排出，使人产生清凉爽快的感觉，所以具有清凉解暑的功能。

1）碳酸饮料的分类

碳酸饮料按是否含有香料分为含香料的碳酸饮料和不含香料的碳酸饮料。按其原料不同分成可乐型、果汁型、果味型和苏打水等几种类型。

（1）可乐型碳酸饮料。该饮料是用可乐果（或其他类似辛香的果香混合香气）、柠檬酸、香精并以焦糖着色调制而成的一种含有咖啡因的碳酸饮料。世界著名的品牌有可口可乐和百事可乐。

（2）果汁型碳酸饮料。该饮料是指原果汁含量不低于2.5%的碳酸饮料，如桶汁汽水、菠萝汽水等。

（3）果味型碳酸饮料。该饮料是指以食用香精为主要赋香剂，原果汁含量低于2.5%的碳酸饮料，如柠檬汽水等。

（4）苏打水。该饮料是用苏打为原料制成的纯碳酸饮料。不含任何其他香味剂和糖分，可直接饮用，同时又是调制各种碳酸饮料的必备原料。

2）碳酸饮料的名品

世界碳酸饮料市场基本上被美国的可口可乐和百事可乐这两大厂商垄断，它们在世界范围内的碳酸饮料市场中都占据着极大的份额。

（1）可口可乐。1886年美国亚特兰大药剂师约翰·彭伯顿（John Pemberton）以混合糖浆和水等成分，发明并命名为"可口可乐"（Coca-Cola）饮品。1888年艾萨·坎德勒（Asa Candler）收购可口可乐股份。1899年艾萨·坎德勒将装瓶权利卖出，保留神秘配方及"可口可乐"名称的所有权，开创了"可口可乐"公司和装瓶厂合作的历史。1919年，坎德勒家族以2 500万美元将股份卖给欧尼斯·伍德瑞夫（Ernest Woodruff）所属集团，从此开始了"可口可乐"的迅猛发展。目前，可口可乐是美国第五大国际性公司，亦是世界最大的饮料公司，其拥有的碳酸饮料品牌除"可口可乐"以外，还包括"健怡可口可乐""雪碧""醒目"等。

（2）百事可乐。百事可乐诞生于1898年美国北卡罗来纳州的新伯恩。年轻的药剂师卡尔·伯莱汉姆发明了一种由可乐果和香草籽相混合的饮料。起初，它被用于治疗消化不良，但当他用苏打水与之混合时，他发现了一种美味、提神的饮料。后被命名为"百事可乐"，其拥有的碳酸饮料品牌还有七喜、美年达等。

除上述品牌外，常见的还有"屈臣氏"的苏打水及"尖叫""正广和"等我国本土品牌的系列口味碳酸饮料。

碳酸饮料一般要经过冰镇或加入冰块饮用，这样能够较长时间地在饮料中保留二氧化碳气体，发挥其风味。在开启前尽量避免晃动，以免开启时造成饮料喷溅；可在常温下避光保存或冷藏。

5.3.3 果蔬饮料

1）果汁类饮料

果汁饮料是用成熟适度的新鲜或冷藏水果为原料，经机械加工所得的果汁或混合果汁类制品，或在纯果汁的基础上加入糖液、酸味剂等配料所得的制品。其成品可供直接饮用或稀释后饮用。果汁饮料包括的范围很广，包括浓缩果汁、纯天然果汁、水果饮料、天然果浆、果肉果汁、发酵果汁等饮料。果汁饮料是营养丰富、容易消化的理想饮料，且由于含有丰富的有机酸，可刺激胃肠分泌，助消化，还可使小肠上部呈酸性，有助于钙、磷的吸收。但因果汁中含有一定水分，具有不稳定、易发酵、生霉的特点，因此要特别注意此类饮料的保质期和保存条件，以防造成不必要的浪费。

（1）浓缩果汁。浓缩果汁是用新鲜水果榨汁后加以浓缩，即用物理方法除去原果汁中的水分，含有100%原果汁并具有该种水果原汁应有特征的制品。其不得加糖、色素、防腐剂、香料、乳化剂及人工甘味剂，但需冷冻保存，以防变质。这种浓缩果汁作为果汁饮料的基本原料，也可加水稀释直接饮用，同时也是酒吧调酒的基本原材料之一。

酒吧常用的是新的（Sunquick）系列浓缩果汁，包括橙汁、柠檬汁、黑加仑汁等。

（2）纯天然果汁。纯天然果汁是指由新鲜成熟果实直接榨汁后不经稀释、不发酵的纯粹果汁；也指由浓缩果汁加以稀释复原成原榨汁状态。在酒吧中，此类果汁可以是购买的包装制品，也可以由酒吧工作人员使用新鲜水果在宾客面前现榨。常见的有橙汁、苹果汁、草莓汁、水蜜桃汁、葡萄汁、梨汁、猕猴桃汁以及具有热带风味的菠萝汁、芒果汁、西番莲汁和野生的沙棘汁、黑加仑汁等。

（3）果汁饮料。果汁饮料是用天然果汁加入糖、水、柠檬酸、香料及其他原料调配至适宜的酸甜度制成的饮品，其原果汁含量不少于10%。目前，此类饮品较为流行，基本上各大饮料厂商均生产诸多系列口味的果汁饮料。

（4）水果饮料。水果饮料是指在果汁（或浓缩果汁）中加入水、糖、酸味剂等调制而成的清汁或混汁制品。成品中果汁含量不低于5%，如橘子饮料、菠萝饮料、苹果饮料等。

这里需要注意的是，果汁饮料和水果饮料的差别是在原果汁的含量上，虽然字面上很相似，但是原料的成分构成和营养价值却有着区别。例如，苹果汁饮料是果汁饮料，而苹果饮料却是水果饮料，切不可混淆，以免购买时出错。

（5）天然果浆。天然果浆是指水分较低或黏度较高的果实，经破碎筛滤后所得的稠状加工制品，一般供宾客稀释后饮用。

（6）果肉果汁。果肉果汁又叫"带果肉果汁"。果肉经打浆、粉碎后呈微粒化混悬液，再添加适量的糖、香料、酸味剂调制而成。一般要求原果浆含量在45%以上，果肉细粒含量20%以上，并具有一定的稠度。"果粒橙"即属此类饮料。

（7）发酵果汁。发酵果汁是在果汁中加入酵母进行发酵，得到含酒精量5%左右的发酵液，再将所得的发酵液添加适量的柠檬酸、糖、水，调配成酒精含量低于0.5%的软饮料。这种饮料具有鲜果的香味，又略带醇香的味道，常加入碳酸气体，使口感爽适，如苹果西打等。

果汁类饮料在饮用时需先放入冰箱冷藏，最佳饮用温度为10度左右。而鲜果汁很难保鲜，接触日光和空气的时间一长，其内部的维生素等营养物质就会受到损害，原有风味也就消失了。即使及时冷藏，日后食用时，口味也不似即榨即饮般新鲜和纯正，甚至可能会发生变质，饮用后影响健康。因为鲜榨果汁保鲜时间为24小时，罐装果汁开启后可保存3～5天，稀释后的浓缩果汁只能存放2天，所以应尽量做到用多少兑多少，以免浪费。

因此，在购买鲜果汁的过程中，对包装的选择就尤为重要。考虑到果汁的新鲜度和避光要求，除了要关心果汁的生产日期外，还要特别观察其包装的阻光严密程度。目前，欧美国家的绝大部分鲜果汁都采用了利乐砖型无菌包装技术。它采用特殊的复合包装材料，有极佳的阻光性和隔氧性，能有效保护果汁免受光线、空气和微生物的侵入，即使在常温下也能长时间地保持果汁的新鲜品质，喝起来和鲜榨的一样。

2）蔬菜汁饮料

蔬菜汁饮料是使用一种或多种新鲜蔬菜汁（或冷藏蔬菜汁）、发酵蔬菜汁，加入食盐或糖等配料，经脱气、均质及杀菌后所得的饮品，具有一定的营养价值。常见的有胡萝卜汁、番茄汁、西芹汁、南瓜汁等。但是由于我国长期以来对蔬菜有鲜食的习惯，蔬菜汁饮料在我国尚难以得到较快的发展。因此，目前多数厂商以生产、销售果蔬复合型饮料为主，以满足消费群体的需要。

5.3.4　其他软饮料

1）植物蛋白饮料

这是以植物果仁、果肉及大豆为原料（如大豆、花生、杏仁、核桃仁、椰子等）经纯化、研磨、去残渣，加入（或不加入）风味剂（糖类、乳、咖啡、可可、果蔬汁液、着色剂和食用香精等），经脱臭、均质等流程后制得的高压杀菌或无菌包装的乳状饮料，含有植物蛋白等多种营养成分。常见的有椰子汁、杏仁露、花生奶、豆奶等。

2）运动饮料

这是针对体育运动而研制的一种饮料，具有较好的口感，含有适量的糖（如6%）和适量的钠（如0.05%），无碳酸盐和咖啡因，不含防腐剂，可补充人体因剧烈运动流汗所失掉的钠、钾、镁和碳水化合物，缓和因疲劳和体温上升所造成的消耗。由于运动饮料中的糖是葡萄糖、果糖和蔗糖混合物，有利于小肠的吸收，尽快恢复肌糖原，从而能起到补充能量和改善口感的作用。其成分中含有适量的钾、钠等电解质，电解质成分中主要是钠盐。人在运动中出汗丢失掉的钠盐必须通过饮料补回去，否则体内缺钠盐会引起抽筋、疲劳无力和身体过热；同时又可以刺激口渴，增加液体饮用量和吸收，帮助肌体存留水分；良好的口感可以刺激人体对液体的摄入量，有助于身体及时补充水分。

运动饮料的营养素成分和含量能适应运动员或参加体育锻炼人群的运动生理特点、特殊营养需求，并能提高一定的运动能力。同样，这种饮料也适用于劳动强度大的从业人员，以及高温条件下失汗较多的人员。运动饮料含钠量较高，患有高血压的人运动后饮用运动饮料会使血压升高，所以，高血压患者不宜多饮运动饮料。

著名品牌有：美国可口可乐公司的Powerade、百事可乐公司的佳得乐（Gatorade）等。

3) 功能饮料

功能饮料又称保健饮料，是指通过调整饮料中营养素的成分和含量比例，在一定程度上调节人体功能的饮料。据有关资料对功能饮料的分类，广义的功能饮料包括运动饮料、能量饮料和其他有保健作用的饮料。功能饮料大致可分为两类：补充型和功能型。

补充型的饮料如法国达能集团的维生素水饮料"脉动"、健力宝的"A8"、日本的"宝矿力水特"等，其作用是有针对性地补充人体运动时丢失的营养。

功能型的饮料有"红牛""力保健""力丽"等，它们是通过在饮料中添加维生素、矿物质等各种功能因子，使之具有某种功能，以满足特定人群的保健需要。

功能饮料是继碳酸饮料、果蔬汁饮料后的新型饮品。功能饮料能够帮助饮用者获得和补充有效营养成分，促进神经、肌肉的功能恢复，尽快消除疲劳，提高大脑工作效率，改善工作状态和体力，起到祛病强身的作用，被誉为21世纪的饮料，是当今饮料行业发展的新趋势。我国有得天独厚的自然条件和丰富的资源，有数不尽的中医民间"秘方"，加上现代科学技术，功能饮料的发展前景可谓广阔。例如，银杏叶饮料、苦丁茶、苹果醋酸饮料等。

另外，还有根据某些特殊需要而研制成的具有针对性的新型饮料，我国南方传统的凉茶饮料（如加多宝等）以及专供老人、幼儿饮用的无咖啡因、无钠、低糖、无化学添加剂的饮料等。饮料的发展日新月异，品种繁多。

素养园地　　**"茶·世界——茶文化特展" 故宫开展：以茶为媒 交融互鉴**

2022年11月，"中国传统制茶技艺及其相关习俗"被列入联合国教科文组织人类非物质文化遗产名录；2023年9月，在沙特阿拉伯利雅得召开的联合国教科文组织第45届世界遗产大会上通过决议，将中国"普洱景迈山古茶林文化景观"列入世界遗产名录。"普洱景迈山古茶林文化景观"成为全球首个茶主题世界文化遗产。作为中国具有代表性的传统文化，茶文化通过茶叶这一媒介得以弘扬，对深化文明交流互鉴起到了促进作用。

基于故宫博物院丰富的茶文化相关藏品以及茶文化在世界传播中的独特地位，故宫博物院举办了"茶·世界——茶文化特展"。展览汇集国内外30家考古文博机构的555件（组）代表性藏品，以"茶出中国""茶道尚和""茶路万里""茶韵绵长"4个单元，立体展现中华文明以茶为媒、交融互鉴的发展历程。

此次展览展出的历代茶具，同时反映出饮茶方式在千年间的变迁。一般而言，备茶方式主要有5种，即食茶、煎茶、点茶、煮茶、泡茶。汉阳陵中发现小叶种茶树的嫩芽，或许就是作为蔬菜而食的。而至少在魏晋南北朝时期，我国已有喝茶的风气。

唐代，饮茶习俗开始兴盛，并传播到周边国家和地区。唐朝烹饪主要采用蒸煮的方式，陆羽创煎茶，并在《茶经》中详细叙述了煎茶的器具、流程及择水、用火和饮茶环境，尤其指出通过观察水面浮涌成珠的大小判断沸腾程度。水煮沸时，有像鱼目的小泡，有轻微的响声，称为"一沸"；锅的边缘有泡连珠般往上冒，称为"二沸"；水波翻腾，称为"三沸"。只有到三沸时，才能往水里加茶叶。这对茶汤味道至关重要，更是煎茶的核心步骤。

从展览中可以了解到，发展至清代，我国各地生产的茶叶品种已相对固定，种类多样。历代贡茶汇集各地所产茶叶名品，以进贡的形式构建起宫廷与地方的交流，既彰显了茶的经济价值，又体现了茶与政治制度的关联，成为茶文化的重要内容之一。

产自江苏省的阳羡茶、碧螺春茶，产自浙江省杭州市的龙井茶、宁波市普陀山的灵山茗茶，产自安徽省霍山县的银针茶、梅片贡茶、珠兰茶，产自福建省南平市武夷山的岩顶花香茶、小种花香茶……40余件（组）故宫博物院收藏的清代贡茶在展览上亮相。这些来自不同地域的茗茶以锡罐盛放，配以不同的包装和标签，观众可以一睹中国茶叶品类之丰富。故宫博物院器物部副主任达微佳说："布展时打开一些茶的盖子时，还可以闻到淡淡的茶香。"

故宫博物院器物部副研究馆员单莹莹介绍："'茶'这个字，拆开就是人在草木间，本身就蕴含了古人对人与自然和谐融合的一种理解。古人最推崇的品茶环境是在大自然中。"

从此次展览的故宫博物院藏《春宴图》可以看出，文人雅集，围坐的桌上摆放了托盏和盘，旁侧安放备茶小桌，燎炉、汤瓶、茶末罐、茶匙、盏托、茶盏，呈现出宋代文人饮茶宴乐的风雅生活。单莹莹说："虽然是一个宴饮的场景，但其实他们也是在一个自然的风景之中。这种文人茶会从唐传承到明清，以茶会友也是'和'思想的体现。"

从展览中可以体会到，茶在中国的普及，使不同地区、不同民族的人群因茶而相互交流。茶叶、茶器、饮茶方式在世界各地融入当地文化，形成东西方文化对话的同时，彰显的正是中华文明的开放与包容。"茶道尚和"中的"和"即和谐，水与茶、人与茶、人与自然、人与人、人与世界的"和"，不同民族间的和谐相处，充分体现了中国文化的精髓。

资料来源　于帆. 以茶为媒　交融互鉴［N］. 中国文化报，2023-10-20（A02）. 有删减.

思政元素：弘扬中国优秀传统文化。

互动话题：党的二十大报告强调，"推进文化自信自强，铸就社会主义文化新辉煌""以社会主义核心价值观为引领，发展社会主义先进文化，弘扬革命文化，传承中华优秀传统文化，满足人民日益增长的精神文化需求，巩固全党全国各族人民团结奋斗的共同思想基础，不断提升国家文化软实力和中华文化影响力"。传承和弘扬中华优秀传统文化既是增强文化自信、建设社会主义文化强国的应然之义，也是全面建设社会主义现代化国家、推进实现中华民族伟大复兴的实践前提。

研讨要求：

（1）通过深入学习党的二十大报告，结合本案例，请各组围绕"如何弘扬中国优秀传统茶文化"开展深入交流和研讨；

（2）各小组推荐1名成员做主题发言，总结分享小组交流研讨的内容。

本章小结

无酒精饮料是人类消费量最大和最常饮用的饮品，在人类日常生活中占有重要的位置。本章主要从茶、咖啡、矿泉水、碳酸饮料与果蔬饮料五部分对其各自的特点、分类、名品以及保管和饮用方法等展开介绍。

主要概念

茶　咖啡　矿泉水　碳酸饮料　果蔬饮料

判断题

1.绿茶的加工，简单分为杀青、揉捻和干燥三个步骤。其中，杀青对绿茶品质起着决定性作用。　　　　　　　　　　　　　　　　　　　　　　　　　　　　（　　）

2.烘焙咖啡的主要目的是借各种不同的烘焙程序，让生咖啡豆中的成分发生变化，使咖啡豆呈现出独特的咖啡色，散发出诱人的香味，拥有特别的口感。　　　　　（　　）

3.苏打水不含任何其他香味剂和糖分，可直接饮用，同时又是调制各种碳酸饮料的必备原料。　　　　　　　　　　　　　　　　　　　　　　　　　　　　（　　）

4.碳酸饮料一般要经过冰镇或加入冰块饮用，这样能够较长时间地在饮料中保留二氧化碳气体，发挥其风味。　　　　　　　　　　　　　　　　　　　　　　（　　）

5.咖啡服务操作是将咖啡放在咖啡盘中，杯把向左，咖啡勺放在咖啡杯的右侧。

（　　）

选择题

1.根据我国出口茶的类别，可将茶叶分为绿茶、红茶、乌龙茶、白茶、花茶、（　　）和速溶茶等几大类。

A.平地茶　　　　　　　　　　B.高山茶
C.紧压茶　　　　　　　　　　D.丘陵茶

2.根据制造方法的不同和品质上的差异，可将茶叶分为绿茶、红茶、（　　）、白茶、黄茶和黑茶六大类。

A.花茶　　　　　　　　　　　B.速溶茶
C.闽茶　　　　　　　　　　　D.乌龙茶

3.依矿物质含量不同，可将矿泉水大致分为四种类型，分别是重碳酸盐类矿泉水、碳酸矿泉水、医疗矿泉水、（　　）。

A.特殊成分矿泉水　　　　　　B.铁矿泉水
C.锶矿泉水　　　　　　　　　D.硅矿泉水

简答题

1.什么是软饮料？软饮料是如何分类的？

2.中国茶叶分为几大类？各自有哪些特点及名品？

3.世界上有哪些著名的咖啡品种？

4.如何选购咖啡豆？

5.咖啡常用的冲泡方法有哪几种？

6.饮用矿泉水可分为哪几类？有哪些世界著名的品牌？

7.什么是碳酸饮料？它分为哪几类？

8.碳酸饮料的名品有哪些？

9.果汁类饮料可分为哪几类？

10.运动饮料所含的主要营养元素有哪些？对人体有何作用？

实践训练

取几种不同类型的软饮料，对各种饮料用列表的方式进行分类并说明其特点，最后参照表5-3、表5-4、表5-5进行测评。

表5-3　　　　　　　　　　　　　茶品评评价参考表

评价内容	分值（分）	评分（分）
能从制作方法和品质的差异方面对茶进行分类	30	
观察并表述茶叶特点	20	
描述茶汤颜色	20	
说出各种茶的口味特点	30	
茶品评总分	100	

表5-4　　　　　　　　　　　　　咖啡品评评价参考表

评价内容	分值（分）	评分（分）
能从制作方法和品质的差异方面对咖啡进行正确分类	30	
观察并表述咖啡豆的特点	20	
描述咖啡的香气	20	
说出各种咖啡的口味特点	30	
咖啡品评总分	100	

表 5-5 碳酸、果蔬饮料品评评价参考表

评价内容	分值（分）	评分（分）
碳酸、果蔬饮料的制作原料及所含成分	30	
观察并正确表述碳酸、果蔬饮料的特点	20	
正确描述碳酸、果蔬饮料的颜色	20	
说出碳酸、果蔬饮料的口味特点	30	
碳酸、果蔬饮料品评总分	100	

第6章

鸡尾酒

■ 学习目标

　　本章在酒水概述、发酵酒、蒸馏酒、配制酒的基础上讲述鸡尾酒的基本知识以及鸡尾酒的调制技法，学生应重点掌握鸡尾酒的调制方法，做到能熟练调制各种鸡尾酒。

6.1　鸡尾酒的基本知识

　　鸡尾酒（Cocktail）最早流行于欧美国家，现今在我国的酒吧中也深受年轻人喜爱。鸡尾酒种类繁多，口味、颜色各异，为现调现饮的冷饮。调制鸡尾酒是一项专门性、技巧性、艺术性很强的工作。

6.1.1　"鸡尾酒"一词的起源

　　关于"鸡尾酒"一词源于何时何地，至今尚无定论，只是留有许多传说而已。最流行的说法是源于18世纪的美国，至今有不到300年的历史。下面我们选录几则传说向大家介绍一下。

　　传说之一：事情发生在19世纪。美国人克里福德在哈德孙河边经营一间酒店。他有三件引以为豪的事情，人称"克氏三绝"：一是他有一只孔武有力、气宇轩昂的大公鸡，是斗鸡场上的好手；二是他的酒库据说拥有世界上最优良的美酒；三是他的女儿艾恩米莉，是全镇第一绝色佳人。镇里有个叫阿普鲁恩的年轻人，是一名船员，每晚都要来酒店闲坐一会儿。日久天长，他和艾恩米莉坠入爱河。这小伙子性情好，工作又踏实，老先生打心眼里喜欢他，但老是作弄他说："小伙子，你想吃天鹅肉？给你个条件吧，赶快努力当个船长！"小伙子很有恒心，几年后，果真当上了船长，和艾恩米莉举行了婚礼。老先生比谁都高兴，他从酒窖里把最好的陈年佳酿全部拿出来，调成绝味美酒，在杯边饰以雄鸡尾，美艳至极。然后为他绝色的女儿和顶呱呱的女婿干杯："鸡尾万岁！"从此鸡尾酒大行其道。

传说之二：在国际酒吧者协会（IBA）的正式教科书中介绍了如下的说法：很久以前，英国船只开进了墨西哥尤卡坦半岛的坎佩切湾，经过长期海上颠簸的水手们找到了一间酒吧，喝酒、休息以解除疲劳。酒吧台中，一位少年酒保正用一根漂亮的鸡尾形状的无皮树枝调搅着一种混合饮料。水手们好奇地向酒保询问混合饮料的名字，酒保误以为对方是在问他树枝的名称，于是答道："考拉德·嘎窖。"这在西班牙语中是公鸡尾的意思。这样一来，"公鸡尾"便成了混合饮料的总称。

传说之三："鸡尾酒"一词产生于1519年左右，是住在墨西哥高原地带或新墨西哥、中美洲等地统治墨西哥人的阿兹特克族的土语。在这个民族中，有位曾经拥有过统治权的阿兹特克贵族，他让爱女将亲自配制的珍贵混合酒奉送给当时的国王，国王品尝后倍加赞赏，于是将此酒以那位贵族女儿的名字 Xochitl 命名，以后逐渐演变成为今天的 cocktail（本传说载自《纽约世界》杂志，它对以后有关鸡尾酒起源的探讨起着有利的佐证作用）。

传说之四（中华鸡尾酒的源流）：我国古典名著《红楼梦》中记载了调制混合酒——"合欢酒"的操作场景："琼浆满泛玻璃盏，玉液浓斟琥珀杯。"用酒"乃以百花之蕊、万木之汁，加以麟髓之醅、凤乳之曲"。这说明我国很早就有了鸡尾酒的雏形，只是当时没有很快地发展起来。

总之，这些传说究竟是真是假并不重要，事实上，鸡尾酒本身已深入人心，成为人们喜爱的饮料了。

6.1.2　鸡尾酒的定义及发展

1）鸡尾酒的定义

鸡尾酒是由两种或两种以上的酒或由酒掺入果汁调制而成的一种饮品。具体地说，鸡尾酒是用基本成分（烈酒）、添加成分（利口酒和其他辅料）、香料、添色剂及特别调味品按一定比例配制而成的一种混合饮品。美国的《韦氏词典》是这样注释的：鸡尾酒是一种量少而且冰镇的酒。它是以朗姆酒、威士忌或其他烈酒、葡萄酒为酒基，再配以其他辅料（如果汁、蛋清、苦精（bitters）、糖等）以搅拌或摇晃法调制而成的，最后饰以柠檬片或薄荷叶。

下面，我们再引用美国鸡尾酒权威厄思勃里的话对"鸡尾酒"一词作以全面深入的介绍：鸡尾酒应是增进食欲的滋润剂，绝不能背道而驰。按照定义，即使酒味很甜或使用大量果汁调和，也不要远离鸡尾酒的范畴；鸡尾酒要既能刺激食欲，又能使人兴奋，营造热烈的气氛，否则就没有意义了，巧妙调制的鸡尾酒是最美的饮料；鸡尾酒必须有卓绝的风味，为此，舌头的味蕾应充分打开，这样才能尝到刺激的味道。如果太甜、太苦、太香，就会削弱品尝酒味的能力，降低酒的品质；鸡尾酒需要足够冷却，所以应用高脚酒杯，烫酒最不合适，调制时需加冰，加冰量应严格按配方控制，冰块要化到要求的程度。

2）鸡尾酒的发展

鸡尾酒非常讲究色、香、味、形兼备，故又称艺术酒。

最初的鸡尾酒饮料市场，主要为男人们独享的辣味饮料所占据。后来，随着鸡尾酒的广泛饮用和进入各种社交场合，为满足那些不能承受酒精的饮用者，才派生出了适合女士口味的甜味饮料。到了美国的禁酒年代（1920年1月17日至1933年12月5日），制作无酒精混合饮料的技术突飞猛进，从而奠定了今天的苏打类饮料的基础，当时被称为mocktails或softails（软饮料），它按照鸡尾酒的调制形式，调制成无酒精饮料。鸡尾酒的流行算来不过一个多世纪。一直以来，人们对鸡尾酒的态度总是褒贬不一。有些人认为配制鸡尾酒是"酒盲"的行为，把好端端的极名贵的干邑、威士忌、葡萄酒糟蹋得不成样子，多年精心酿制的色、香、味、体全被破坏于瞬间，他们反对饮用混合酒。另一些人却认为饮用鸡尾酒美妙极了，它开辟了酒的色、香、味的新领域，它还含有只可意会不可言传的意境，饮用鸡尾酒是一种艺术享受。实践证明，鸡尾酒以它特有的魅力赢得了人们的赞誉，各种配方层出不穷，成为宴席上不可缺少的饮料。

鸡尾酒自身的世界性传播可追溯到100多年前的美国，当时美国的制冰业正向工业化迈进，这无疑为鸡尾酒的迅速发展奠定了基础，使得美国成为当时鸡尾酒最为盛行的国家，那里的调酒师的技艺也是最为高超和美妙的。后来，美国的禁酒法造成了大批酒吧调酒师的外流：他们到了法国或英国后，终于有了用武之地，从而促成了欧洲乃至世界鸡尾酒黄金时代的到来。

前沿资讯6-1

跨越山海 汾酒鸡尾酒热浪涌动全球

6.1.3 鸡尾酒的命名

认识鸡尾酒的途径各式各样，但从其名称入手不失为一条捷径。鸡尾酒的命名五花八门、千奇百怪，从植物名、动物名到人名，从形容词到动词，从视觉到味觉等。而且，同一种鸡尾酒叫法可能不同；反之，名称相同，配方也可能不同。不管怎样，它可分以下四类：以酒的内容命名、以时间命名、以自然景观命名、以颜色命名。另外，上述四类兼而有之的也不乏其例。

1）以酒的内容命名

以酒的内容命名的鸡尾酒虽说为数不是很多，但却有不少是流行品牌，这些鸡尾酒通常都由一两种材料调配而成，制作方法相对比较简单，多数属于长饮类饮料，而且从酒的名称就可以看出酒品所包含的内容。例如，比较常见的有：朗姆可乐，由朗姆酒兑可乐调制而成，这款酒还有一个特别的名字，叫"自由古巴"（Cuba Liberty）；"金汤力"（Gin Tonic），由金酒加汤力水调制而成；"伏特加7"（Vodka 7），由伏特加加七喜调制而成。此外，还有金可乐、威士忌可乐、伏特加可乐、伏特加雪碧、葡萄酒苏打等。

2）以时间命名

以时间命名的鸡尾酒在众多的鸡尾酒中占有一定数量，这些以时间命名的鸡尾酒有些表示了酒的饮用时机；但更多的则是在某个特定的时间里，创作者因个人情绪，或身边发生的事，或其他因素的影响有感而发，产生了创作灵感，创作出一款鸡尾酒，并以这一特定时间来命名，以示怀念、追忆，如"忧虑的星期一""六月新娘""夏日风情""九月的早晨""开张大吉""最后一吻"等。

3）以自然景观命名

所谓以自然景观命名，是指借助天地间的山川河流、日月星辰、风霜雨雪，以及繁华都市、边远乡村抒发创作者的情思。创作者通过游历名山大川、名胜古迹，徜徉在大自然的怀抱中，尽情享受。而面对西下的夕阳、散彩的断霞、岩边的残雪，还有那汹涌的海浪，产生了无限感慨，创作出一款款著名的鸡尾酒，并用所见所闻来给酒命名，以表达自己憧憬自然、热爱自然的美好情感，当然其中亦不乏叹人生之苦短、惜良景之不在的忧伤之情。因此，以自然景观命名的鸡尾酒品种较多，且酒品的色彩、口味甚至装饰等都具有明显的地方色彩，如"雪乡""乡村俱乐部""迈阿密海滩"等。此外，还有"红云""牙买加之光""夏威夷""翡翠岛""蓝色的月亮""永恒的威尼斯"等。

4) 以颜色命名

以颜色命名的鸡尾酒占鸡尾酒的大部分，它们基本上是以"伏特加""金酒""朗姆酒"等无色烈性酒为酒基，加上各种颜色的利口酒调制成形形色色、色彩斑斓的鸡尾酒品。

鸡尾酒的颜色主要是借助各种利口酒来体现的，不同的色彩刺激会使人产生不同的情感反应，这些情感反应又是创作者心理状态的本能体现，由于年龄、爱好和生活环境的差异，创作者在创作和品尝鸡尾酒时往往无法排除感情色彩的作用，并由此而产生诸多的联想。

（1）红色。它是鸡尾酒中最常见的色彩，主要来自调酒配料"红石榴糖浆"。通常人们会由红色联想到太阳、火、血，享受到红色给人带来的热情、温暖，甚至潜在的危险，而红色同样又能营造出异常热烈的气氛，为各种聚会增添欢乐、增加色彩。因此，红色无论是在平常的鸡尾酒调制中还是各类创作、比赛中都得到广泛使用。如著名的"红粉佳人"鸡尾酒就是一款相当流行且广受欢迎的酒品，它以金酒为基酒，加上橙皮甜酒、柠檬汁和红石榴糖浆等材料调制而成，色泽粉红，口味甜酸苦诸味调和，深受各层次人士的喜爱。著名的红色鸡尾酒还有"新加坡司令""特其拉日出""迈泰""热带风情"等。

（2）绿色。绿色主要来自著名的绿薄荷酒。薄荷酒有绿色、红色和无色透明三种，但最常用的是绿薄荷酒，它用薄荷叶酿成，具有明显的清凉、提神作用。用它调制的鸡尾酒往往会使人自然而然地联想到绿茵茵的草地、繁茂的大森林，更会使人感受到春天的气息、和平的希望，特别是在炎热的夏季，饮用一杯碧绿滴翠的绿色鸡尾酒，使人暑气顿消，清凉之感沁入心脾。著名的绿色鸡尾酒有"蚱蜢""绿魔""青龙""翠玉""落魄的天使"等。

（3）蓝色。这一常用来表示天空、海洋和湖泊的自然色彩，由于著名的蓝橙酒的酿制，便在鸡尾酒中频频出现，如"忧郁的星期一""蓝色夏威夷""蓝天使""青鸟"等。

（4）黑色。黑色主要来自各种咖啡酒，其中最常用的是一种叫甘露（也称卡鲁瓦）的墨西哥咖啡酒。其色浓黑如墨，味道极甜，带有浓厚的咖啡味，专用于调配黑色的鸡尾酒，如"黑色玛丽亚""黑杰克""黑俄罗斯"等。

（5）褐色。可可酒由可可豆及香草做成，由于欧美人对巧克力偏爱异常，配酒时常常大量使用。或用透明色淡的，或用褐色的，如调制"白兰地亚历山大""第五街""天使之吻"等鸡尾酒。

（6）金色。金色来自带茴香及香草味的加利安奴酒，或蛋黄、橙汁等。常用于"金色凯迪拉克""金色的梦""金青蛙""旅途平安"等鸡尾酒的调制。

带色的酒多半具有独特的冲味。如果只知调色而不知调味，可能只能调出一杯中看不中喝的手工艺品；反之，只重味道而不讲色泽，也可能成为一杯无人敢问津的杂色酒。此中分寸需经耐心细致的摸索、实践来寻求，不可操之过急。

5）以其他方式命名

上述四种命名方式是鸡尾酒中较为常见的命名方式，除了这些方式外，还有很多其他命名方式。例如：

（1）以花草、植物来命名，如"白色百合花""郁金香""紫罗兰""黑玫瑰""雏菊""香蕉芒果""樱花""黄梅"等。

（2）以历史故事、典故来命名，如"血腥玛丽""咸狗""太阳谷""掘金者"等，每款鸡尾酒背后都有一段美丽的故事或传说。

（3）以历史名人来命名，如"亚当与夏娃""哥伦比亚""亚历山大""丘吉尔""牛顿""伊丽莎白女王""丘比特""拿破仑""毕加索""宙斯"等，将这些世人皆知的著名人物与酒紧紧联系在一起，使人时刻缅怀他们。

（4）以军事事件或人来命名，如"海军上尉""自由古巴""深水炸弹""老海军"等。

6.1.4 鸡尾酒的分类

鸡尾酒分为短饮和长饮。

短饮，即短时间内喝的鸡尾酒，时间一长风味就减弱了。此种酒采用摇动或搅拌以及冰镇的方法制成，使用鸡尾酒杯。一般认为，这种鸡尾酒在调好后 10～20 分钟饮用为好，大部分酒精度数在 30 度左右。

长饮，是调制成适于消磨时间而悠闲饮用的鸡尾酒，兑上苏打水、果汁等。长饮鸡尾酒几乎全都是用平底玻璃酒杯或果汁水酒酒杯这种大容量的杯子盛装。它可以加冰饮用，也可以加开水或热奶趁热饮用，尽管如此，一般认为在调好后 30 分钟左右饮用为好。与短饮相比，长饮大多酒精浓度低，所以容易喝。长饮酒依制法不同而分成若干种。

6.2 调酒器具及酒吧设备

6.2.1 调酒器具

1）调酒壶

调酒壶（cocktail shaker）又称摇混器，是专门为调制难以混合的材料时使用的器皿。其一般由不锈钢、铬合金、镀银等金属材料制成，其中以不锈钢制品最为普遍。在型号上分为大、中、小三种，容量从 250 升至 550 升不等。调酒壶通常由三部分组成：壶身（body）、滤冰器（strainer）和壶盖（top）（但美国的波士顿二段式调酒壶，就只有壶身和壶盖两部分）。除此以外，也有壶身由玻璃、塑胶等材料制成的调酒壶，甚至还有金属容器与玻璃各占一半的手提式调酒壶。手提式调酒壶的优点是可以轻易地取出里面的混合材料，但是在倒入酒杯时却需要另外再增添一个滤冰器。使用调酒壶时采用摇荡的方法，即用手握调酒壶，做来回的"摇晃"动作。摇荡的目的有两个：

（1）让酒液迅速冷却。

（2）让较难混合的材料快速充分地混合在一起。为了使各种调酒的材料充分混合和冷却，同时又不让酒的口味变淡，摇荡时调酒师必须掌握正确的要领和技巧，方能调出一杯标准的鸡尾酒。

2) 调酒匙

调酒匙（bar spoon），也称混合匙（mixing spoon）、搅拌匙（stir spoon）。在调制鸡尾酒时必须使用它来搅拌混合材料。它比普通的长匙要长，其匙柄的中央部位呈螺旋状，特别适合旋转时使用。调酒匙的一端为叉状，另一端为匙状。通常调酒匙为金属制品，分不锈钢、铬合金、镀银等多种质地。调酒匙除起混合、搅拌等作用外，还可用作单位计量器，有时在鸡尾酒的配方中，可见到的一种计量单位——1吧匙，即为此意。

3) 计量杯

计量杯（measuring cup）又称盎司杯，是在调制鸡尾酒的过程中用来计算材料用量的器皿。它有金属制品与玻璃制品两种，其容量上常见的有15毫升、30毫升、1盎司、45毫升和60毫升等多个规格，在形式上有独杯和组合杯两种。

4) 量酒器

量酒器（jigger）在酒吧中俗称"雀仔头"，是用来量取每瓶酒出酒分量的器皿，由金属和软木瓶塞组合而成。其金属部分内部设有贮藏酒液的空间，当酒注满后就会自动滴落出来，在酒吧中常用于白兰地、威士忌、伏特加等纯饮酒类的计量。根据其型号不同可有多种制式，以内贮1盎司的较为多见，故有人又称它为"盎司瓶嘴"（ounce cut）。

5) 调酒杯

调酒杯（mixing glass）是在调制不需要摇荡、只做搅拌的鸡尾酒时所必备的大型杯子，为玻璃制品。这种酒杯的杯壁较厚，并附有杯嘴，杯子内侧底部呈圆形，以利于调酒匙对酒液的搅拌。

6) 碎冰机

碎冰机（ice crusher）又称刨冰机，是一种可以迅速绞出细碎冰块晶体的器皿，分手摇和电动两种类型，酒吧多配备电动碎冰机。

7) 冰桶

冰桶（ice bucket）是装载冰块的容器，有金属、玻璃、木制、塑胶及陶瓷等多种质地，呈圆桶状，底部加有网状底垫可以漏出融冰的水。酒吧在选购时应注意其容量及保温性能。

8) 开瓶器

开瓶器（opener）可以分为开软木塞封口的（如葡萄酒）螺丝启子（corkscrew）和开啤酒瓶盖用的扳手两种。目前还有一种将两者合二为一的酒吧万用开瓶器（含软木塞启子、开瓶扳手、吧台专用刀等）以及杆式开瓶器等。

9) 隔冰器

当需要将调酒杯内调制好的鸡尾酒倒入酒杯时，调酒杯内的冰块往往会随酒液一起滑落酒杯中，隔冰器（strainer）就是防止冰块滑落的专用器皿。它由不锈钢制成。

除上述器具外，还有冰锥、冰夹、调酒棒、酒针、酒嘴、吸管、杯垫、砧板、水果刀、长匙、酒篮、滤网、木槌等多种酒吧器皿及用具。

6.2.2 酒杯

酒杯不过是人们用来盛装酒水的容器，但在酒吧中供客人使用的酒杯种类却相当多，使用也更趋于专业和严格。在酒吧中使用的酒杯以玻璃质地为主，常见的有水晶玻璃杯、平光玻璃杯和刻花玻璃杯三种类型。酒杯的选择一般根据酒吧的规模、档次和格调而定，以满足不同消费档次客人的多层次需要。

视频9 擦拭酒杯准备工作

视频10 擦拭酒杯

以前在酒吧中习惯用盎司（oz）来计算酒杯的容量，现在国家统一计量标准后按毫升（ml）计算，1盎司约合28.4毫升。

1）酒吧常用酒杯品种

（1）啤酒杯（beer mug）（如图6-1所示）。

其容量规格为336~504毫升，在酒吧中一般用于生啤酒的饮用。

（2）白兰地杯（brandy glass）（如图6-2所示）。

视频11 存放酒杯

其容量规格为224~336毫升，是一种腰部丰满、杯口缩窄的酒杯，在酒吧中多用于白兰地酒的净饮。使用此杯可以使白兰地酒的酒香聚集在杯口狭窄空间，让饮酒者充分享受浓郁的酒香。一般酒吧使用的标准白兰地酒杯的容量虽为224毫升，但习惯上在斟白兰地酒时却只斟28.4毫升（1盎司）左右。

图6-1 啤酒杯

图6-2 白兰地杯

（3）柯林斯杯（collins glass）（如图6-3所示）。

柯林斯杯也称高杯（tall glass），其容量规格为280毫升，是一种圆桶形、杯身高长的大型酒杯，多用于各种蒸馏酒加软饮料的鸡尾酒、矿泉水、碳酸饮料的盛载。

（4）鸡尾酒杯（cocktail glass）（如图6-4所示）。

图6-3 柯林斯杯

图6-4 鸡尾酒杯

其容量规格为98毫升左右，形状一般呈反三角形，当然也有各式各样的变形杯种，但是作为鸡尾酒杯，它们都有一个共同的特点，就是必须有杯脚和喇叭状的杯身，这是为了饮用时不必倾杯而专门设计的。在酒吧中归属于短饮类的鸡尾酒，一般都使用此种酒杯。

（5）香槟杯（champagne glass）（如图6-5所示）。

它是饮用香槟酒时所使用的专用酒杯，其容量规格为126毫升左右，有杯口宽阔的浅碟形香槟杯（champagne saucer）和杯口狭窄的郁金香形香槟杯（champagne tulip）两种。前者多用于香槟酒和某些鸡尾酒的饮用，后者多用于餐桌上，便于享受香槟酒的气泡从杯底中央缓缓上升的乐趣。

（6）利口酒杯（liqueur glass）（如图6-6所示）。

利口酒杯也称餐后甜酒杯（cordial glass），其容量规格为30毫升左右，一般在纯饮利口酒时使用，在酒吧中此种酒杯还适用于纯饮伏特加、朗姆、特其拉等烈性酒，以及天使之吻（Angel's kiss）、彩虹酒（Pousse cafe）等餐后鸡尾酒（after dinner cocktail）。

（7）果汁杯（juice glass）（如图6-7所示）。

其容量规格为168毫升左右，形状为直身平底，在酒吧中用于各种果汁的饮用。

（8）古典杯（old-fashioned glass）（如图6-8所示）。

古典杯也称岩石杯（rock glass），一般的古典杯其杯身低，外形呈圆桶形，是一种小型的平底杯。由于这种酒杯可以放大一点的冰块，所以饮用时能够享受到冰块突出于烈性酒或鸡尾酒表面的特有气氛。在酒吧中常用于饮用加冰块的酒和净饮威士忌酒，有时在饮用某些鸡尾酒时也使用此种酒杯。

图6-5　香槟杯

图6-6　利口酒杯

图6-7　果汁杯

图6-8　古典杯

（9）红葡萄酒杯（red wine glass）（如图6-9所示）。

其容量规格为224毫升左右，是饮用红葡萄酒的专用酒杯。最好使用无色透明、附杯脚、杯沿稍稍向内弯曲、杯口直径约6.5厘米的酒杯。

（10）烈酒杯（shot glass）（如图6-10所示）。

其容量规格为56毫升左右，用来饮用各种烈性酒（白兰地除外），但是只限于在烈性酒净饮（不加冰）的情况下使用。

图6-9　红葡萄酒杯

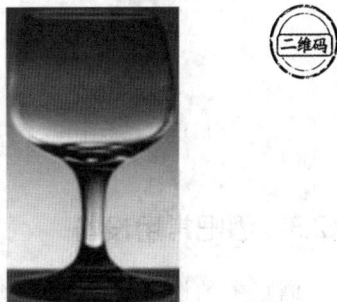

图6-10　烈酒杯

（11）苏打杯（soda glass）（如图6-11所示）。

其容量规格为448毫升，在酒吧中常在食用冰淇淋以及盛装苏打饮料时使用。

（12）酸酒杯（sour glass）（如图6-12所示）。

其容量规格为112毫升左右，该中型酒杯是饮用威士忌酸鸡尾酒时的专用酒杯。其形状大多为高脚杯，但国外有时也会以平底杯代替。

图6-11　苏打杯

图6-12　酸酒杯

2）鸡尾酒杯的选择要求

（1）酒杯杯身应不带任何色彩和花纹，因为花纹和色彩会影响对酒的观赏。

（2）应尽量选择高脚杯。这样既便于手握，又可以保持鸡尾酒的冰冷度，因为在手的触摸过程中手温会加速酒液变暖，影响酒的口味。

（3）酒杯材质应以玻璃为主，因为金属或塑料会使酒变味，同时玻璃还利于对酒的观赏。

视频12　酒吧常用杯具

🔵🔴 小资料6-1　　　　　　　　　　　杯具欣赏

37毫升果汁杯、64毫升鸡尾酒杯和21毫升鸡尾酒杯分别如图6-13（a）、（b）、（c）所示。

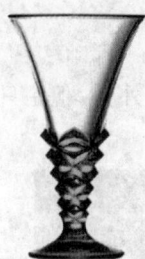

(a) 37毫升果汁杯　　　　(b) 64毫升鸡尾酒杯　　　　(c) 21毫升鸡尾酒杯

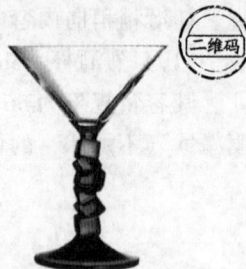

图 6-13　各种杯具

6.2.3　酒吧常用设备

酒吧中的设备一般可分为制冷、清洗及调制三种类型。虽然种类繁多，用途也各异，但由于其多数为电器及自动化设备，因此使用上相对简单，不过只有详细地了解它们的用途才能正确地选择与使用，从而降低劳动强度、提高工作效率。

1）制冷设备

（1）冰箱（refrigerator）。冰箱是酒吧中用于冷藏酒水饮料，保存调酒用料的设备，冰箱的大小型号可根据酒吧规模、环境等条件选用。冰箱内温度要求保持在4℃~8℃。冰箱内部一定要分层、分隔，以便分类存放各种不同类型的酒水和调酒用料。通常用来存放啤酒、白葡萄酒、香槟酒、果汁、装饰物、奶油及其他用料，冰箱通常放在后吧区域。

（2）立式冷藏柜（wine cooler）。立式冷藏柜是专门用于存放香槟酒和白葡萄酒的设备。其质地为木料，内部分为若干个横竖成行的小格子，可将酒横插入格子内存放。其温度应保持在4℃~8℃的准恒温状态。

（3）上霜机（glass chiller）。上霜机是酒吧中用来冰镇酒杯，给酒杯上霜的电器设备。

（4）制冰机（ice maker）。冰块是酒吧中不可缺少的用料，制冰机就是酒吧中专门用来制作冰块的机器。根据其型号的不同，制出的冰块也存在差异。

（5）生啤机（draught beer machine）。生啤机是用来供应鲜啤酒的设备。它由酒桶、二氧化碳桶、制冷设备、连线和出酒龙头五部分组成。不用时必须断开电源，并取出插入生啤酒桶中的连线管子。另外，还应注意生啤机须经常清洗，以保持清洁卫生。

2）清洗设备

（1）洗涤槽（drain boards）。洗涤槽是酒吧中重要的洗涤设备，它包括初洗槽、冲洗槽和消毒槽三部分（有的带有滴水板），经过洗涤后的杯子，应反扣在滴水板上使其自然风干，以保持酒杯的彻底清洁。

（2）洗杯机（washing machine）。洗杯机有许多种类，型号也各异，酒吧可根据规模、需要选用。大型酒吧可选用大型并具有清洁、烘干、消毒等功能的洗杯机，而小酒吧选用小型的、只带有清洗功能的洗杯机即可。

3）调制设备

（1）电动搅拌机（blender）。它是酒吧调制鸡尾酒所必备的物品之一，主要由塑胶容器及内置马达构成，经常被用来调制"刨冰"型鸡尾酒，或需添加牛奶、鸡蛋、蜂蜜、水果等材料的高杯长饮鸡尾酒。在其种类方面有单纯的"点动式"按钮搅拌机和具有榨汁、粉碎、切片、搅拌等多种功能的食品处理机。

（2）果汁机（juice machine）。果汁机的型号有很多，但其主要功能有两个：一是冷冻果汁；二是自动稀释果汁。

（3）榨汁机（squeezer）。榨汁机是压榨柑橘、橙、柠檬等使用的机器，有塑胶及玻璃等多种材质，种类有手动、电动两种。手动榨汁机的使用方法是将要压榨的物品横切成两半，使切口贴着压榨器中央凸起部位轻轻挤压并缓慢地左右转动，使其汁液流出。注意：如果用力过猛则会使果皮里的果油渗透出来，使榨出的果汁带有苦味。电动榨汁机只需将水果的果皮、果核去除，放入机器容器内，按动开关即可榨出新鲜的果汁来。

（4）奶昔搅拌机（blender milk shaker）。它是电动搅拌机的一种，主要用于搅拌各种奶昔（一种用鲜牛奶加冰淇淋搅拌而成的饮品）类制品。

（5）咖啡器（coffee machine）。它是酒吧中用来煮制咖啡的器具，因为酒吧煮制咖啡多选用咖啡豆为原料，故该器具由咖啡研磨机和咖啡壶两部分组成。在老式的咖啡器中，这两部分是两个单独的个体，目前电热式咖啡壶则将其功能合二为一。

另外，酒吧的常用设备还有收款机（cash register）。收款机发明于100多年前，目前已有许多种类。其基本功能有三个：记录、汇总和打印销售情况。现在星级饭店常用POS/ECR终端机代替收款机，使其成为饭店计算机网络的一部分，具有账单记录、销售分析、监督和管理每日销售情况等新的功能。管理人员可以根据其提供的数据，检查、分析酒吧的经营情况，制定出新的营销决策。

6.3 鸡尾酒的调制方法

鸡尾酒的调制方法归纳起来主要有以下四种：摇和法、搅和法、兑和法、调和法。

6.3.1 摇和法

视频 13 调酒
常用器具

摇和法也称摇荡法，它是将各种基酒和辅料放入调酒壶中，通过手的摇动达到充分混合的目的。此种方法主要被用于调制配方中含有鸡蛋、糖、果汁、奶油等较难混合的原料。

1）用具
调酒壶。

2）放料顺序
先在调酒壶中放入适量的冰块，然后按照鸡尾酒的配方要求，依次放入调酒辅料和配

料，最后放入基酒。

3）操作技法

摇和法在操作手法上分为单手摇和双手摇两种。对摇酒的方法和姿势没有严格的要求，关键在于在将酒液充分摇匀、迅速冷却的基础上保持调酒姿势的优美，给宾客以赏心悦目的感受。一般使用小号的摇酒壶可以单手摇，大号的摇酒壶用双手摇则更为妥当一些。摇和法的特点是通过快速、剧烈的摇晃，使酒水能够达到充分的混合，且不会使冰块过多地融化而冲淡酒液。值得注意的是，无论是单手摇还是双手摇，在摇酒的时候，一定要保持身体的稳定，剧烈摇动的是酒壶，而不是调酒师的身体，要尽量保持体态的美观、大方。摇妥之后，马上将酒滤入事先备好的酒杯内。

（1）单手摇。以右手食指按压调酒壶盖，中指在壶身右侧按压滤冰器，拇指在壶身左侧，无名指和小拇指在右侧夹住壶身。手心不与壶身接触，以免手温加快壶内冰块融化的速度。摇和时，注意手臂尽量拉直，以手腕的力量使调酒壶左右摇晃，同时手臂自然上下摆动。

（2）双手摇。对于有鸡蛋和蜂蜜这些较难以单手摇和均匀的鸡尾酒，通常采用双手摇这一操作技法。具体方法是：右手拇指按压调酒壶盖，其他手指夹住壶身；左手无名指、小拇指托住壶底，其余手指夹住壶身。壶头朝向调酒师，壶底朝外，并将壶底略向上抬。摇和时可将调酒壶斜对胸前，也可将调酒壶置于身体的左上或右上方肩上，作"活塞式"运动。注意用力均匀以使酒液充分混合。

4）斟倒酒液

视频14　摇和法

（1）斟倒时机。在摇荡过程中，当调酒壶的金属表面出现霜状物时，则证明壶内酒水已经充分混合并且已经达到均匀冷却的状态。

（2）斟倒方式。右手持壶，左手将壶盖打开，同时右手食指下移按压住滤冰器，将酒壶倾斜，使壶内摇荡均匀后的酒液通过滤冰器滤入载杯之中。

6.3.2　搅和法

搅和法是使用电动搅拌机进行酒水混合的一种方法，主要在混合鸡尾酒配方中含有水果（如香蕉、苹果、西瓜等）成分或碎冰时使用。这种调酒方法是通过电动搅拌机高速马达的快速搅拌，达到混合的目的，采用此种调制方法效果非常好，同时亦能极大地提高调制工作的效率和调酒的出品量，因此现在比较流行。

1）用具

电动搅拌机。

2）放料顺序

依据鸡尾酒配方要求将冰块与辅料及酒水依次放入搅拌机中。

3）操作技法

首先注意在投料前应将水果去皮切成片、块等易于搅拌的形状，然后再将原料投放入搅拌机中。原料投放完毕后，将搅拌机的盖子盖好（以防止高速搅拌时酒液四溅）。开动电源使其混合搅拌，注意使用电动搅拌机进行调酒时，搅拌的时间不宜过长，一般控制在

10 秒以内，以防止电机损坏。当鸡尾酒配方中的材料较难混合时，可以用点动方式进行搅拌调和。

4）斟倒酒液

待搅拌机马达停止工作，整个搅拌过程结束后，将搅拌混合好的酒液从搅拌机中倒入准备好的载杯中。

6.3.3　兑和法

使用兑和法调制的鸡尾酒主要是指彩虹酒。其方法是将各种调酒原料按比重的不同，沿着吧匙的匙背依次倒入酒杯中，使酒液在载杯中形成层次。

1）用具

调酒匙或长柄匙。

2）放料顺序

依据鸡尾酒配方，将酒水按照其含糖量的高低（含糖量越高，比重就越大）依次倒入载杯中，先倒含糖量高的（比重大的）酒水，再倒含糖量低的酒水。

3）操作技法

使用兑和法调酒的关键在于，调酒师必须熟练掌握各种酒水不同的含糖量（比重的大小）。在进行调制时，必须做到平心静气，尽量避免手的颤动，以防上层酒液的流速冲击下层酒液，使酒液色层融合。

4）斟倒酒液

将吧匙的匙背或茶匙的匙背倾斜放入杯中，以匙尖轻微接触酒杯内壁，将酒水轻轻倒在匙背上，使酒水沿匙背顺着酒杯内壁缓缓流入载杯中。目前有些调酒师在使用兑和法调制鸡尾酒时，不再使用匙背斟倒酒水，而是采用滴管，这样更节省时间，提高工作效率。

视频16　兑和法

6.3.4　调和法

调和法是在最小稀释酒水的情况下，迅速将酒水冷却的一种调酒混合方法。其操作步骤是将各种原料和冰块加入调酒杯中，然后使用吧匙进行搅拌混合。

1）用具

调酒杯、调酒匙（或搅拌棒）、滤冰器。

2）放料顺序

先将适量的冰块放入调酒杯中，再将酒水依据鸡尾酒配方规定的量，依次倒入调酒杯中。

3）操作技法

以左手拇指、中指、食指轻握调酒杯的底部，将调酒匙的螺旋部分夹在右手拇指和食指、中指、无名指之间，快速转动调酒匙作顺时针方向运动，搅动 10～15 圈，待酒液均匀冷却后则停止。

4）斟倒酒液

将滤冰器加盖于调酒杯口上，右手的食指和中指分列于滤冰器把的左右，卡压滤冰器，拇指、无名指和小拇指握住调酒杯。倾斜调酒杯将酒液滤入准备好的载杯中。

另外，有些鸡尾酒由于不需要滤冰这一过程，则可在其配方规定的载杯中直接使用调酒匙（或搅拌棒）进行搅和。

5）注意事项

视频17 调和法

（1）调和时，调酒匙的匙头部分应保持在调酒杯的底部搅动，同时应尽量避免与调酒杯壁的接触，应只有冰块转动的声音。

（2）调酒匙的匙背应向上从调酒杯中取出，以防跟带酒液。

（3）搅拌时间不宜太长，以防冰块过分融化影响酒的口味。

（4）操作时，动作不宜太大，以防酒液溅出。

6.4　鸡尾酒的调制知识

调制鸡尾酒需要具备大量相关的知识，酒吧调酒师只有不断学习，扩充自己的知识面，才能调制出更多、更好、更受客人欢迎的鸡尾酒。以下的基础知识将有助于您调制可口的鸡尾酒。

6.4.1　调制鸡尾酒的基本材料

调制鸡尾酒时要有最基本的酒，主要有香甜酒和六大基酒，即威士忌（Whisky）、白兰地（Brandy）、金酒（Gin）、伏特加（Vodka）、朗姆酒（Rum）、特其拉（Tequila）。这些酒酿造精良，口感独特，或无色或有色，像龙舌兰，如果陈年则为金黄色。[①]

五大汽水：苏打汽水（Soda Water）、通宁汽水（Tonic Water）、姜汁汽水（Ginger Water）、七喜汽水（7-UP）、可乐汽水（Cola）。

主要果汁：柳橙汁、凤梨汁、番茄汁、葡萄柚汁、葡萄汁、芭乐汁、苹果汁、小红莓果汁、杨桃汁、椰子汁。

备用配料：杏仁露、豆蔻粉、芹菜粉、红樱桃、绿樱桃、香草片、洋葱粒、橄榄粒、辣椒酱、辣椒油。

重要配料：红石榴汁（grenadine）、柠檬汁（lemon）、青柠汁（lime）、鲜奶油（cream）、椰奶（coconut）、鲜奶（milk）、蜂蜜（honey）、蓝橙汁（blue curacao syrup）、薄荷蜜（peppermint syrup）、葡萄糖浆（grape syrup）。

6.4.2　调制鸡尾酒的基本原则

（1）调制鸡尾酒所用基酒及配料的选择，应以物美、价廉为原则。

（2）初学者在制作鸡尾酒之前，要学会使用量酒器，以保证酒的口味纯正。即使经验

[①] 具有中国特色的鸡尾酒可以用白酒、竹叶青、宁夏红等，白酒最好用清香型，不过偶尔用点浓香型也很有创新性。

老到的调酒师，使用量酒器也是非常必要的。

（3）调酒所用冰块应尽量选用新鲜的。新鲜的冰块质地坚硬，不易融化。调酒用的配料要新鲜，特别是奶、蛋、果汁等。

（4）绝大多数的鸡尾酒要现喝现调，调完之后不可放置太长时间，否则将失去应有的口味。

（5）调制热饮酒，酒温不可超过78℃，因为酒精的蒸发点是78℃。

（6）调酒人员必须保持双手非常干净，因为在许多情况下是需要用手直接操作的。

（7）调酒器具要经常保持干净、整洁，以便随时取用而不影响连续操作。

（8）下料程序要遵循先辅料、后主料的原则，这样如在调制过程中出了什么差错，损失不会太大，而且冰块不会很快融化。

（9）在调制鸡尾酒之前，要将酒杯和所用配料预先备好以方便使用。若在调制过程中再耗费时间去找酒杯或某一种配料，那是调制不出高质量的鸡尾酒的。

（10）在使用玻璃调酒杯时，如果当时室温较高，使用前应先将冷水倒入杯中，然后加入冰块，将水滤掉，再加入调酒配料进行调制。这是为了防止冰块直接进入调酒杯产生骤冷变化而使玻璃杯炸裂。

（11）在调酒中使用的糖块、糖粉，要首先在调酒器或酒杯中用少量水将其溶化，然后再加入其他配料进行调制。

（12）在调酒过程中，"加满苏打水或矿泉水"这句话是针对容量适宜的酒杯而言的，根据配方的要求最后加满苏打水或其他饮料。对于容量较大的酒杯，则需要掌握加量的多少，一味地"加满"只会使酒变淡。

（13）倒酒时，注入的酒距杯口要留有杯深1/8的距离。太满会给饮用造成一定的困难，太少又会使人非常难堪。

（14）水果如果事先用热水浸泡过，在压榨过程中，会多产生1/4的汁。

（15）制作糖浆时，糖粉与水的比例是3∶1。

（16）鸡尾酒中使用蛋清是为了增加酒的泡沫和调节酒的颜色，对酒的味道不会产生影响。

（17）调配制作完毕之后一定要养成将瓶子盖紧并复归原位的好习惯。

（18）调酒器中如果剩有多余的酒，不可长时间地在调酒器中放置，应尽快滤入干净的酒杯中，以备他用。

（19）调酒配方中的蛋黄、蛋清，指生鸡蛋的蛋黄和蛋清。

6.4.3　鸡尾酒的特点

经过200多年的发展，现代鸡尾酒已不再是若干种酒及乙醇饮料的简单混合物。现代鸡尾酒种类繁多，配方各异，都是调酒师精心设计的佳作，其色、香、味兼备，盛载考究，装饰华丽，饮酒者除有圆润、协调的味觉享受外，观色、嗅香，更有享受、快慰之感。其独特的载杯造型，简洁的装饰点缀，无一不充满诗情画意。综观鸡尾酒的性状，现代鸡尾酒有如下特点：

1）由几种饮料调和而成

鸡尾酒由两种或两种以上的非水饮料调和而成，其中至少有一种为酒精性饮料。像柠檬水、中国调香白酒等都不属于鸡尾酒。

2）花样繁多，调法各异

用于调酒的原料有很多类型，各种酒所用的配料种数也不相同，如两种、三种甚至五种以上。就算以流行的配料种类确定的鸡尾酒，各配料在分量上也会因地域不同、人的口味各异而有较大变化，从而冠用新的名称。

3）具有刺激性口味

鸡尾酒具有明显的刺激性，能使饮用者兴奋。其具有适当的酒精度，能使饮用者紧张的神经得以缓和、肌肉放松等。

4）能够增进食欲

鸡尾酒应是增进食欲的滋润剂。饮用后，由于酒中含有的微量调味饮料，如酸味、苦味等饮料的作用，饮用者的口味应有所改善，绝不会因此而倒胃口、厌食。

5）口味优于单体组分

鸡尾酒必须有卓越的口味，而且这种口味应该优于单体组分。品尝鸡尾酒时，舌头的味蕾应该充分扩张，才能品尝到刺激的味道。如果过甜、过苦或过香就会影响品尝者对风味的感知能力，降低酒在品尝者心目中的品质，这是调酒时不允许的。

6）冷饮性质

鸡尾酒需足够冷冻。像朗姆类混合酒，以沸水调配，就不属于典型的鸡尾酒。当然，也有些酒种既不用热水调配，也不强调加冰冷冻，但其某些配料是冷的或处于室温状态的，这类混合酒也应属于广义的鸡尾酒的范畴。

7）色泽优美

鸡尾酒应具有细致、优雅、匀称的色调。常规的鸡尾酒有澄清透明的和浑浊的两种类型。澄清型鸡尾酒应该色泽透明，除极少量因鲜果带入的固形物外，没有其他任何沉淀物。

8）盛杯考究

鸡尾酒应由式样新颖大方、颜色协调得体、容积大小适当的载杯盛载。装饰品虽非必需，但是常有的，它们对于酒的作用是锦上添花，使之更有魅力，况且某些装饰品本身也是调味料。

小资料 6-2   **鸡尾酒的装饰**

装饰是鸡尾酒的一个重要组成部分。一杯鸡尾酒给人最初印象的好坏，主要取决于装饰。鸡尾酒的装饰，花色种类繁多，大部分都色彩艳丽，造型美观，从而使被装饰的酒更加妩媚艳丽、光彩照人。

（1）杯口装饰。杯口装饰绝大部分是由水果制作而成的，包括用柠檬制作的柠檬片、柠檬角、柠檬皮旋片等，其他还有橘子片、菠萝条、黄瓜皮、樱桃等。其特点是漂亮、直观，给人以活泼、自然的感觉，使人赏心悦目。它既是装饰品，又是美味的佐酒品。

（2）盐边、糖边。对于某些酒品如玛格丽特等，这种装饰是必不可少的。其做法是，将柠檬或橙皮夹着杯口转一圈，使杯口湿润，然后在盐粉或糖粉里一沾，就完成了。这既是一种美观的装饰，又是不可缺少的调味品。

（3）杯中装饰。装饰物大部分是由水果制作的，适用于澄清的酒体。它普遍具有装饰和调味的双重作用。

（4）酒杯挑选。品种各异、晶莹别透、做工精细的酒杯，对美酒具有点缀的作用，是美酒很好的衬托品，同时又是非常漂亮的实用品。

不是每一杯鸡尾酒都需要大量的装饰。装饰物的选择与应用，首先要根据酒的性质来决定。一般的做法是，鸡尾酒用何种果汁调制，其装饰物就用那一种水果制作。不含果汁的鸡尾酒，则要根据配方的要求来决定了。一杯酒的装饰不可过多、过滥，要抓住要点，使其成为锦上添花的陪衬而不是主角，否则会使人以为做的是一杯水果沙拉而非鸡尾酒。同时，在装饰的制作上，要充分发挥自己的想象力，不拘一格，创造出一个丰富多彩的世界！

6.5　鸡尾酒配方

鸡尾酒配方都是调酒师经过长期摸索而制定出来的，每一款酒的配量、色泽、载杯、装饰都有严格规定。这些配方通过在酒吧中不断使用，受人们欢迎的就慢慢流传开来，不受欢迎的则逐渐被淘汰。以下提供了 30 款最流行的国际鸡尾酒、中国鸡尾酒配方，供大家学习。

1）国际流行的鸡尾酒配方

（1）马天尼。

它被称为鸡尾酒之王，目前共有 268 种马天尼酒配方。

原料：2 盎司金酒，1/3 盎司马天尼。

装饰：2 个橄榄。

调法：调和法。

（2）深水炸弹。

原料：伏特加 14 毫升，啤酒。

调法：兑和法。先将啤酒杯斟七分满，再倒入伏特加。

（3）环游世界。

原料：伏特加 21 毫升，绿薄荷酒 21 毫升。

调法：摇和法。

（4）两者之间。

原料：朗姆酒 14 毫升，君度酒 14 毫升，白兰地 14 毫升，柠檬汁 14 毫升。

调法：摇和法。以红樱桃装饰。

（5）自由古巴。

原料：朗姆酒 14 毫升，可乐 14 毫升。

调法：调和法。先把原料倒入，斟满可乐，加吸管，不加装饰。

（6）红粉佳人。

原料：金酒21毫升，柠檬汁10毫升，红石榴汁8毫升，君度酒6毫升，鸡蛋清0.5个。

调法：调和法。以红樱桃装饰。

（7）情与醉。

原料：金酒14毫升，柠檬汁21毫升，橘子汁1汤匙，红石榴汁1/6汤匙。

调法：摇和法。

（8）百万富翁。

原料：金酒28毫升，柠檬汁14毫升，马天尼7毫升，红石榴汁7毫升。

调法：调和法。

（9）黄金美梦。

原料：嘉连露酒42毫升，君度酒21毫升，橙汁42毫升，淡奶28毫升。

调法：摇和法。装在香槟杯中。

（10）长岛冰茶。

原料：金酒14毫升，朗姆酒14毫升，伏特加14毫升，Triple Sec14毫升，特其拉酒14毫升，柠檬汁56毫升，可乐40毫升。

调法：调和法。

2）中国鸡尾酒配方

（1）长城之光。

原料：竹叶青5.5盎司，白兰地0.5盎司，柠檬汁1盎司，红石榴糖浆1匙，红樱桃1枚。

调法：摇和法。先在调酒壶中放入冰块，依次将前四种原料倒入调酒壶中。摇匀，倒入鸡尾酒杯，以开口红樱桃点缀。

特色：酒液色美，味香甜、微酸，适宜春秋季饮用。

（2）五福临门。

原料：五加皮酒1盎司，汽水5盎司，鲜柠檬片1片。

调法：将酒与汽水倒入直脚香槟杯中，加适量碎冰，搅拌均匀后放柠檬片于酒中。

特色：香甜爽口，适于暑季家人消暑时饮用。

（3）桂花飘香。

原料：桂花陈酒2.5盎司，鲜橙汁2盎司，洋河5/6盎司，雪碧适量，薄荷嫩枝1枝，红樱桃1枚，鲜橙片1片。

调法：将酒和果汁置于啤酒杯或高脚杯中，加两块冰块，注入汽水于九成满。用牙签将红樱桃串于鲜橙片上，再将该橙片夹杯口装饰。最后插入薄荷嫩枝和吸管。

特色：口味香甜、微酸，装饰华丽，是女士们喜爱的消暑饮料。

（4）中国古典。

原料：桂花陈酒4/3盎司，二锅头1盎司，红樱桃1枚。

调法：加适量冰块于调酒杯中，再依次加入桂花陈酒和二锅头，搅匀后倒入三角鸡尾酒杯中，以牙签戳一颗红樱桃放入杯内点缀。

特色：融桂花香与酱香为一体，幽香浓郁，适于春秋季饮用。

（5）雪影红。

原料：五粮液2盎司，鲜橙汁0.5盎司，鲜柠檬1片，红樱桃1枚。

调法：将适量碎冰放入调酒杯中，加入酒和果汁，搅匀后倒入普通香槟酒杯或老式杯中，放进柠檬片，最后以红樱桃点缀。

特色：酒味幽香浓烈，有较明显的刺激性，适于春秋季节饮用。

（6）欢乐四季。

原料：竹叶青2盎司，西凤酒1盎司，桂花陈酒1盎司，柠檬汁1盎司，红樱桃1枚，鲜柠檬1片，山菊花1朵。

调法：先将适量冰块放入高脚敞口杯内，加酒和柠檬汁，搅匀后放入柠檬片和红樱桃，最后将山菊花挂于杯边作为点缀。

特色：酒液为红黄色，味道醇香，适于春秋季饮用。

（7）一江春绿。

原料：竹叶青1.5盎司，干味美思4/3盎司，绿色薄荷酒1/3盎司。

调法：将上述原料酒放入老式杯或高脚敞口杯中加适量冰块，搅匀后即可饮用。

特色：酒液碧绿，干性，爽口，清凉幽香，四季皆宜。

（8）红玫瑰。

原料：玫瑰露2盎司，橙汁1盎司，石榴汁糖浆1盎司，鲜鸡蛋1只，汽水适量。

调法：首先分出鸡蛋清，然后将玫瑰露、蛋清、橙汁和糖浆注入调酒壶内，加入适量碎冰块，摇匀至起泡沫时停止。另将经过预冷的汽水注入大型高脚杯至半杯，滤入经过摇匀的酒，用酒吧勺搅匀，插入饮管饮用。

特色：醇香丰满，幽香味美，适于女士们盛夏饮用。

（9）中国彩虹。

原料：红石榴糖浆0.25盎司，橙汁0.25盎司，菊花酒0.25盎司，莲花白酒0.25盎司，绿薄荷0.25盎司。

调法：兑和法。过程与调外国彩虹鸡尾酒相同。

特色：色彩艳丽，犹如彩虹，尤为女士所喜爱。

（10）贵夫人。

原料：桂花陈酒4盎司，朗姆酒0.5盎司，鲜橙汁2盎司。

装饰：薄荷嫩叶1片，柠檬皮1片。

调法：调和法。

特色：酒液呈暗红色，微酸带甜，适宜春秋季节饮用。

（11）旭日东升。

原料：特其拉酒56毫升，橙汁112毫升，红石榴汁21毫升。

调法：调和法。先将两块冰放入白酒杯中，用量杯把特其拉酒和橙汁量入杯中，用酒吧勺搅匀，最后倒入21毫升红石榴汁，红石榴汁沉入杯底，呈现犹如日出一样的色彩。

（12）绿翡翠。

原料：椰子汁20毫升，柠檬汁20毫升，红石榴汁100毫升，蓝橙酒20毫升，白酒40毫升。

装饰：柠檬片1片，樱桃1颗。

调法：摇和法。先放冰，然后放原料，调好。放3块冰在鸡尾酒杯中，把调好的酒倒入杯中。

（13）银装素裹。

原料：椰子汁30毫升，菠萝汁100毫升，白朗姆酒60毫升。

装饰：菠萝1片，樱桃1颗。

调法：摇和法。先放冰，然后放原料，调好。放3块冰在鸡尾酒杯中，把调好的酒倒入杯中。

（14）蓝色海洋。

原料：石榴糖浆10毫升，葡萄汁60毫升，白酒30毫升，蓝橙酒30毫升，柠檬汽水100毫升。

装饰：带皮柠檬。

调法：摇和法。

（15）映日荷花。

原料：甜红葡萄酒20毫升，柠檬汁20毫升，半个生鸡蛋蛋清。

装饰：红樱桃1颗。

调法：摇和法。

（16）一代红妆。

原料：葡萄酒0.7盎司，红石榴汁0.3盎司，柠檬汁0.3盎司，生鸡蛋清0.5个。

装饰：红樱桃1颗。

调法：摇和法。

（17）苦涩的爱。

原料：红玫瑰酒1.5盎司，高粱酒2/3盎司，苦汁3滴。

装饰：柠檬皮1条。

调法：调和法。装入古典杯。

特色：酒色粉红，香味足，略带苦味，适宜男士饮用。

（18）永失我爱。

原料：干白葡萄酒1盎司，雪碧适量。

调法：兑和法。

（19）淡淡之交。

原料：竹叶青1盎司，糖浆0.5汤匙，雪碧适量。

装饰：红樱桃1颗。

调法：调和法。

（20）秋水伊人。

原料：金酒0.5盎司，普通白酒0.3盎司，葡萄酒0.6盎司，雪碧适量。

装饰：柠檬半片。

调法：调和法。调匀后（雪碧除外）倒入杯中，冲入雪碧，再以半片柠檬装饰。

视频18　花式调酒

素养园地

90后调酒师金水梅：摇一杯叫作"梦想"的鸡尾酒

"调制一杯鸡尾酒，并不是简单地将几种酒混合，而是要追求一种口感与观感方面的整体和谐。"10月26日，鸡尾酒调酒师金水梅以这种方式向记者介绍她的工作。

这位1991年出生的年轻姑娘，19岁开始学习调酒，从青一块紫一块的淤青中逐渐练出自己的风格与特点，成为第一位代表中国参加国际调酒师协会（IBA）世界杯调酒锦标赛英式调酒大赛、花式调酒师大赛两项大赛的调酒师。如今，她是成都某调酒师培训基地的调酒导师，2021年获评"成都工匠"。

被电视剧带入行的调酒师："有好酒，自然就有好故事"

金水梅出生于安徽省黄山市。她是通过看电视了解调酒师这个职业的。"在一部叫作《一米阳光》的电视剧里，我看见男主角把几种酒放在容器里摇来摇去，然后倒出来说这款叫'地久天长'，那款叫'绝对隐私'，每一款的背后还有一段动人的故事，当时就觉得，这份工作好酷！"

多年以后，当金水梅自己开始接触调酒时才发现，那些关于调酒的故事并不一定是真的，调酒的核心要义也不是酷炫的动作和鲜艳的颜色，无论对于调酒师还是顾客，几种酒混合后的口感才是最重要的，"有好酒，自然就有好故事"。

不过，一个女孩子想去学调酒也并非易事，首先要面临的就是家人的不理解。"在我父母的观念里，酒吧这种地方不适合女孩子去工作。而且调酒师经常上夜班，家里人也会担心。"金水梅说，好在姐姐很支持，还帮忙在当地联系到一位愿意教她的调酒师。

"日复一日地练习，确实使我有段时间对调酒的信念产生了动摇。"金水梅告诉记者，2012年年初，她只身跑到杭州的一家手套厂打工。"换了一个环境之后我才发现，调酒对我来说是不可替代的。"在外闯荡了一年半之后，金水梅回到成都继续完成中断的课程。

为调酒领域注入"中国风"："这是一份充满想象力的工作"

这段现在看来颇有些意气用事的出走，也给金水梅之后的调酒工作带来了一些新的灵感。回到成都不久，她开始设计打造一场名为"中国风·女侠"的花式调酒。

那是一场处处体现着中国风的花式调酒表演。从中式的布景、桌台，到中式的服装、音乐，浓浓的中国元素让这场花式调酒充满了东方韵味。这次表演也为金水梅赢得了国际调酒师协会的关注，激发了协会关于变革国际调酒师协会花式调酒师大赛比赛规则的议题。

随着金水梅在国际赛事上获奖，并受邀到各地进行调酒表演，渐渐地，家人也转变了对金水梅所从事的工作的看法，"他们开始理解调酒背后的文化，也能够从我的讲述中确信我在这份工作中收获了快乐与成就感。"

"我对调酒的前景还是很看好的。"金水梅表示，花式调酒师除了把瓶子丢出各种花样，还要对各种原材料、各种知识有足够的认知与理解，而英式调酒师不丢瓶子，对各种原材料、各种知识的认知与理解就要求更高。"每一次调酒都是一次创作，关于口感、关于色彩，甚至关于与顾客面面相对时感受到的氛围。我觉得这是一份充满想象力的工作。"

资料来源　成博. 90后调酒师金水梅：摇一杯叫作"梦想"的鸡尾酒 [N]. 四川日报，2022-11-01 (A11). 有删减.

思政元素：工匠精神。

互动话题：时代在呼唤也在造就更多卓越工程师、大国工匠和高技能人才。

研讨要求：

（1）结合本案例，请各组围绕"如何培养工匠精神"开展深入交流和研讨；

（2）每个小组推荐1名成员做主题发言，总结分享小组交流研讨的内容。

■ 本章小结

本章系统介绍了鸡尾酒的特点、调制方法、调制原则、酒杯等内容。调制鸡尾酒的方法主要有兑和法、调和法、摇和法、搅和法四种，著名的彩虹鸡尾酒就是通过兑和法调制而成的。在调制鸡尾酒的过程中有多项原则需要注意，这些是调制鸡尾酒的基础。

■ 主要概念

鸡尾酒　兑和法　调和法　摇和法　搅和法

■ 判断题

1.红粉佳人的装饰物是红樱桃。　　　　　　　　　　　　　　　　　　　　（　　　）

2.鸡尾酒在创作时不能突出辅料的口味，避免喧宾夺主。　　　　　　　　（　　　）

3.两种或两种以上不同颜色的酒品混合后会产生新的颜色，例如红色与蓝色混合后会变成紫色。　　　　　　　　　　　　　　　　　　　　　　　　　　　　（　　　）

■ 选择题

1.鸡尾酒最早起源于（　　　　）。

A.法国　　　　　　　B.英国　　　　　　　C.中国　　　　　　　D.美国

2.日出特其拉是运用（　　　　）调制而成的。

A.调和法　　　　　　B.兑和法　　　　　　C.摇和法　　　　　　D.搅和法

3.鸡尾酒调制示瓶时应用左手或右手托住瓶子的（　　　　）。

A.上底部　　　　　　B.瓶口　　　　　　　C.下底部　　　　　　D.瓶颈

■ 简答题

1. 从鸡尾酒的分类阐述鸡尾酒的特征。

2. 鸡尾酒调制的规则、方法和程序各是什么？

3. 鸡尾酒的创新是否可以张扬个性、不受任何限制？

■ 实践训练

1. 进行鸡尾酒调制的手法练习。

2. 参照表6-1进行测评。

表6-1　　　　　　　　　　鸡尾酒调制手法练习评价参考表

评价内容	分值（分）	评分（分）
了解调酒壶的构造（壶盖、壶身、滤冰盖）	10	
摇和法	20	
调和法	20	
兑和法	10	
搅和法	10	
整体姿态优美	15	
操作卫生，手法利落	15	
鸡尾酒调制手法练习评价总分	100	

第7章

酒水服务

■ 学习目标

　　本章主要讲述酒水服务的基本知识。通过本章的学习，学生应对酒水的各种服务技巧有所掌握，同时通过酒水的专项服务练习，做到准确、快速地提供服务。

7.1　酒水服务技巧

　　酒店酒水服务的每一个岗位和环节都有特定的操作方法、程序和标准，因此酒店业从业人员在掌握酒店酒水服务基本理论知识的同时，必须加强服务操作技能技巧的练习，熟练掌握过硬的酒店酒水服务基本技能技巧，力求做到服务操作规范化、程序化和标准化。此外，还必须发挥个人的创造性、积极性和主动性，把真挚情感融入整个酒店酒水服务工作中，并与技能完美结合，充分体现服务的价值，并使宾客真正体会到物有所值。

　　酒店酒水服务主要分为对客接待服务和酒水供应服务两部分。在对客接待服务方面与餐饮服务技能技巧要求比较近似，而酒水供应服务方面则是酒店业展示其独特服务魅力的关键所在。在酒店酒水服务过程中，酒水供应的许多操作工作是在宾客的注视之下完成的，因此在服务操作过程中不仅需要一定的专业技术功底，还要求调酒师具有相当的表演天赋。如目前在许多酒店流行的花式调酒，在这一点上表现得尤为突出。所以，凡是从事酒水服务工作的人员，都应十分注重操作技术动作正确、迅速、简便、优美和流畅。以下具体介绍酒品的服务操作技巧。

7.1.1　示瓶

　　当宾客点要整瓶酒水时，一般在开启之前应让宾客先过目一下，一是表示对宾客的尊重，二是请宾客核实一下选酒有无差错，三是向宾客证明酒品质量的可靠。基本的操作方法是：酒店酒水服务员站立在点酒宾客的右侧，左手托瓶底，右手扶瓶颈，酒标朝向宾客，请宾客确认商标、品种。待宾客确认后，方可进行下一步的工作。示瓶是酒店业酒水服务工作的第一个程序，它标志着酒水服务操作的开始。

7.1.2　冰镇

为了更好地突出酒水的特点，酒店业中许多酒品的饮用温度要求大大低于室温，这就必须对某些酒品进行降温处理。酒店业一般的冰镇方法有两种：一种是直接将整瓶酒放于冷藏柜冷藏冰镇，这种方法适用于啤酒和碳酸类饮料；另一种是将瓶装酒放于盛有冰块的冰桶内，此类方法多用于白葡萄酒和香槟酒。冰块冰镇基本的操作方法是：准备好需要冰镇的酒品和冰桶，并用冰桶架架放在宾客台面一侧，冰桶内盛入冰块（冰块不可过大也不宜过碎），将瓶装酒插入冰块中，酒标向上。一般来讲，十余分钟即可达到冰镇的效果。冷藏冰镇的方法比较简单，只需提前将需要冰镇的酒品放入冷餐柜中使其缓慢降温即可。

7.1.3　溜杯

溜杯是酒店业对盛酒的酒杯进行降温的一种方法。基本的操作方法是：服务员手持酒杯的下部，将一块冰块放入酒杯中，然后旋转酒杯，使冰块产生离心力在杯壁上溜滑，以降低酒杯的温度。一些酒品对酒杯的温度要求很严格，溜杯要到杯壁上出现薄霜为止。当然，酒店业也可采取冷藏柜或上霜机冷藏酒杯的方法对酒杯进行降温处理。

7.1.4　温酒

某些酒品在饮用前需要升高温度，这样饮用起来才更有滋味。除中国的黄酒外，日本的清酒和其他一些外国的洋酒也有这种需要。温酒的方法有水烫、火烤、燃烧和冲泡四种。

（1）水烫，就是将需要加温的酒液事先倒入烫酒器中，然后将烫酒器置于热水中升温。

（2）火烤，就是把酒液盛入耐热的器皿中，置于火上升温。

（3）燃烧，就是将酒液倒入酒杯中，点燃酒液以升温。

（4）冲泡，就是将滚烫的饮料（如咖啡、茶、水等）冲入酒液，以达到加温的目的。

7.1.5　开启酒瓶

当客人点要整瓶或整罐的饮料、啤酒、葡萄酒、香槟酒后，服务员通常必须在餐厅的餐桌上或吧台上，在客人面前将酒水开瓶。通常开酒瓶的原则有：

（1）用手直接拉开罐装酒水的封口。打开罐装酒水，首先应将酒罐的表面冲洗干净，擦干，左手固定酒水罐，用右手拉酒水罐上面的拉环，从而打开其封口。开瓶时动作要轻，尽量减少瓶体的晃动。一般将酒瓶放在台面上开启，动作要准确、敏捷、果断，尽量避免汽酒冲冒、陈酒沉淀物窜腾等现象的发生。另外，开拔软木塞的声音越轻越好，尤其在高雅严肃的场合，更应注意。

（2）用开瓶起子打开瓶装啤酒和饮料。首先将酒水瓶擦干净，将啤酒瓶或饮料瓶放在桌子的平面上，左手固定酒水瓶，右手持开瓶起子，轻轻地将瓶盖打开。开瓶后，不要直接将瓶盖放在餐桌或吧台上,可放在一个小盘中,待开瓶后,撤走该小盘。

(3)用酒钻打开葡萄酒瓶。当客人点要整瓶葡萄酒后,先将葡萄酒瓶擦干净。用干净的餐巾包住酒瓶,商标朝外,拿到客人的面前,让客人鉴定酒的标签,经过客人认定酒的名称、出产地、葡萄品种及级别等符合自己所点的品种与质量后,在客人面前打开葡萄酒。用小刀将酒瓶口的封口上部割掉,然后用干净的餐巾把瓶口擦干净。用酒钻从木塞的中间钻入,转动酒钻上面的把手,随着酒钻深入木塞,酒钻两边的杠杆会往上仰起,待酒钻刚刚钻透木塞时,两手各持一个杠杆同时往下压,木塞便会慢慢地从瓶中升出来。将葡萄酒的木塞递给点酒宾客,请点酒宾客通过嗅觉鉴定该酒(该程序用于较高级别的葡萄酒),再用餐巾把刚开启的瓶口擦干净。斟倒少许酒给点酒宾客品尝,注意手握酒瓶时,不要覆盖标签。待点酒宾客品尝后,从女士开始斟酒。

(4)当客人点要香槟酒后,首先将瓶子擦干净,然后放入冰桶中,连同冰桶一起运送到点酒宾客右边方便的地方。将香槟酒从桶内取出,用餐巾将瓶子擦干,用餐巾包住瓶子,商标朝外,请点酒宾客鉴定。当获得点酒宾客认可后,将酒瓶放在餐桌上并准备好香槟酒杯,左手持瓶,右手撕掉瓶口上的锡纸。左手食指牢牢地按住瓶塞,右手除掉瓶盖上的铁丝及铁盖。瓶口倾斜约45°,用右手持一干净布巾紧紧包住瓶口,这时,由于酒瓶倾斜,瓶中会产生压力,酒瓶的木塞开始向上移动,然后,右手轻轻地将木塞拔出。注意瓶口不要朝向客人,以防木塞冲出。用干净布巾将瓶口擦干净。先为点酒宾客斟倒少量的香槟酒,请点酒宾客品尝,得到点酒宾客认可后,从女士开始斟酒。

(5)开启后的酒瓶原则上应留在宾客的台面上,一般放在点酒宾客右手一侧,瓶子下面要有衬垫,以防污染、弄湿台布。如果是使用冰桶的冰镇酒或是使用酒篮的陈酒,应连同冰桶或酒篮一同放在台面上。

(6)开启后的酒瓶封皮、软木塞、瓶盖等杂物,不要直接放于台面上,一般以小碟盛之,在服务员离开时一并带走,切不可留在宾客面前。

(7)无论开启何种瓶装酒水,开口的方向应朝着自己,并用手遮掩,以示对宾客的礼貌。

7.1.6 滗酒

很多陈年葡萄酒在贮存过程中会产生沉淀,这属于正常现象。为避免在斟酒的过程中出现浑浊现象,需要事先剔除沉淀物以确保酒液的纯净。滗酒的方法是:首先将酒瓶竖直若干小时,使沉淀物积于瓶底。准备一只滗酒瓶、一支蜡烛,点燃蜡烛后,再轻轻倾斜酒瓶,使酒液慢慢流入滗酒瓶中,注意动作要轻,不要搅起瓶底的沉淀物,整个操作是对着烛光进行的,直到整瓶酒液全部滗完,然后手持酒瓶,进行斟酒服务。

7.1.7 斟酒

斟酒是酒店业从业人员必须具备的基本操作技能。斟酒的方式有两种:一种是桌斟,另一种是捧斟。无论采取何种斟酒方式均应做到动作优雅、细腻,处处体现出对宾客的尊重和服务操作的卫生规范。

1）桌斟

将酒杯放于台面上，服务员站在宾客右边，侧身用右手把握酒瓶向杯中斟倒酒液。斟倒时瓶口与杯口应保持 1~2 厘米的距离，切不可将瓶口搁在杯沿上或采取高溅注酒的方法。在进行桌斟时，还要控制好斟酒的量，以便最大限度地发挥酒体风格和对宾客的敬意。一般红葡萄酒和香槟酒要斟倒酒杯的 1/2，白葡萄酒要斟倒酒杯的 2/3。斟倒完毕，将持瓶的手向右旋转 90°，同时离开酒杯的上方，使最后一滴酒挂在瓶上而不落在台面上或宾客身上。然后，左手使用餐巾擦拭一下瓶颈和瓶口，再给下一位宾客斟倒。注意每斟倒一杯酒，都需要更换一下位置，站到下一位宾客的右侧。左右开弓、探身对面、手臂横越宾客的视线等，都是不良的斟倒方式。

2）捧斟

在采用捧斟时，服务员一手握酒瓶，一手将酒杯捧在手中，站立于饮用者的右侧，然后再向杯中斟酒。斟倒酒水的动作应在台面以内的空间进行。最后将斟倒完毕的酒杯放在宾客的右手处，捧斟主要适用于非冰镇处理的酒水。

3）斟酒时的注意事项

凡是用酒篮斟倒的酒水，酒瓶颈下应衬垫一块餐巾或纸巾，以防斟倒时酒液滴出。使用冰桶冰镇的酒水，应以一块折叠的餐巾护住瓶身，以防止冰水滴酒，污染台布和宾客衣物。

无论采取何种斟倒方法，都要掌握分寸，动作应正确和优美，斟酒时不能讲话，以免口水四溅，不讲究卫生。注意凡是有损礼貌、雅观、卫生的做法，都是要摒弃的。

至于握瓶的手法和姿势，各国各地之间各不相同。如西欧各国主张手握于酒标上，而我国则主张手握于酒标的另一侧，使酒标对准宾客，这主要依各地的风俗而定。

7.1.8　添酒

在整个服务过程中，服务员应及时地向宾客杯中增添酒液，直至宾客示意不要为止。如果宾客台面上出现空杯，而服务人员又袖手旁观，置之不理，这是酒店酒水服务人员最严重的失职表现。这种表现一是对宾客服务得不周到；二是不利于进一步提高酒店酒水的销售业绩。在服务过程中为宾客添加酒水时应注意以下几点：

（1）当宾客酒杯中酒水少于 1/3 时，就应该征询宾客意见，及时添加酒水。

（2）当宾客需要添加新的饮品时，服务人员应主动为宾客更换酒杯，连着用同一酒杯饮用不同的酒水显然是不合适的。

（3）如果宾客是单杯购买酒水，需要添加时，一定要换用新的酒杯给宾客，切不可将酒水斟入原酒杯中。

（4）宾客台面上应始终留有酒杯，当着宾客的面撤收台面上的空酒杯是对宾客不礼貌的行为（会被宾客误认为在赶客人）。当然，如果在服务过程中宾客示意收去空酒杯则另当别论。

视频 19　斟酒

品饮白兰地对环境和杯具的要求

1.对环境的要求

品饮时间最好在中午 11 时左右，此时人开始感到饥饿，是人体器官最易吸收的时间。试酒时光线应暗淡，周边不能有太多的颜色，因为试酒是一项高度集中的脑力活动，不能受到任何外界的干扰，所以试酒必须在绝对安静的环境下进行。

2.对酒杯的要求

与平时喝白兰地的球形杯不同，鉴赏白兰地的酒杯应是高身郁金香形的，以使白兰地的香味缓缓上升。品尝者可以逐渐分析其千姿百态的、各种层次的酒味，而球形杯会使香味集中于杯子中央急剧上升，从而影响正常的品尝。另外，还要注意，试酒时不能斟得太满，以 1/3 为宜，要让杯子留出足够的空间，使酒香环绕不散，达到最佳的品尝效果。

7.2 酒水专项服务

下面将以表格的形式介绍酒吧中各种酒水的专项服务步骤。

7.2.1 杯具的清洗与擦拭

杯具的清洗与擦拭程序、工作步骤与操作标准见表 7-1。

表 7-1 **杯具的清洗与擦拭**

程序	工作步骤与操作标准
1.准备清洗与擦拭杯具的用具	（1）使用专用的、干净的百洁布（至少 2 块） （2）分别在两个清洁桶内注入 2/3 的热水 （3）在其中一个清洁桶的热水内加适量的清洁液 （4）准备好洁净的托盘用于盛装清洗后的杯具
2.杯具的清洗与擦拭	（1）将杯具放入含清洁液的热水桶中浸泡 （2）用百洁布进行擦拭 （3）取出后放入另一热水桶中漂洗 （4）再用另一块百洁布仔细擦拭杯具的内外壁 （5）擦拭过程中注意手指不能直接接触杯具 （6）擦拭过程中注意不可用力过大，以免扭碎酒杯 （7）擦完的杯具应光亮、洁净、无水渍、无破损 （8）擦拭好的杯具应倒扣在洁净的托盘内或插放在洁净的杯筐中，注意按种类摆放整齐

7.2.2 软饮料服务

软饮料服务的程序、工作步骤与操作标准见表 7-2。

表7-2　　　　　　　　　　　　　　　　软饮料服务

程序	工作步骤与操作标准
1.准备工作	（1）使用海波杯或柯林斯杯 （2）杯具应洁净、无水渍、无破损 （3）在雪柜中取出宾客所点的饮料 （4）检查饮品是否已过保质期 （5）备好冰块、柠檬片等辅助用品（注意：果汁类饮品不加冰和柠檬片；矿泉水只加柠檬片，不加冰）
2.软饮料服务	（1）各类饮料均须在宾客面前打开 （2）先在台面上放一个干净的杯垫，再将饮料杯放在杯垫上，然后再将饮料倒入杯内，如还有剩余，应再取一杯垫放在饮料杯的右侧，将饮料瓶、罐放在上面 （3）当饮料杯中饮料只剩1小杯时，应为宾客添加饮料或征询宾客是否需要第二杯饮料 （4）注意空瓶或罐应及时撤下台面

7.2.3　吧台酒水净饮服务

酒水净饮服务的程序、工作步骤与操作标准见表7-3。

表7-3　　　　　　　　　　　　　　　　酒水净饮服务

程序	工作步骤与操作标准
1.问候宾客	（1）宾客到来时先微笑，然后礼貌地问候 （2）问候时目光应注视着宾客 （3）如果宾客中有女士，要先向女士问候 （4）如果宾客是常客，问候时应叫出宾客的姓氏 （5）如果宾客未听清你的问候，应再重复问候一遍 常用问候语：Good afternoon，Sir/Madam.May I help you?
2.为宾客提供净饮服务	（1）问清宾客净饮酒水的品种和饮用量 （2）将干净的杯垫摆放在宾客面前的吧台上，店徽朝向宾客，将酒杯放在杯垫上，然后再为宾客倒入酒水，注意瓶口不能接触到杯口 （3）在为宾客服务酒水的同时，告知宾客酒水的名称及品牌 （4）在服务酒水的过程中，始终注意操作卫生，手只可以接触酒杯的下半部分或杯柄 （5）所有酒水服务，一般在宾客点酒后3分钟内提供服务到宾客面前 （6）当宾客杯中酒水剩不多时，应主动征询宾客是否再点其他酒水（如宾客点要的是整瓶酒水，应为宾客斟至满杯） （7）如果宾客再点其他酒水，要为宾客更换新的杯具 （8）服务过程中，空瓶应及时撤走；宾客杯中酒水用完未再要酒水时，征得宾客同意，可以撤下空杯 （9）整个服务过程完毕后，酒吧调酒员应向宾客表示非常高兴为宾客服务

7.2.4　蒸馏酒服务

蒸馏酒服务的项目、工作步骤与操作标准见表7-4。

表7-4　　　　　　　　　　　　　　蒸馏酒服务

酒水服务项目	工作步骤与操作标准
1.白兰地服务	（1）白兰地酒杯洁净，无破损，无水渍、污渍 （2）饮用温度要求为室温（传统要求）或冰镇（目前国内普遍饮法） （3）冰镇要求：在白兰地酒杯中加入3块方冰块，再将白兰地淋倒于冰块之上；或先将白兰地倒于白兰地酒杯中，再加入适量的冰水，进行搅拌冷却 （4）一份白兰地的标准服务量为1盎司
2.威士忌服务	（1）加冰、加水饮用时使用古典杯，直接净饮时使用威士忌酒杯。酒杯要求洁净，无破损，无水渍、污渍 （2）冰镇要求：在古典杯中加入3块方冰块，再将威士忌淋倒于冰块之上 （3）一份威士忌的标准服务量为1.5盎司
3.金酒、伏特加、朗姆酒服务	（1）加冰、加水饮用时使用古典杯，直接净饮时使用烈性酒杯 （2）酒杯要求洁净，无破损，无水渍、污渍 （3）一份的标准服务量为1.5盎司 （4）注意，金酒、伏特加在净饮时，有些宾客习惯于以柠檬片装饰、增味
4.特其拉酒服务	（1）加冰、加水饮用时使用古典杯，直接净饮时使用烈性酒杯。 （2）酒杯要求洁净，无破损，无水渍、污渍 （3）净饮时需要配精盐和柠檬薄片 （4）一份的标准服务量为1.5盎司
5.雪利酒、钵酒服务	（1）饮用时使用雪利酒杯。 （2）酒杯要求洁净，无破损，无水渍、污渍 （3）饮用酒温要求室温或低于室温 （4）一份的标准服务量为2盎司

7.2.5　啤酒服务

啤酒服务的程序、工作步骤与操作标准见表7-5。

表7-5　　　　　　　　　　　　　　啤酒服务

程序	工作步骤与操作标准
1.准备工作	（1）熟悉本酒吧提供的各品牌啤酒的特点和饮用的特殊要求，便于在宾客点酒时介绍 （2）将各种类型的啤酒各取出一定数量放于雪柜中冰镇 （3）将各型号的啤酒杯各取出一定数量放于雪柜中冰镇 （4）备好一定数量的柠檬薄片
2.啤酒服务	（1）宾客点酒后，重复宾客所点啤酒的品名，以确认无误 （2）取出杯垫放于宾客面前的台面上 （3）从雪柜中取出已冰镇好的啤酒（饮用温度要求为4℃～7℃）。瓶体要求洁净，商标完整 （4）取出经过充分冷冻的啤酒杯，将啤酒杯置于杯垫之上 （5）将啤酒缓缓倒入啤酒杯中，注意倒啤酒时应控制好酒液的流速，并使酒液沿杯壁慢慢流入杯中，以减少杯中酒液的泡沫 （6）啤酒的斟倒应以十分满为标准，其中八分为酒液，二分为泡沫 （7）斟倒啤酒时，酒瓶的商标应朝向宾客方向 （8）将未倒完的啤酒瓶摆放在宾客的右侧，置于杯垫之上，商标朝向宾客 （9）如宾客点要的是干型啤酒（如科罗娜、太阳），应注意征询宾客是否在酒杯内添加柠檬薄片
3.啤酒的添加	（1）注意在宾客的饮用过程中，随时为其添加啤酒 （2）当宾客瓶中的啤酒仅剩1/3时，应主动询问宾客是否需要再添加一瓶啤酒 （3）注意及时将已经倒空的啤酒瓶撤下台面

7.2.6　白葡萄酒服务

白葡萄酒服务的程序、工作步骤与操作标准见表7-6。

表7-6　　　　　　　　　　　　　白葡萄酒服务

程序	工作步骤与操作标准
1.准备工作	（1）将宾客选择好的酒的酒瓶擦拭干净 （2）向冰桶内注入适量的冰块，将酒放入冰桶内冰镇 （3）将酒连同冰桶架和冰桶一起放在宾客桌旁（不影响宾客及服务的位置） （4）备好一条服务用餐巾
2.酒瓶的开启	（1）将酒瓶从冰桶内取出并向点酒的宾客展示，当宾客确认后，将酒放回冰桶 （2）使用酒刀将瓶口凸出部分以上的铝箔封纸割除去，同时使用餐巾将瓶口擦拭干净 （3）使用酒钻慢慢钻入软木塞中，轻轻地将软木塞拔出（注意，用力不可太猛以防软木塞断裂，同时不要转动或摇动酒瓶） （4）拔出软木塞，检查一下有无变质现象 （5）将拔出的软木塞放入小碟中，交给宾客检验酒的贮存状况

续表

程序	工作步骤与操作标准
3.品酒服务	（1）将已启封的酒从冰桶中取出，用餐巾将瓶身外侧的水渍擦拭掉，然后用餐巾将整个瓶身包裹 （2）向点酒的宾客的酒杯中注入1/5杯的酒液，并帮助宾客在桌上轻轻晃动一下酒杯，以使酒液与空气充分接触 （3）点酒宾客品过酒后，服务员须征询其意见，是否可以立即为宾客斟倒酒水
4.斟酒服务	（1）斟酒时服务员应用右手持瓶，从宾客的右侧按顺时针方向依次为宾客斟倒，注意遵循先宾后主、先女后男的顺序 （2）白葡萄酒一般斟倒至酒杯的2/3处 （3）每斟完一杯酒须将酒瓶按顺时针方向轻轻旋转一下，避免瓶口的残留酒液滴落在台面或宾客身上 （4）斟倒酒水时，酒瓶上的商标要始终朝向宾客 （5）当为所有的宾客斟倒完酒水后，应将酒瓶放回冰桶中 （6）当瓶中的酒液仅剩下1杯左右时，应及时征询主人意见，是否再取酒备用

7.2.7 红葡萄酒服务

红葡萄酒服务的程序、工作步骤与操作标准见表7-7。

前沿资讯7-1

表7-7　　　　　　　　　　红葡萄酒服务　　　　　　　"全球最佳侍酒师"谈葡萄酒潮流

程序	工作步骤与操作标准
1.准备工作	（1）从酒架上取下宾客所点的红葡萄酒，将酒瓶擦拭干净 （2）取出一只干净无破损的酒篮，并将一块洁净的餐巾平铺在酒篮内 （3）将酒瓶轻轻卧放于酒篮之中 （4）提起酒篮向客人展示，以求得宾客认可
2.酒瓶的开启	（1）宾客确认酒后，使用专用开瓶刀将酒瓶开启 （2）用酒刀将瓶口凸出部分以上的铝箔封纸割除去，同时使用餐巾将瓶口擦拭干净 （3）用酒钻慢慢钻入软木塞中，轻轻地将软木塞拔出（注意，用力不可太猛以防软木塞断裂，同时不要转动或摇动酒瓶） （4）拨出软木塞，检查一下有无变质现象 （5）将软木塞放于小碟中，交给宾客检验酒的贮存状况
3.品酒服务	（1）将已经开瓶的酒向点酒宾客酒杯中斟倒1/5杯的酒液，并帮助宾客在桌上轻轻晃动一下酒杯，以使酒液与空气充分接触 （2）点酒宾客品过酒后，服务员须征询其意见，是否可以立即为宾客斟倒酒水
4.斟酒服务	（1）斟酒时，应用右手持酒篮，从宾客的右侧按顺时针方向依次服务，注意遵循先宾后主、先女后男的顺序 （2）红葡萄酒一般斟倒至酒杯的1/2处 （3）每斟完一杯酒须将酒瓶按顺时针方向轻轻旋转一下，避免瓶口的残留酒液滴落在台面或宾客身上 （4）斟倒酒水时，酒瓶上的商标要始终朝向宾客 （5）当为所有的宾客斟倒完酒水后，应将酒瓶连同酒篮一起轻放于宾客的桌上或工作台上，注意瓶口不准指向宾客 （6）在整个服务过程中一定要注意动作的轻缓，避免酒中的沉淀物荡起，影响红葡萄酒的品质 （7）当瓶中的酒液仅剩下1杯左右时，应及时征询点酒宾客的意见，是否再取酒备用

7.2.8　香槟酒服务

香槟酒服务的程序、工作步骤与操作标准见表7-8。

表 7-8　　　　　　　　　　　　　　　**香槟酒服务**

程序	工作步骤与操作标准
1.准备工作	（1）将冰桶置于冰桶架上 （2）向冰桶内加入 2/3 的冰和 1/2 的水 （3）将一条四折的餐巾横搭于冰桶之上 （4）从酒架上取下宾客所点的香槟酒，将酒瓶擦拭干净，放于冰桶内冰镇 （5）将酒连同冰桶架和冰桶一起放在宾客桌旁（不影响宾客及服务的位置） （6）备好一条服务用餐巾
2.酒瓶的开启	（1）将香槟酒从冰桶内取出向点酒宾客展示，点酒宾客确认后放回冰桶内 （2）用酒刀将瓶口凸出部分以上的铝箔封纸割开除去，左手大拇指压住瓶塞，右手将铁丝罩拧开、取下 （3）左手依旧握住瓶颈，右手握住瓶塞，双手同时反方向轻轻转动，直至瓶内气体将瓶塞完全顶出 （4）开瓶时注意不要把瓶口对着自己或宾客，以免发生意外。开瓶的动作不宜过猛，以免发出较大的声音影响宾客 （5）在整个开启过程中，注意不能摇晃酒瓶，以免瓶内压力过大，发生意外
3.品酒服务	（1）用餐巾将瓶口和瓶身的水渍擦拭干净，将整个瓶身以餐巾包裹 （2）用右手的大拇指抠住瓶底凹处，其余四指分开托住瓶身 （3）向点酒宾客酒杯中斟倒 1/5 杯的酒液，请点酒宾客品尝酒的品质 （4）当点酒宾客品尝认可后，应征询其意见，是否可以立即斟倒酒水
4.斟酒服务	（1）斟酒时，应用右手持酒瓶，从宾客的右侧按顺时针方向依次服务，注意遵循先宾后主、先女后男的顺序 （2）香槟酒一般斟倒至酒杯的 1/2 处 （3）斟倒一杯香槟酒一般分两次完成，以免杯中泛起的泡沫溢出 （4）每斟完一杯酒须将酒瓶按顺时针方向轻轻旋转一下，避免瓶口的残留酒液滴落在台面或宾客身上 （5）斟倒酒水时，酒瓶上的商标要始终朝向宾客 （6）为所有的宾客斟倒完酒水后，应将酒瓶放回冰桶冰镇 （7）当瓶中的酒液仅剩下 1 杯左右时，应及时征询点酒宾客意见，是否再取酒备用

小资料7-2　　　　　　　　　　白兰地品饮程序

1.观色。看白兰地的颜色。上乘的白兰地呈金黄色，晶莹别透，既灿烂又不娇艳，带有暗红色的白兰地质量较差，有些是加色素所致。

2.闻香。法国科涅克白兰地香味独特，素有"可以喝的香水"的美称。高质量的白兰地，其味道并不单一，应是丰富的、有层次的，其香味不断翻滚，经久不散。

3.尝味。第一口不要喝太多，一小滴白兰地沿着舌尖进入喉咙，通过舌头上不同味感区，可感受到醇香的酒味。第二口可多喝一些，感觉那些温暖的、没有强烈刺激的、葡萄发酵后与橡木所形成的香味。

总之，白兰地的品饮是一项专门的技术，全凭自己的感受和经验，然而我们日常品尝白兰地则要依自己的口味而定。

素养园地　　　　　　85后女品酒师：告别化妆品香水，跻身"国家队"

"千杯不醉"是大家对"白酒品评师"的惯常想象，但在日常生活中，来自甘肃省陇南市某酒业公司的85后女品酒师郭涛红、张娟却鲜少喝酒。

除此之外，她们不能吃腥、酸、辣等刺激性食物和油腻食物，还要告别化妆品、香水以及香味明显的洗发水，以对自己的味觉、嗅觉进行保护。

生活"佛系"，与之相对的是工作中的"热血"：她们是公司品酒师中进步最快的年轻人——2020年，郭涛红在甘青宁三省品酒师大赛中摘得桂冠；张娟则在2023年荣获"甘肃省五一劳动奖章"。

从外行到内行，从业务小白到"国家队"的评委，靠十多年如一日的坚持，也靠"将平凡做成不凡"的信念。

不同于刻板印象中"男性更适合品酒"的认知，目前，她们所在酒厂的7名国家级品酒师中，女性占了4名。张娟分析，这与女性更严谨细致、情感细腻、有耐心有关。研究显示，女性能够更好地表达自己的嗅觉体验，以建设性和精确的方式对这些感官输入进行分类和命名。

然而，要将品酒作为职业，还要经历重重挑战。入行后，两名年轻女孩才知道，白酒品评不仅靠天赋，还要靠经验。不同地域、不同环境、不同微生物环境造就不同风格、不同香型的白酒，品酒师要多了解、多积累，借色泽、香气、口味、风格等进行综合判定。

品酒师还要对酿酒工艺有深入理解。她们一面熟记理论知识，一面在公司安排下，到车间从事生产工作，将制作白酒的各个步骤烂熟于心。公司还请了资历很深的师傅"传帮带"，同时送"苗子"去外面的专业培训机构、知名酒厂参观、学习，并购买了市面上几乎能见到的所有酒品，供大家品评。

取样、编号、眼观色、鼻闻香、口尝味，再一遍遍分析口感，揪出细微差别，反复记忆。遇到不懂的知识，随时翻看书本、找老师请教，直至熟记所品尝的每一杯酒的

"前世今生"。之后，在本子上、电脑上以及脑海中建起一个"文件夹"，按特征将酒样归类。

每天都要品评四五十个酒样，有的还是酒精度达六七十度的原酒，"很有刺激性"，喝着喝着就会"鼻腔又疼又麻"；测评新产品，还要故意喝醉，模拟顾客的"醉酒反应"……两名西北女孩表现出少有的韧劲，咬牙克服种种困难。她们享受"抽丝剥茧"的快乐，不断突破自己的"极限"。

同事们记得，有段时间，两个姑娘练习练到"着魔"，递给她们几杯水，她们都能"揪"出来是白开水、矿泉水，还是蒸馏水。

勤学苦练，使她们超越他人，超越自己，在获得最高职业认证的同时，承担起更多工作任务——负责公司原酒验收定级、上市产品的酒体设计、出厂把关。

"获聘国家级白酒评委不是终点，而是新的起点，能够为消费者酿制出一款适合的高品质美酒才是我一直的追求。"张娟说。

郭涛红则表示，顾客的选择，是对公司产品的信任，也是对公司产品质量的考验。作为掌握酒"密码"的品酒师，她们更应该以始终如一的"匠心坚守"，守护消费者的舌尖安全。

郭涛红和张娟两人还变身老师收徒授课，以"评委"身份多次参与甘肃省及外省组织的白酒品评大赛，在多地策划了多场酒文化展销品鉴活动，在不断积累个人经验的同时，做酒文化的"推广大使"。她们期盼更多普通消费者在喝酒之余，更多了解中国白酒的历史、传承，以及隐含其间的礼仪、文化。

"品酒师不是一个神秘职业，只是将白酒的层层精彩和细节调配平衡。"郭涛红说，"这也如同人生，历经酸甜苦辣，回味悠久绵长。"

资料来源　王豪，马富春. 85后女品酒师：告别化妆品香水，跻身"国家队"[N]. 中国青年报，2023-06-12（A07）. 有删减.

思政元素：勤学苦练、爱岗敬业。

互动话题：在我们党团结带领人民为中华民族伟大复兴不懈奋斗的历程中，培育形成了爱岗敬业、争创一流、艰苦奋斗、勇于创新、淡泊名利、甘于奉献的劳模精神。劳模精神是第一批纳入中国共产党人精神谱系的伟大精神，也是民族精神和时代精神的生动体现，是鼓舞我们勇敢前进的强大精神动力。

研讨要求：

（1）结合本案例，请各组围绕郭涛红和张娟"干一行、爱一行、钻一行"的勤学苦练、爱岗敬业精神开展深入交流和研讨；

（2）各小组推荐1名成员做主题发言，总结分享小组交流研讨的内容。

■ 本章小结

本章系统介绍了各种酒水的服务技巧及一些主要酒水的专项服务。酒水的基本服务技巧主要包括示瓶、冰镇、溜杯、温酒、开启酒瓶、滗酒、斟酒、添酒等，这是对客服务的基本功，需牢牢掌握。在酒水专项服务中介绍了杯具的清洗与擦拭、软饮料服务、吧台酒水净饮服务、蒸馏酒服务、啤酒服务、白葡萄酒服务、红葡萄酒服务、香槟酒服务等，通过酒水专项服务的学习，要做到能快速地为客人提供正确的酒水服务。

■ 主要概念

示瓶　冰镇　溜杯　温酒　开启酒瓶　滗酒　斟酒　添酒

■ 判断题

1.鸡尾酒调制示瓶时应把酒标展示给客人。　　　　　　　　　　　（　　）

2.冰镇是指服务员手持酒杯的下部，将一块冰块放入酒杯中，然后旋转酒杯，使冰块产生离心力在杯壁上溜滑，以降低酒水的温度。　　　　　　　　　　（　　）

3.当宾客点要整瓶酒水时，一般在开启之前都应让宾客过目一下。　（　　）

■ 选择题

1.当宾客酒杯中酒水少于（　　）杯时，就应该征询宾客意见，以便及时添加酒水。

A.1/3　　　　　　B.1/2　　　　　　C.1/4　　　　　　D.2/5

2.为客人斟酒时，一般红葡萄酒和香槟要斟倒酒杯的1/2，白葡萄酒要斟倒酒杯的（　　）。

A.3/4　　　　　　B.1/4　　　　　　C.1/3　　　　　　D.2/3

3.所有酒水服务，一般在宾客点酒后（　　）分钟内提供服务到宾客面前。

A.3　　　　　　　B.5　　　　　　　C.8　　　　　　　D.10

■ 简答题

1.简述红葡萄酒服务和白葡萄酒服务的区别。

2.简述香槟酒服务需要特别注意的地方。

3.开酒瓶的原则有哪些？

4.温酒的方法有哪些？

5.斟酒时应注意哪些事项？

■ 实践训练

1.在实验酒吧或实验餐厅中进行实地示瓶、冰镇、溜杯、温酒、开启酒瓶、滗酒、斟酒、添酒训练。

2.准备白酒、啤酒、葡萄酒、香槟酒、酒杯等，进行酒水专项服务训练。训练项目包括杯具的清洗与擦拭、软饮料服务、吧台酒水净饮服务、蒸馏酒服务、啤酒服务、白葡萄酒服务、红葡萄酒服务、香槟酒服务等。

3.参照表7-9进行测评。

表7-9   **酒水服务评价参考表**

评价内容	分值（分）	评分（分）
问候客人	5	
正确呈递酒单	5	
介绍酒的名称、商标及特点	10	
填写酒水单	5	
示瓶	15	
开启酒瓶	30	
斟酒	30	
酒水服务评价总分	100	

第8章

酒吧概述

■ 学习目标

本章主要讲述酒吧及调酒师的基本情况，包含了酒吧分类、酒吧组织结构、酒吧选址与设计、酒吧娱乐项目设置等内容。通过本章的学习，学生应了解酒吧概况，酒吧的内部空间设计、吧台的设计、酒吧音乐选择等内容。

8.1 酒吧与调酒师

8.1.1 酒吧的定义

酒吧是专门为客人提供酒水及饮用服务的场所，它同餐厅的区别是：只有酒水供应，没有用餐服务。

8.1.2 酒吧的分类

前沿资讯8-1

农科路酒吧休闲一条街：可静可动可看可玩 新 "潮" 涌动夜郑州

1）根据服务内容分类

（1）纯饮品酒吧。

此类酒吧主要提供各类饮品，也有一些佐酒小吃，如果脯、杏仁、腰果、花生等坚果类食品，据科学验证，人们喝酒之后流失最多的就是此类食品所含物质。一般的娱乐酒吧，机场、码头、车站等酒吧均属此类。

（2）供应食品的酒吧。

供应食品的酒吧还可进一步细分为以下三类：

①餐厅酒吧。餐厅酒吧中酒水作为食物经营的辅助品，仅作为吸引客人消费的一个手段，所以酒水利润相对于单纯的酒吧要低，品种也较少。但目前在高级餐厅中，品种及服务有增加的趋势。

②小吃型酒吧。一般来讲，有食品供应的酒吧，其吸引力总是要大一些，客人消费也

会多一些，所以建议在可能的情况下尽量供应食品，这样会使客人增加消费。小吃的品种往往是风味独特且易于制作的食品，如三明治、汉堡、炸肉排或地方小吃（如鸭舌）。在这种以酒水为主的酒吧中，即使小吃的费用高些，客人也会接受。

③夜宵式酒吧。这类酒吧往往是高档餐厅的夜间经营场所。入夜后，将餐厅布置成类似酒吧的环境，有酒吧特有的灯光及音响设备，产品上，酒水与食品并重，客人可单纯享用夜宵或其特色小吃，也可单纯享用饮品。这种环境与经营方式对部分人相当具有吸引力。

（3）娱乐型酒吧。

这类酒吧环境布置及服务主要为了满足娱乐需求的客人，所以这种酒吧往往会设有乐队、舞池、卡拉 OK，进行时装表演等，有的甚至是以娱乐为主而酒吧为辅，所以吧台在总体设计中所占空间较小，舞池较大。此类酒吧气氛活泼热烈，青年人大多较喜欢这类刺激豪放类的酒吧。

（4）休闲型酒吧。

此类酒吧通常被我们称为茶座，是客人放松精神、怡情养性的场所。这类酒吧的主要顾客是寻求放松、谈话、约会的客人，所以座位会很舒适，灯光柔和，音响音量较小，环境温馨优雅，供应的饮料以软饮料为主，咖啡是其所售饮品中的一个大项。

（5）俱乐部、沙龙型酒吧。

这类酒吧为由具有相同兴趣爱好、职业背景、社会背景的人群组成的松散型社会团体定期聚会、谈论共同感兴趣的话题、交换意见及看法的场所，同时有饮品供应，比如在城市中可以看到的"企业家俱乐部""股票沙龙""艺术家俱乐部""单身俱乐部"等。

2）根据经营形式分类

（1）附属经营酒吧。

①娱乐中心酒吧。这类酒吧往往附属于某一大型娱乐中心，客人在娱乐之余为助兴，往往会到酒吧饮一杯酒。此类酒吧往往提供酒精含量低及不含酒精的饮品，属助兴服务场所。

②购物中心酒吧。大型购物中心或商场也常设有酒吧。此类酒吧大多为人们购物休息及欣赏其所购置物品而设，主营不含酒精的饮料。

③饭店中的酒吧。其为旅游住店客人特设，也接纳当地客人。众所周知，酒吧的初级形式是在饭店中出现的，虽然现在已有许多酒吧独立于饭店而存在，但饭店中的酒吧仍是随饭店的发展而发展的，且饭店中的酒吧往往有可能是某一地区或城市中最好的酒吧。饭店中的酒吧设施、商品、服务项目较全面。客房可有小酒吧，在酒店客房内，客人可自行在房内饮用各类酒水或饮料；大厅可有鸡尾酒廊；还可以根据饭店特点提供歌舞厅酒吧等符合客人需求的服务。

（2）独立经营酒吧。

相对前面所介绍的几类而言，此类酒吧无明显附属关系，单独设立，经营品种较全面，服务设施等较好，间或有其他娱乐项目，交通方便，常吸引大量客人。

①市中心酒吧。顾名思义其地点在市中心，其一般设施和服务趋于全面，常年营业，

客人逗留时间较长，消费也较多。因为在市中心，此类酒吧竞争压力很大。

②交通终点酒吧。此类酒吧设在机场、火车站、港口等旅客中转地，是旅客消磨等候时间、休息放松的酒吧。客人一般逗留时间较短，消费较少，但周转率很高。酒吧中酒的品种也较少，服务设施比较简单。

③旅游地酒吧。此类酒吧设在海滨、森林、温泉、湖畔等风景旅游地，供游人在玩乐之后放松，一般都有舞池、卡拉OK等娱乐设施，但所经营的饮料品种较少。

3）根据服务方式分类

（1）立式酒吧。

立式酒吧是传统意义上的典型酒吧，即客人不需要服务人员服务，一般自己直接到吧台上喝饮料。"立式"并非指宾客必须站立饮酒，也不是指调酒师或服务员站立服务，它只是一种传统的习惯称呼。

在这种酒吧里，有相当一部分客人是坐在吧台前的高脚椅上饮酒的，而调酒师则站在吧台里边，面对宾客进行操作，因调酒师始终处在与宾客直接接触中，所以也要求调酒师始终保持整洁的仪表、谦和有礼的态度，当然还必须掌握熟练的调酒技术来吸引客人。

传统意义上，立式酒吧的调酒师一般不仅要负责酒类及饮料的调制，还要负责收款工作，同时必须掌握整个酒吧的营业情况，所以立式酒吧也是以调酒师为中心的酒吧。

（2）服务酒吧。

服务酒吧多见于娱乐型酒吧、休闲型酒吧和餐饮酒吧，是指宾客不直接在吧台上享用饮品，而通常是通过服务员开瓶并提供饮品服务。调酒师在一般情况下不和客人接触。

服务酒吧为餐厅就餐宾客服务，因而佐餐酒的销售量比其他类型酒吧要大得多。不同类型的服务酒吧供应的饮料略有差别，销售方式区别也较大。同时，服务酒吧布局一般为直线封闭型。区别于立式酒吧，调酒师必须与服务员合作，按开出的酒单配酒并提供各种酒类饮料，由服务员收款，所以它是以服务员为中心的酒吧。

此类酒吧与其他类型酒吧相比，对调酒师的技术要求相对较低，因此服务酒吧通常是一名调酒师的工作起点。

①鸡尾酒廊属于服务酒吧，通常位于饭店门厅附近，或是门厅延伸或是利用门厅周围空间，一般没有墙壁将其与门厅隔断。同时鸡尾酒廊一般比立式酒吧宽敞，常有钢琴、竖琴演奏或小乐队表演，有的还有小舞池，供宾客随兴起舞。

②为宴会、冷餐会、酒会等提供饮料服务的酒吧，客人多站立，不提供座位，客人既可统一付款，也可为自己所喝的饮料单独付款。这种酒吧的业务特点是营业时间较短，宾客集中，营业量大，服务速度要求相对快，基本要求是酒吧服务员每小时能服务100人次左右的宾客，因而服务员必须头脑清醒，工作有条理，具有应对大批宾客的能力。由于宴会酒吧的特点，服务员事前必须做好充分的准备工作，各种酒类、原料、配料、酒杯、冰块、工具等必须准备充足，以免影响服务。

8.1.3 酒吧的组织结构

由于各经营场所中的餐饮规模不同，星级不同，酒吧的组织结构可根据实际需要而制定或改变。有些四星级或五星级大饭店，一般设立酒水部（beverage department），管辖范围包括咖啡厅、大堂酒吧等。在国外或中国香港地区，酒吧经理通常也兼管咖啡厅。

酒吧的人员构成通常由饭店中酒吧的数量决定。在一般情况下，每个服务酒吧配备调酒师和实习生4～5人，主酒吧配备领班、调酒师、实习生5～6人。酒廊可根据座位数来配备人员，通常10～15个座位配1人。以上配备为两班制所需要人数，一班制时人数可减少。例如，某饭店共有各类酒吧5个，其人员配备如下：酒吧经理1人、酒吧副经理1人、酒吧领班2～3人、调酒师15～16人、实习生4人。人员配备可根据营业情况不同而相应调整。

1）酒吧经理职责范围

（1）保证酒吧处于良好的工作状态和营业状态。
（2）正常供应各类酒水，制订销售计划。
（3）编排员工工作时间表，合理安排员工休假。
（4）根据需要调动、安排员工工作。
（5）督促下属员工努力工作，鼓励员工积极学习业务知识，求取上进。
（6）制订培训计划，安排培训内容，培训员工。
（7）根据员工工作表现做好评估工作，提升优秀员工，并且执行各项规章和纪律。
（8）检查酒吧每日工作情况。
（9）控制酒水成本，防止浪费，减少损耗，严防失窃。
（10）处理客人投诉或其他部门的投诉，调解员工纠纷。
（11）按需要预备各种宴会酒水。
（12）制定酒吧各类用具清单，定期检查补充。
（13）检查食品仓库酒水存货情况，填写酒水采购申请表。
（14）熟悉各类酒水的服务程序和酒水价格。
（15）制定各项鸡尾酒的配方及各类酒水的销售标准。
（16）定出各类酒水的酒杯及玻璃器皿清单，定期检查补充。
（17）负责解决员工的各种实际问题，例如制服、调班、加班、就餐、业余活动等。
（18）进行上下级之间的联系。向下传达上级的决策，向上反映员工情况。
（19）完成每月工作报告，向饮食部经理汇报工作情况。
（20）监督完成每月酒水盘点工作。
（21）审核、签批酒水领货单、百货领货单、棉织品领货单、工程维修单、酒吧调拨单。

2）酒吧副经理职责范围

（1）保证酒吧处于良好的工作状态。
（2）协助酒吧经理制订销售计划。
（3）编排员工工作时间，合理安排员工假期。
（4）根据需要调动、安排员工工作。
（5）督导下属员工努力工作。

159

（6）负责各种酒水销售服务，熟悉各类服务程序和酒水价格。

（7）协助经理制订培训计划，培训员工。

（8）协助制定鸡尾酒配方以及各类酒水的分量标准。

（9）检查酒吧日常工作情况。

（10）控制酒水成本，防止浪费，减少损耗，严防失窃。

（11）根据员工表现做好评估工作，执行各项纪律。

（12）处理客人投诉和其他部门投诉，调解员工纠纷。

（13）负责各种宴会的酒水预备工作。

（14）协助酒吧经理制定各类用具清单，并定期检查补充。

（15）检查食品仓库酒水存货情况。

（16）检查员工考勤，配置人力资源。

（17）负责解决员工的各种实际问题，例如制服、调班、加班、业余活动等。

（18）监督酒吧员工完成每月盘点工作。

（19）协助酒吧经理完成每月工作报告。

（20）进行上下级之间的联系。

（21）酒吧经理缺席时，代理酒吧经理行使各项职责。

3）酒吧领班职责范围

（1）保证酒吧处于良好的工作状态。

（2）正常供应各类酒水，做好销售记录。

（3）督导下属员工努力工作。

（4）负责各种酒水服务，熟悉各类酒水的服务程序和酒水价格。

（5）根据配方鉴定混合饮料的味道，熟悉其分量，能够指导下属员工。

（6）协助制定鸡尾酒的配方以及各类酒水的分量标准。

（7）根据销售需要保持酒吧的酒水存货。

（8）负责各类宴会的酒水预备和各项准备工作。

（9）管理及检查酒水销售时的开单、结账工作。

（10）控制酒水成本，减少浪费，防止失窃。

（11）根据客人需要重新配制酒水。

（12）指导下属员工做好各项准备工作。

（13）检查每日工作情况，如酒水存量。处理员工意外事故、新员工报到等事项。

（14）检查员工报到情况，安排人力，防止岗位缺人。

（15）分派下属员工工作。

（16）检查食品仓库酒水存货状况。

（17）向上司提供合理化建议。

（18）处理客人投诉，调解员工纠纷。

（19）培训下属员工，根据员工表现做出鉴定。

（20）自己处理不了的事情及时转报上级。

4）酒吧调酒师职责范围

（1）根据销售状况每月从食品仓库领取所需酒水。

（2）按每日营业需要从仓库领取酒杯、银器、棉织品、水果等物品。

（3）清洗酒杯及各种用具，擦亮酒杯、清理冰箱。

（4）清洁酒吧各种家具，拖抹地板。

（5）将清洗盘内的冰块加满以备营业需要。

（6）摆好各类酒水及所需用的饮品。

（7）准备各种装饰水果，如柠檬片、橙角等。

（8）将空瓶、罐送回管事部清洗。

（9）补充各种酒水。

（10）营业中为客人更换烟灰缸。

（11）从清洗间将干净的酒杯取回酒吧。

（12）将啤酒、白葡萄酒、香槟和果汁放入冰箱保存。

（13）在营业中保持酒吧的干净和整洁。

（14）把垃圾送到垃圾房。

（15）补充鲜榨果汁和浓缩果汁。

（16）准备白糖水以便调酒时使用。

（17）在宴会前摆好各类酒水。

（18）供应各类酒水及调制鸡尾酒。

（19）使各项饮品达到要求和标准。

（20）每日盘点酒水。

视频 20　撤换烟灰缸（一换一）

视频 21　撤换烟灰缸（二换一）

5）酒吧服务员职责范围

（1）在酒吧范围内招呼客人。

（2）根据客人的要求写酒水供应单，到酒吧取酒水，并负责取单据给客人结账。

（3）按客人的要求供应酒水，提供令客人满意而又恰当的服务。

（4）保持酒吧的整齐、清洁，包括开始营业前及客人离去后摆好台椅等。

（5）做好营业前的一切准备工作，准备咖啡杯、碟、点心（西点）、茶壶和杯等。

（6）协助放好陈列的酒水。

（7）补足酒杯，空闲时用布擦亮酒杯。

（8）用干净的烟灰缸换下用过的烟灰缸。

（9）清理垃圾及客人用过的杯、碟，并送到清洗部。

（10）熟悉各类酒水、各种杯子类型及酒水的价格。

（11）熟悉服务程序和要求。

（12）能用正确的英语应答客人。

（13）业务繁忙时，协助调酒师制作各种饮品或鸡尾酒。

（14）协助调酒师清点存货，做好销售记录。

（15）协助填写酒吧用的各种表格。

（16）帮助调酒师、实习生补充酒水或搬运物品。

（17）清理酒吧内的设施，如台、椅、咖啡机、冰车和酒吧工具等。

6）酒吧实习生职责范围

（1）每天按照提货单到食品仓库提货、取冰块、更换棉织品、补充器具。

（2）清理酒吧的设施，如冰柜、制冰机、工作台、清洗盘、冰车和酒吧的工具（搅拌机、量杯等）。

（3）经常清洁酒吧内的地板及所有用具。

（4）做好营业前的准备工作，如兑橙汁，将冰块装到冰盒里，切好柠檬片和橙角等。

（5）协助调酒师放好陈列的酒水。

（6）根据酒吧领班和调酒师的指导补充酒水。

（7）用干净的烟灰缸换下用过的烟灰缸并清洗干净。

（8）补充酒杯，工作空闲时用布擦亮酒杯。

（9）补充应冷冻的酒水到冰柜中，如啤酒、白葡萄酒、香槟及其他软饮料。

（10）保持酒吧的整洁、干净。

（11）清理垃圾并将客人用过的杯、碟送到清洗间。

（12）帮助调酒师清点存货。

（13）帮助调酒师摆设酒吧物品。

（14）熟悉各类酒水、各种杯子的特点及酒水价格。

（15）酒水入库时，用干布或湿布抹干净所有的瓶身。

（16）摆好货架上的瓶装酒，并分类存放整齐。

（17）在酒吧领班或调酒师的指导下制作一些简单的饮品或鸡尾酒。

（18）整理、放好酒吧的各种表格。

（19）在营业繁忙时，帮助酒吧调酒师招呼客人。

以上是各职务的基本工作范围，各酒吧根据实际情况的不同可按需要作补充。

8.1.4 调酒师

1）调酒师的定义

调酒师是指在酒吧或餐厅等场所，根据传统配方或宾客的要求，专职从事配制并销售酒水的人员。

2）调酒师的基本素质要求

调酒师的基本素质要求包括对身材、容貌、服装、仪表、风度等的要求。

（1）身材与容貌。

身材与容貌在服务工作中有着较为重要的作用。在人际交往中，好的身材和容貌可使人产生舒适感，在心理上产生亲切愉悦感。

（2）服饰与打扮。

调酒师的服饰与穿着打扮体现着不同酒吧的独特风格和精神面貌。服装体现着个人仪表，影响着客人对整个服务过程的最初和最终印象。打扮是调酒师上岗之前自我修饰、完善仪表的一项必需的工作。即使身材标准、服装华贵，如不注意修饰打扮，也会给人以美中不足之感。

（3）仪表。

仪表即人的外表，注重仪表是调酒师的一项基本素质，酒吧调酒师的仪表直接影响着客人对酒吧的感受，良好的仪表是对宾客的尊重。调酒师整洁、规范化的仪表，能烘托服务气氛，使客人心情舒畅。如果调酒师衣冠不整，必然给客人留下不好的印象。

（4）风度。

风度是指人的言谈、举止、态度。一个人的正确的站立姿势、优雅的步态、优美的动作、丰富的表情、甜美的笑容，以及得体的穿着打扮，都是有风度的表现。在酒吧服务过程中，酒吧工作人员尤其是调酒师任何一个微小的动作都会直接对宾客产生影响，因此调酒师行为举止的规范化是酒吧服务的基本要求。要使服务获得良好的效果和评价，就要使自己的仪表端庄、高雅，一举一动都要符合美的要求。

调酒师的风度具体体现在：

①站立姿势。站立姿势的基本要领是：身体直立、端正，身体重心放在两腿中央，挺胸收腹。

②语言。调酒师的语言，要像他的外表一样，展示出对客人热情、关心等情绪。只有具备一定的交际能力，才能给客人提供满意的服务。

③倾听。仔细地倾听客人所讲，充分理解客人意图。

④表情。它是指从面貌或姿态上表达内心的思想感情。在酒吧服务中，调酒师表情的好坏，直接关系服务质量的高低。

⑤神情。神情是指人的面部所显露的内心活动，亦即表现于外部的精神、神采、态度、风貌等。在酒吧服务时，调酒师的神情要做到：情绪饱满、精力充沛、谦虚恭敬、和蔼可亲、真诚热心、细致入微。

⑥神色。神色即眼睛的神态。眼睛是心灵的窗户，人的内心活动、微妙的情绪变化，以及不可名状的思想意识，无不透过眼睛表现出来。

⑦手势。任何一种手势都能独立表达某种意思。但要注意在不同的国家和地区，有些相同的手势却有着不同的甚至完全相反的意思。

⑧步态。步态是一种微妙的语言，它能反映出一个人的情绪。一个调酒师走路时精神饱满、步履矫健，将给宾客留下美好的印象。

3）调酒师的专业素质要求

调酒师的专业素质是指调酒师的服务意识、专业知识及专业技能。

（1）服务意识。

①角色意识。酒吧服务给人的第一印象最重要，而调酒师的表现又是给顾客留下好或坏的印象的关键。一项针对对酒吧不满意的顾客的调查表明，服务态度不佳排第一，第二是顾客感到没被重视，第三是卫生条件差。因此，为使顾客满意，首先要做的是端正服务态度，其关键是加强调酒师的角色意识。酒吧调酒师所担任的是使顾客在物质和精神上得到满足的服务角色。调酒师一定要以客人的感受、心情、需求为出发点来向客人提供

服务。

调酒师的服务包括两项内容：一是执行酒吧的规章制度，履行岗位职责，代表酒吧的形象。调酒师的一举一动、一言一行、仪容、仪表、服务程序、服务态度等方面都会影响酒吧的声誉。酒吧在提供服务产品、情感产品、行为产品和环境软产品时，会受到调酒师的心情和技能的制约。如果工作人员的精神处于最佳状态，会产生使客人最为满意的优质服务产品，否则就会向顾客提供不合格的服务产品，所以调酒师不能把个人的情绪带到服务中来。二是调酒师要站在顾客的角度来提供服务，即将心比心，提供顾客所需的热情、快捷、高雅的服务。强化服务角色，对调酒师的精神面貌、服饰仪表、服务态度、服务方式、服务技巧、服务项目等提出了更高、更严的要求，对调酒师的素质和服务水准提出了更高的标准。

②宾客意识。调酒师需要有正确的宾客意识，即"顾客即我"。因为工作对象是人，是人对人的工作，没有对工作对象的正确理解，就不可能有正确的工作态度、工作方法，工作效果也不可能使宾客满意。所以，调酒师必须意识到宾客是酒吧的财源，有了宾客的到来，才会有酒吧的生存，才会有调酒师自身稳定的经济收入。每个调酒师都应清楚地意识到，是我们在依靠宾客，而不是宾客在依靠我们，"顾客就是上帝"，他们的需要就是我们服务工作的出发点。在任何时候、任何场合都要为客人着想，这是服务工作的基本意识。增强调酒师的宾客意识，就必须提高调酒师的荣誉心和责任感。要增强荣誉心首先就要学会尊重，只有尊重别人，才会受到别人的尊重。想客人之所想，做客人之所需，而且还应向前推进一步，想在客人所想之先，做在客人欲需之前。

调酒师的服务意识是高度的从业自觉性的表现，为了做到优质服务，调酒师必须认识到服务的重要性，从而增强自身的服务意识。

（2）专业知识。

一名调酒师必须具备一定的专业知识才能更准确、更完善地为客人服务。一般来讲，调酒师应掌握的专业知识包括：

①酒水知识。掌握各种酒的产地、特点、制作工艺、名品及饮用方法，并能鉴别酒的质量、年份等。

②原料贮藏保管知识。了解原料的特性，以及酒吧原料的领用、保管使用、贮藏知识。

③设备、用具知识。掌握酒吧常用设备的使用要求、操作过程及保养方法，以及用具的使用、保管知识。

④酒具知识。掌握酒杯的种类、形状及使用要求、保管知识。

⑤营养卫生知识。了解饮料营养结构、酒水与菜肴的搭配以及饮料操作的卫生要求。

⑥安全防火知识。掌握安全操作规程，注意灭火器的使用范围及要领，掌握安全自救的方法。

⑦酒单知识。掌握酒单的结构，所用酒水的品种、类别以及酒单上酒水的调制方法和服务标准。

⑧酒谱知识。熟练掌握酒谱上每种原料用量标准、配制方法、用杯及调配程序。

⑨酒品的定价知识。掌握酒水的定价原则和方法。

⑩习俗知识。掌握主要客源国的饮食习俗、宗教信仰和习惯等。

（3）专业技能。

调酒师娴熟的专业技能不仅可以节省时间，增加客人信任感和安全感，而且是一种无声的广告。熟练的操作技能是快速服务的前提。专业技能的提高需要通过专业训练和自我锻炼来完成。

①设备、用具的操作使用技能。正确地使用设备和用具，掌握操作程序，不仅可以延长设备、用具的寿命，也是提高服务效率的保证。

②酒具的清洗操作技能。掌握酒具的冲洗、清洗、消毒的方法。

③装饰物制作及准备技能。掌握装饰物的切分形状、薄厚、造型等方法。

④调酒技能。掌握调酒的动作、姿势等方法以保证酒水的质量和口味一致。

⑤沟通技巧。善于发挥信息传递渠道的作用，进行准确、迅速的沟通。同时提高自己的口头和书面表达能力，善于与宾客沟通和交谈，能熟练处理客人的投诉。

⑥计算能力。有较强的经营意识，具有对价格、成本毛利和盈亏的分析计算能力。

⑦解决问题的能力。要善于在错综复杂的矛盾中抓住主要矛盾，对紧急事件及宾客投诉有从容淡定的处理能力。

小资料8-1　　　　　　　　　　慢摇吧

所谓慢摇吧，从字面上理解，是介于喧闹的迪吧与静吧之间的一种酒吧。据业内人士介绍，这种酒吧主要是针对白领阶层以及有相当消费能力的蓝领，另外它还是文化人的新据点。因为活跃在商业区的白领们每天的工作压力非常大，身体和精神都比较疲惫，而且总是被禁锢在钢筋水泥的狭小空间里，时常感到内心的寂寞与孤独。一天的事务结束后，就希望能有个轻松的环境、幽雅的场所，好好地放松一下。邀上三五好友，听着美妙的音乐，品着可口的饮料，述说昨日情怀，或者暂时做个失忆的人，认识一些比较"谈得来"或者"有感觉"的朋友。可是传统酒吧的环境总是不能令人满意，而迪厅之类的地方又太过喧闹。慢摇吧与其他酒吧相比，更加注重环境氛围的营造，在音乐、灯光、内部装饰以及空间布局上花费了不少心思。

8.2　酒吧的选址与设计

8.2.1　酒吧选址

酒吧的位置对酒吧经营有决定性影响。若酒吧的位置选择不当，经营绝不会成功。在为筹建的酒吧进行选址时，除了要以现有的市场分析资料为依据外，还要考虑收集些一手市场信息。

1）地区经济

近几年来的经济发展情况应该是可以掌握的，要注意收集和评估所在地区商业发展的数据及其影响因素。

2）城市规划

区域规划往往会涉及建筑的拆迁或重建，如果未经分析就盲目投资，而在成本收回之前就面临拆迁，或者失去原有的地理优势，这家酒吧无疑会蒙受损失。所以在确定酒吧位置之前，一定要向有关部门进行咨询。

3）竞争情况

竞争情况是直接影响酒吧经营的不可抗拒因素，需要认真调查研究，对于竞争的评估可以从两个方面考虑。一方面是开间相同的酒吧进行直接竞争，这一点自然是消极的因素。另一方面是非直接竞争，包括提供不同饮品和不同服务，这一点有时会成为积极的因素。没有竞争的地点，从顾客方面来讲也意味着没有吸引力。缺少任何一种形式竞争的地点都是值得考虑的，这一地点可能是一个潜在的绝好地点，但也可能是个很糟糕的地点。

4）规模和外观

酒吧的潜在容量应大到可以容纳足够的空间建筑物、停车场和其他的必要设施。酒吧位置的地面形状以长方形、方形为好，圆形也可。对于三角形或多边形，除非它非常大，否则是不足取的，因为其利用率可能较低。在对地点的规模和外观进行评估时也要考虑到未来消费的可能。

5）能源供应情况

能源主要是指水、电、天然气等经营必须具备的基本条件。在这些因素中，水的品质也应考虑，因为水质的好坏直接关系到冰块及调制冷热饮的效果。

6）流动人员

这个因素主要包括过路人的多少、客人的种类等。因此对流动人员一定要仔细分析，综合其特点，选择适当的位置和酒吧的种类。

7）地点特征

地点特征是指与人们外出活动或人群聚集相关的位置特征。要考虑与购物中心、商业中心、娱乐中心的距离和方向。这些地点由于人群聚集，甚至在离酒吧几千米以外的地点，仍能对酒吧的经营产生影响。另外，还应考虑交通目的地，有些地点看似交通流量很大，但由于附近没有可以使其停留的因素，这类地点也是绝不可取的。

8）交通状况

交通状况是指车辆的通行状况和行人的多少。交通状况往往影响着客源，但客源的多少与交通的繁华程度不一定成正比，有的地区尽管交通繁华，但客人却没有购买机会或欲望。通常情况下，在选择酒吧位置时，应获得本地区车辆流动的数据及行人流动的资料，以保证酒吧建成后有相当数量的客源。一个地区的交通情况尤为重要，因为它不仅影响酒吧的营业量，甚至有时还可决定酒吧采用何种服务方式。很显然，交通方便程度，停车、进出的便利性，将影响客人是否愿意光顾。有时，由于客人不愿经过十分拥挤、危险的岔路口才能到达酒吧，许多店家失去了相当可观的生意。当你打算依靠该地区良好的交通来规划建立一家酒吧时，首先得仔细分析一下现有交通在将来是否会改善，因为有许多原本生意兴隆的酒吧由于交通路线改变而被迫停业的例子。

8.2.2 酒吧门厅设计

规范的入口门厅从入口起就应直接延伸，一进门就能看到吧台、操作台。门厅本身具有宣传作用，从外观上应非常吸引人。

门厅一般都具有通道、服务等功能，它是客人对酒吧产生第一印象的重要空间，而且是多功能的共享空间，也是格调形成的地方。客人对酒吧气氛的感受及定位，往往是在门厅，所以它是酒吧必须进行重点装饰陈设的场所。

酒吧门厅是接待客人的场所，所以其布置必须能产生温暖、热烈的接待氛围，又要求美观、高雅，不宜过于复杂，还要根据酒吧的大小、风格、家具装饰色彩，选用合适的植物和容器。

门厅是重要的"交通枢纽"，人流频繁，来去匆匆，不宜让客人作过多停留，所以那些技艺精湛、精雕细刻、内容丰富而需要细加欣赏的艺术品不宜在此处陈设。

在灯光方面，无论是何种格调的大厅，都适宜采用明亮、舒适的灯光，形成明亮的空间，产生一种凝聚的心理效果。厅中的主要家具是沙发，其应根据需要在休息区域内排列组合，或置于门厅的中心一侧，可以固定性、常规性地布置于某区域，也可以根据柱子的位置设置，但其形式和大小要以不妨碍交通为前提，并要与门厅的大空间相协调。与门厅相协调并同样重要的是外部招牌及标志的设置，它是吸引目标客人最重要的部分，同时要根据目标客人的特殊心理需要而设计。

酒吧装修追求的不是表面装饰材料的堆积，而是根据其功能分区、文化格调设计出一种能满足客人特殊需求的厅内装饰，大厅的风格不用突出，但要以大方的线条和色彩勾画出一个美妙的空间。

8.2.3 酒吧内部空间设计

空间设计是酒吧设计的最根本内容。结构和材料构成空间，采光和照明展示空间，装饰为空间增色。在经营中，以空间容纳人，以空间的布置感染人，这也是作为既要满足人的物质要求，又要满足人的精神要求的建筑的本质特性。

不同的空间形式具有不同的风格和气氛：

（1）方、圆、八角等严谨规整的几何空间形式，给人以端庄、平稳、肃静、庄重的气氛。

（2）不规则的空间形式给人带来随意、自然、流畅、无拘无束的氛围。

（3）封闭式空间给人以内向、安定、隔世、宁静的感觉。开敞式空间给人以自由、流通、爽朗的感觉。

（4）高耸的空间，使人感到崇高、肃穆、神秘。

（5）低矮的空间，使人感到温暖、亲切，富有人情味。

同时，不同空间能带来不同的精神感受。在考虑和选择空间时，就要把空间的功能、使用要求和精神感受要求统一起来。同样一个空间，采用不同方法处理，也会给人不同的感受。在空间设计中经常采用一些行之有效的方法，以达到改变室内空间结构的效果。比如，一个过高的空间可通过镜面的安装、吊灯的使用等，使空间在感觉上变得低而亲切；一个低矮的空间，可以通过加线条，使人在视觉上感觉得舒适、开阔、无压抑感。客流不多而显得空荡的大门使人无所适从，而人多拥挤的空间使人烦躁。在大的门厅空间中分割出适度的小空间，形成相对稳定的分区，可提高空间的实际利用率。在空间艺术中，结构是最根本的，它可以依据其他因素创造出有特色的空间形象。装饰和装修应以空间为主，从空间出发，墙面的位置和虚实、隔断高矮、天棚的升降、地面的起伏，以及所对应采用的色彩和材料质感等因素，都有了设计构思的依据。

在考虑酒吧空间设计的所有因素中，最中心的问题是必须针对酒吧经营的特点、经营的中心意图及目标客人的特点来进行设计。

针对高层次、高消费的客人设计的高雅型酒吧，其空间设计就应以方形为主要结构，采用宽敞及高耸的空间设计。在设计座位时，也应尽量以宽敞为原则，以服务面积除以座位数衡量人均占有空间，高雅、豪华型酒吧的人均占有面积可达 2.6 平方米。而针对寻求刺激、发泄、兴奋的客人设计的酒吧，应特别注重其舞池位置和大小，并将其列为空间布置的重点因素。针对以谈话、聚会、约会为目的的目标客人设计的温馨型酒吧，其空间设计应以圆形或弧形为主，同时以随意性为原则，天棚低矮，人均占有空间可较小些，但要使每个单独桌有相对隔离感，椅背设计可高些。

酒吧设计布置是否合理将直接关系到调酒师的工作效率，以及能否吸引宾客到此进行消费。因此，设计建造一个酒吧时，除注重其情调与气氛外，更需要从酒吧日常工作的方便性和宾客的舒适性角度出发，注重每件设施、设备的合理摆放与布局，全方位考虑。酒吧的设计与布置要以方便调酒师取用为前提，以宾客舒适悦目为根本，方能充分满足宾客休闲与社交需要。

8.2.4 吧台的设计

一个标准的酒吧由前吧、后吧及消费区域三部分组成。

1）前吧

前吧（the front bar）的设施包括酒吧台面、操作台、高座吧椅三部分。前吧以酒吧台面为分界线，前面供宾客品酒和休息，后面是调酒师工作的场所。

（1）酒吧台面。

常见形式：直线形、U形、岛形、曲线形等；

尺寸要求：高度为 1 100～1 200 毫米；

宽度为 500～750 毫米；

台面厚度为 40～50 毫米；

脚踏杆高度为 300～400 毫米。

同时，酒吧台面应以易清洁和耐污性强的硬质材料制成，如深色大理石、花岗岩等，目前较流行人造石材台板。

（2）操作台。

操作台位于酒吧台面内侧下方，是调酒师重要的工作区域，同时也是酒吧常用设备比较集中的区域，因此在设计施工时应充分考虑洗涤槽、冰柜、制冰机、收款机等设备的位置和调酒师工作的方便性。

设计尺寸：高度为800～1 000毫米；

宽度为450～600毫米。

台面材料以不锈钢为主，也可使用木制材料的操作台。

（3）高座吧椅。

高座吧椅一般依据吧台的长度均匀分布在吧台前面，多采用低靠背直立式圆面椅型，布置时注意吧椅之间的距离要方便客人的进出。

2）后吧

后吧（the back bar）具有展示和储物的双重功能，主要由展示酒柜与储物柜共同构成，展示酒柜设计时应注意充分考虑其摆放空间的布置，做到既可竖放各种型号的酒瓶，也可横放各种类型的葡萄酒。通常展示酒柜的底板多镶嵌玻璃镜用以装饰，这样既可增加房间深度又能使坐在吧台前饮酒的客人通过镜子的反射看到酒吧内的一切活动。

另外，在设计酒吧时还应注意前吧与后吧的距离应控制在1米左右，这样既可以方便调酒师取拿物品，提高工作效率，又使调酒师有足够的活动空间。

3）消费区域

酒吧的消费区域就是指宾客的活动区域，不同类型的酒吧消费区域的构成存在着差异，主要包括高座吧椅、酒吧散座、包房等。

（1）酒吧散座。

一般根据营业面积散布在酒吧内，由2～4把圈椅和1张茶几构成一个小的消费空间。

（2）包房。

依据酒吧面积大小和经营性质设定包房的具体数量和面积，内设沙发、茶几和卡拉OK设备。

8.2.5　吧台的布置

吧台的布置主要是指瓶装酒的摆设和酒杯的摆设两部分。酒吧气氛的营造和吸引力往往集中表现在瓶装酒和酒杯的摆设上，摆设一定要让客人一看就知道这里是酒吧，是饮酒休闲享乐的场所。因此，吧台的布置必须注意遵循以下原则：美观大方，具有吸引力，方便工作，专业性强，还要注重突出酒吧自身的特色。

1）瓶装酒的摆设

瓶装酒摆设的方法有以下三种：

（1）按酒水的类别摆放。这是按照酒水不同的品种分类别摆放，如威士忌、白兰地、利口酒等分展柜依次摆放。

（2）按酒水的价值摆放。将价值昂贵的酒同便宜的酒分开摆放。在酒吧，同一类酒水之间的价格差异是很大的，例如，白兰地类酒水，便宜的几十元一瓶，贵重的需要一万多元一瓶，如果两者摆在一起在某种意义上是不相称的。

（3）按酒水的生产销售公司摆放。在酒吧，有时会有酒水的生产销售公司买断某个或几个展示酒柜用以陈列本公司的酒水，以起到宣传推广作用。另外，在摆放瓶装酒时还应注意瓶与瓶之间应有一定的间隙，这样既可方便调酒师的取拿，又可以在瓶与瓶之间摆放一些诸如酒杯、鲜花、水果之类的装饰品用来烘托酒吧气氛。还有，在瓶装酒的摆放中应将常用酒与陈列酒分开，一般常用酒要放在操作台前伸手可及的位置以方便日常工作，而陈列酒则应放在展示柜的高处。

2）酒杯的摆设

酒吧内酒杯的摆设有悬挂与摆放两种。悬挂式摆设是指将酒杯悬挂于酒吧台面上部的杯架内，这类摆设一般不使用（因为取拿不方便），只起到装饰作用。摆放式摆设是指将酒杯分类整齐地码放在操作台上，这样可以方便调酒师工作时取拿。

另外，酒杯摆放时还应注意：那些习惯添加冰块的酒杯（如柯林斯杯、古典杯等）应放在靠近制冰机的位置，而啤酒杯（beer mug）、鸡尾酒杯（cocktail glass）则应放在冰柜内冷存备用，那些不需要加冰块的酒杯应放于其他空位上。

小资料8-2　　　　有趣的酒吧

飞鸟酒吧：巴格达有一家酒吧饲养了30只美丽的小鸟，走进酒吧，你会陶醉在悦耳的鸟语声中。顾客离店后，这些小鸟便将桌上的剩余食物一啄而光。

喝不醉酒吧：意大利米兰有家喝不醉酒吧，实行分档次服务，酒吧有专门的调酒师，对每个档次的顾客供酒都有科学定量，并配有各种饮料、食品，酒客可随意品尝，由于是定量供酒，一般都不会喝醉。

读书酒吧：在美国俄亥俄州的乔保德城，有20家酒吧以世界文坛大作家的名字命名，顾客可根据自己喜爱的作家挑选酒吧，一边喝酒一边读书。

热带园林动物酒吧：美国芝加哥有家热带园林动物酒吧，四周是郁郁葱葱的人造热带树林，餐厅门口有鹦鹉欢迎顾客，酒吧内有各种仿造的电子动物，形态逼真，吸引了大量顾客，特别是年轻人。

小资料8-3　　　　酒吧设计效果图欣赏

图8-1至图8-5为酒吧设计效果图，供大家欣赏。

图8-1　酒吧设计效果图（1）

图 8-2 酒吧设计效果图（2）

图 8-3 酒吧设计效果图（3）

图 8-4 酒吧设计效果图（4）

图8-5 酒吧设计效果图（5）

8.3 酒吧娱乐项目设置

8.3.1 酒吧娱乐项目设置原则

现在的酒吧经营者都在酒吧娱乐项目设置上下足了功夫，以此来吸引更多的客人，酒吧娱乐项目设置对酒吧经营起着极大的促进作用。

（1）娱乐项目是酒吧经营的依托。尽管有提供纯饮品的酒吧，但绝大多数酒吧都是依附一定的娱乐活动而设立的，如经营卡拉OK的酒吧，迪斯科形式的酒吧，保龄球、撞球等健身性娱乐活动的酒吧以及钢琴酒吧等。酒吧通过娱乐活动创造出特殊的环境和氛围，吸引客人到酒吧娱乐、消遣、放松、休闲，达到精神和情感上的满足，以此突出其经营特色。

（2）娱乐项目有助于提高酒吧经济效益。酒吧的经济效益主要是通过顾客在酒吧中的餐饮、娱乐等方面的支出来体现的。从顾客消费结构来分析，餐饮属于基本消费，酒吧要想增加这方面的收入，必须不断增加投资。而娱乐支出则是顾客的非基本消费部分，属于无限消费，有很大的弹性。扩大顾客娱乐方面的支出，是提高酒吧经济效益的重要途径。

除单纯提供饮品的酒吧外，无论哪种类型的娱乐酒吧都需要考虑娱乐设施的配套。娱乐项目设置只有达到配套齐全，才能使设施得到综合利用。鉴于酒吧娱乐项目设置的重要作用，现在的酒吧娱乐方式花样繁多、各具特色，但在进行酒吧娱乐项目设计时应遵循以下原则：

（1）娱乐项目应让客人充分参与。设置娱乐项目是为吸引客人，让客人参与的，所以在娱乐项目的设置过程中，要充分体现参与原则。

（2）娱乐活动的适应性与多样性。酒吧娱乐活动在形式和内容方面都要合乎自身情况，让客人愿意接受。娱乐活动要多样，使客人能在娱乐活动中找到快乐。光顾酒吧的客人越来越多地要求娱乐活动能有一定的文化特色，涉及运动，体现参与的趣味性。娱乐活动的设计要朝着客人享受参与乐趣的方向发展。

（3）娱乐项目设置要因地制宜。尽管娱乐是酒吧经营的基础，但酒吧在娱乐项目的选择和设计上，应根据自身的条件因地制宜。

（4）娱乐设施选择应符合酒吧的经济能力。娱乐项目在设计上要尽可能符合规范、标准的要求，但在材料、设施等的使用上应根据酒吧自身的经济能力。在能承受的条件下，尽量使用高级的材料或设施。

（5）娱乐项目设计要突出特色。以民族、地方特色来突出酒吧特色，任何酒吧都应考虑如何将特定的地区和民族风俗习惯以及传统的娱乐方式与现代娱乐方式结合起来，以新、奇的特有娱乐方式来吸引顾客。

引进国外娱乐项目要以先进性、标准化来建立特色项目。在引进国外娱乐项目时，视点要高，以较高的娱乐层次来提高酒吧所在区域的吸引力和竞争力。

以特有的服务方式来突出酒吧特色。特色酒吧娱乐活动或项目都是通过一定的服务方式来完成的。在服务方式上突出酒吧的个性，在服务品质上达到优质水平，以其独有的特色来吸引顾客。

（6）满足顾客合理需求的原则。酒吧必须根据客人的身心需求，建立既有文化品位，又受顾客欢迎的娱乐项目。娱乐项目种类很多，而且不同客人对娱乐项目的选择也不相同，但任何一个酒吧都不可能也没有必要拥有全部设备，所以酒吧要根据客源的层次、喜好、习惯、消费水平等多方面具体情况来设置娱乐项目，使其具有特色并达到充分的使用，以此来增加光顾酒吧的客人数量和提高整个酒吧的经济效益。

（7）追求经营特色的原则。酒吧确定的娱乐项目应在本地区有独特风格，以吸引客人，增强自身的竞争力。

（8）发挥中心优势的原则。任何酒吧都有自己的优势，有的在项目多样性上体现，有的在设备先进性上体现，有的在规模上体现，有的在价格上有优势，有的在服务上占优势。酒吧在设计娱乐项目时应充分发挥自己的优势，取长补短，不能只追潮流。

（9）经济效益与社会效益相结合的原则。酒吧的经营者首先追求的是经济效益，但酒吧也是社会文化的一种积淀与反映，经营者在追求自身利益最大化的同时不可避免地也在为社会做贡献，经营者应使自身经济效益和社会效益很好地结合。

（10）适应社会发展趋势的原则。酒吧在选择娱乐项目时，要考虑这个项目是新兴的，还是未来将要兴起的，然后再决定是否选择。如果是新兴的，经营效果会好，能很快收回投资；如果是将要兴起的，需要一段开拓市场的时间，但经营前景乐观；如果项目是市场上已经饱和的，则对资本回收不利。

8.3.2 酒吧音乐选择

音乐是酒吧必不可少的组成部分，不同类型的酒吧，需要选择与之相适应的音乐来营造氛围。

1）爵士音乐

爵士音乐最典型的特征，就是在一个简单的作品框架基础上的即兴创作。演奏者可以根据其对旋律、音乐、节奏的独特理解进行灵活处理，以一些特殊的、随意性强的表演，用亢奋的、强烈的节奏和捉摸不定的旋律显示个性化。爵士乐以即兴创作为标志的音乐风格，得益于节奏性强的演奏，也得益于个人对器乐、声乐和节奏的抑扬顿挫的独特态度。爵士音乐既可以独奏，也可以以任何一种方式组合演奏。演奏者把乐器编制为一个节奏组，由鼓、低音提琴或低音吉他、钢琴或吉他（常用扩音器）组成。爵士乐在欧美酒吧中具有独特地位，人们可以边欣赏音乐边随节奏共舞。

2）轻音乐

轻音乐是一种结构短小、轻快活泼、抒情优美、通俗易懂和娱乐性较强的音乐形式，是最易为人们所理解和接受的一种音乐形式。它不表现重大的主题思想和复杂的戏剧内容，人们在欣赏时不需要深刻思考。优美的轻音乐常常充满生活气息，反映健康的娱乐生活和爱情生活，表现出朝气蓬勃的乐观情绪，它不仅可调剂身心，给人美好的享受，还有引导人们积极向上的作用。

轻音乐的范围很广，凡是轻松活泼、节奏鲜明或轻快流利、旋律优美的歌曲、舞曲、进行曲和各种小型歌剧、舞剧、电影、古典音乐、现代音乐和民族、民间音乐中各种雅俗共赏的乐曲，都属于轻音乐的范围。

但是，轻音乐的范围在各个不同时期和不同的国家不太一致。一般的轻音乐大致包含以下两种：

（1）迪斯科舞曲。20世纪70年代，美国流行音乐发展中的主流从西岸音乐转变为黑人音乐。从节奏蓝调曲演变出的音乐夺取了舞曲市场，随后再发展为专业化迪斯科舞曲，大量占据排行榜。

（2）RAP、民谣和流行歌曲。RAP是一种混合街头文化、DJ音乐及说唱技巧的新派音乐，适合轻歌剧、舞台剧、话剧以及电影音乐的配乐等。比如《青年圆舞曲》，就用生动活泼的音乐语言，表现出朝气蓬勃的青春气息。还有熟悉的校园民谣以及很多曲调优美的流行歌曲，如《白衣飘飘的年代》《大鱼海棠》等。

轻音乐在休闲性酒吧、高级西餐厅中最常见，人们在优美的音乐中心灵得到放松，情操得到陶冶，得到美的感受。

3）摇滚乐

摇滚乐是爵士乐的一种，只是各种音色间的对比更加强烈，表演者不遵从固定的形式。摇滚乐又可分为：

（1）硬式摇滚。硬式摇滚的发展紧接着蓝调摇滚的发展，其特色在于经常使用高音量乐器。

（2）朋克摇滚。朋克是一种狂乱、不按常理出牌、具有批判性、粗糙、原始的新摇滚，曾在短短一年内（1976年）就征服了英国底层的青少年。

（3）雷鬼音乐。来自牙买加的雷鬼音乐自20世纪70年代中期开始流行，越来越多的西方本土乐队把这种节奏明朗、有点慵懒却又充满了生命力的音乐集合在一起，并加入了管乐，还能够随着音乐跳舞。

酒吧在进行具体音乐设计时，应针对其目标客人及经营的特殊性营造出相应的音乐气氛。如高雅型酒吧应以古典乐曲为主，由以钢琴或以小提琴为主的小乐队演奏，音量应适中；娱乐型酒吧的音乐则应以快节奏音乐如迪斯科、摇滚乐、爵士乐为主，音量应较大。

8.3.3　不同类型酒吧的娱乐项目设置

1）运动型娱乐酒吧

运动型娱乐酒吧也称夜总会，或者娱乐中心、康乐中心，酒吧是其附属的一部分，一般设在休息区。运动型娱乐酒吧常见的娱乐项目有以下两种形式：

（1）台球。台球与高尔夫球、网球被称为贵族球。近年来台球逐渐成为娱乐酒吧、夜总会的娱乐项目。台球有多种玩法，其中有两种常见玩法：斯诺克即落袋台球和花式台球。

（2）飞镖。国际上标准的玩法是：镖盘的中心高度定在距地面 1.72 米处，玩的人应该站在距离镖盘 2.24 米以外的地方，手像拿毛笔一样拈着镖，若镖着盘后呈水平或尾巴稍撅着，说明手的劲道合适。出镖时，可以侧身对着盘面。

镖的材料分为钨合金、黄铜、塑胶三种，其中，钨合金的为国际标准用镖，镖盘的选购也比较讲究。

2）表演型娱乐酒吧

表演型娱乐酒吧的经营方式完全取决于表演的内容。表演型娱乐酒吧在娱乐项目设计上应注意以下两点：要有时代感，能吸引众多的客人；内容要健康。表演型娱乐酒吧常见的表演内容有现代舞和时装表演。现代舞没有故事情节，不会带人走进童话世界，也没有复杂的布景，不会引人步入梦幻园地。时装表演讲究时装气氛与舞台效果，可分为三种类型：

（1）流行趋势型表演。流行趋势型表演即时装综合表演，有高级时装表演和大众时装表演两种，目的在于推出时装。

（2）销售引导型表演。销售引导型表演即宣传产品的时装表演，目的在于推销。

（3）欣赏型表演。欣赏型表演借助时装模特的体态和动作传达服装的时代感和美感。欣赏型时装表演是时装的重要传播工具，可以刺激客人的消费欲望。

3）歌舞厅酒吧

歌舞厅酒吧是以标准舞、社交舞为主的舞厅兼酒吧形式。舞厅内设有酒吧，吧台酒水供应是舞厅酒吧收入的主要来源。该类型的酒吧大部分聘请专业乐团演奏抒情乐曲，轻歌曼舞，这是所有舞厅中历史最久、最具特色的。

歌舞厅酒吧的舞厅设计应高雅、大方，天花板、墙面装饰高级，隔音效果好，舞池采用硬木质地板或水磨石地板。舞池上方设变幻彩灯，灯光采用可控开关控制，音乐播放采用镭射高保真音响系统。休息区设咖啡桌、座椅，并铺设阻燃地毯，舞厅内装饰与家具、气氛相协调，独具风格。酒吧位置突出，提供小吃、饮料服务。

4）迪斯科舞厅酒吧

迪斯科舞厅多设计成 U 形的座台区，中间为开放式的舞池，灯光幽暗。迪斯科舞厅是年轻人流连忘返的乐园，和其他综合舞厅相比，纯粹跳舞的迪斯科舞厅四周均附设有可供休息的闲坐区，一些场地较大且具知名度的舞厅甚至设有VIP包厢区，可以享有独立且不受干扰的空间。迪斯科舞厅内专门设有酒吧或者水吧，负责向客人提供酒水服务。

迪斯科是一种剧烈的全身运动，一支舞曲下来，跳舞者通常会大汗淋漓。跳累了，可以到吧台点杯饮料解渴。大部分的迪斯科舞厅均凭门票入场，有时门票费中还包含一杯饮料费。迪斯科舞厅提供的饮料多是低酒精度的清凉解渴饮品，如碳酸饮料、矿泉水等。一些迪斯科舞厅为了招揽顾客，还设有寿星、学生、情侣甚至VIP专场，只要符合条件便可享受特别优待或获得小礼物，无形中也为迪斯科舞厅酒吧增加了客源。

5）酒吧与KTV

KTV是一种在包厢里提供卡拉OK、舞池及酒水服务的形式，KTV以其新颖而具有高度隐私的视听刺激效果，成为现代酒吧业不可缺少的一部分。KTV一般以单一的封闭空间附设于酒吧中，也有类似酒吧的场所以其特定方式提供酒水，也可称为KTV吧。

KTV包厢为结伴而来的客人提供了可以浅酌、狂歌、劲舞，不会干扰到别人，也不受别人干扰的封闭场所。包厢有大有小，小则五平方米左右，大则几十平方米以上，有些包厢还附有舞池。服务人员会依客人人数及需要，带领客人到最合适的房间。

一般而言，KTV的房间设备都是相当讲究的。除了必要的隔音条件外，舒适的沙发，宽敞的空间，身临其境的音效与视觉上的享受——大屏幕电视、高级环绕音响效果与闪烁的灯光效果，让人有仿佛自己就是大歌星的现场感觉。

在硬件设备方面，KTV的歌舞包厢利用一部分空间作为舞池，因此一般为较大的包厢，包厢里的旋转灯光和音乐也是特别为爱跳舞者设计的，如同一般舞厅的缩影。有的KTV更可让顾客自行为同伴调配舞池的灯光及音效，乐趣妙不可言。

KTV除了为消费者提供尽情歌唱的空间外，还要在服务、设备上下功夫。目前有的KTV已推出为消费者拍摄唱歌神情，歌唱者可以从小型电视中欣赏到自己唱歌时忘我的神态等服务。

小资料8-4　　　　　　　家庭小酒吧设计三要点

如果您想自己设计家庭酒吧，要注意最主要的三个部分的设计，即吧台、吧柜、吧凳的样式与选材。

吧台是调制饮料和配制果盘的工作台，也是人们在休闲与饮用时倚靠的案台，亦可成为实用的便餐台。吧台大多设双层，其上层为抽屉，供藏筷勺之用；下层为格状的贮藏空间，置放不常用的杯盘、器皿等。吧台形式有单层台面式、双层内分式、两端分割式和双层一端下落式等。

吧柜具有存放饮料、水果、烟酒、杯盘、器皿的功能，而且有重要的展示功能。吧柜的结构可采用吊挂、壁挂、单体独立、嵌入墙体等多种手法进行设计，吧柜的造型有格架式、橱柜式、火墙层板式等。

吧凳设计强调坐视角度的灵活性和烘托吧台主体所需的简洁性，它特别注重轮廓的简练和精致感。吧凳形式较多，一般可分为有旋转角度与调节作用的中轴式钢管吧凳和固定式高脚木制吧凳两类。在设计吧凳时要注意三点：首先，吧凳面与吧台面应保持 0.25m 左右的落差。吧台面较高时，相应的吧凳坐面亦高一些。其次，吧凳与吧台下端落脚处应设有支撑脚部的支杆物，如钢管或台阶等。最后，较高的吧凳宜选择带有靠背的，坐起来会更舒服些。

素养园地

告别"燥热" 京城酒吧变局

一则"三里屯酒吧街腾退"的消息，让流连过甚至没去过三里屯酒吧街的人又关注起这条街和街上的酒吧。三里屯酒吧街"腾退"归零，与后海酒吧街 30%~50% 的上座率形成了鲜明对比。回首几年前，三里屯酒吧街和后海酒吧街的热闹程度与现在比可谓天壤之别。三里屯酒吧街的变迁，表明消费者对酒吧文化的需求正在发生转变。京城酒吧不再以表演一统天下，而是向着多元化发展，以此来满足不同消费者的需求。

2023 年年初，北京星巴克咖啡有限公司发生工商变更，新增经营范围包括酒类经营、酒吧服务。星巴克的这一举动，也释放出想要进军酒吧市场的信号。2022 年，青岛啤酒成立了精酿生活 Mall，能够生产八大系列、24 类精酿啤酒，同时还在全国布局 200 余家"TSINGTAO1903 青岛啤酒吧"，满足消费者对啤酒的沉浸式体验。

事实上，不论是精酿酒吧还是大厂自营酒吧，都与传统酒吧文化有所不同。传统酒吧的"燥热"文化，在精酿酒吧或者大厂自营酒吧中并不多见，其更多的是注重氛围感和与消费者的联结。随着消费需求的转变，再加上传统啤酒大厂做自营酒吧以及新兴精酿品牌的出现，国内酒吧文化已经从此前的"燥热"逐渐回归理性，啤酒大厂、业外资本以及酒吧经营者更加注重细分市场。

业内人士表示，随着人们生活水平的提高和消费观念的转变，消费者去酒吧不再是为了感受传统酒吧的热闹文化，聊天、看书、品酒、商务洽谈的新酒吧文化在逐渐兴起，国内酒吧市场需求也在不断增加。未来，国内酒吧行业仍需要不断加强品牌建设、完善个性化服务，以此来增强消费者黏性，提高消费频率，推动行业快速发展。

资料来源 翟枫瑞，王傲. 告别"燥热" 京城酒吧变局 [N]. 北京商报，2023-02-02（A05）. 有删减.

思政元素：质量意识、品牌意识。

互动话题：企业兴则国家兴，企业强则国家强。要完善中国特色现代企业制度，努力培育建设一批产品卓越、品牌卓著、创新领先、治理现代的世界一流企业。

研讨要求：

（1）结合本案例，请各组围绕"如何在酒吧服务与管理中树立质量意识、品牌意识"开展深入交流和研讨；

（2）各小组推荐 1 名成员做主题发言，总结分享小组交流研讨的内容。

■ 本章小结

酒吧根据服务方式不同，可分为主酒吧、酒廊、服务酒吧、宴会酒吧等形式。酒吧的组织结构主要由下列人员组成：酒吧经理、酒吧领班、调酒师、服务员、实习生。酒吧在设计上主要考虑酒吧门厅设计、酒吧内部空间设计、吧台的设计等内容，而在娱乐项目设置上应注意一些基本的原则，以求吸引更多的客人。

■ 主要概念

酒吧　酒吧组织结构　调酒师

■ 判断题

1.酒吧是向客人提供酒水和饮用服务的场所。　　　　　　　　　　　　　　（　　）

2.酒吧的种类包括：立式酒吧、台式酒吧、服务性酒吧、宴会酒吧。　　　（　　）

3.酒吧设计应考虑：调酒师应能在一个地方完成相关的工作，如水果装饰物应该在一个特定的地方清洗、准备和储藏；提供足够的空间，制作客人点要的饮料；考虑调酒师必须完成的每项工作的活动环境。　　　　　　　　　　　　　　　　　　　　　　（　　）

4.吧台设计的原则是：要视觉效果显著；要方便服务客人；要合理地布置空间。　（　　）

5.酒吧的组织结构为：餐饮部经理—酒吧主管—调酒领班—调酒师—实习生。（　　）

6.酒吧领班的岗位职责是：在酒吧经理的监督管理下，负责并参与酒吧的日常运作工作，以实现预期的经济效益。　　　　　　　　　　　　　　　　　　　　　　　（　　）

7.酒吧调酒师的岗位职责是按照酒吧领班的安排，在指定岗位调制各种饮料并保证酒吧有充足的酒水供应。

■ 选择题

1.（　　）是向客人提供酒水和饮用服务的场所。

A.酒吧　　　　　　　B.餐厅　　　　　　　C.饭店　　　　　　　D.歌厅

2.酒吧的种类有（　　）、立式酒吧、鸡尾酒廊、宴会酒吧。

A.歌厅酒吧　　　　　B.台式酒吧　　　　　C.服务性酒吧　　　　D.经营性酒吧

3.酒吧的设计不应考虑（　　）。

A.能提供大量的食品

B.调酒师能否在同一个地方完成相关的工作，如水果装饰物的清洗、准备和储藏应该在一个特定的地方

C.能提供足够的空间，制作客人点要的饮料

D.调酒师必须完成的每项工作的活动环境

4.酒吧调酒师的岗位职责是按照酒吧领班的安排，在指定岗位调制各种饮料并保证（　　）有充足的酒水供应。

A.前厅　　　　　　　B.酒吧　　　　　　　C.餐厅　　　　　　　D.客房

■ 简答题

1.酒吧的概念是什么？酒吧必须具备的三个条件是什么？

2.酒吧根据服务方式不同，主要分为哪几种形式？

3.酒吧通常设置哪些工作岗位？调酒师的岗位职责是什么？

■ **实践训练**

1.参观本地酒吧，一方面了解酒吧的结构、设施及用具，另一方面要对酒吧设计的合理性提出自己的看法，如何处需要改进、怎样进行创新等。

2.选择一个实际场地，让学生分别对内部空间进行设计。

3.参照表8-1进行测评。

表8-1　　　　　　　　　　　　　　酒吧设计方案评价参考表

评价内容	分值（分）	评分（分）
酒吧空间布局合理，分割效果良好	20	
吧台设计既有特色又简单，方便工作	20	
布局突出主题，能满足酒吧主题需要	20	
酒吧色彩运用	10	
酒吧采光、照明设计	10	
酒吧音响设备设计	10	
酒吧空气调节设备设计	10	
酒吧设计方案评价总分	100	

第9章

酒水采购管理

■ 学习目标

通过本章的学习，能够初步地了解酒吧原料管理方面的基础知识，掌握酒水的采购与验收、库存与领发的基本过程，了解各种相关单据的使用。

9.1 酒水的采购和验收

人们通常认为，经营的利润来自销售。因为酒水只有在销售后，利润方能实现。但这只是一个表面的现象，因为单纯的销售是无任何经济利益可谈的。销售仅仅是酒吧经营管理过程中的一个环节。如果仅在销售上加价以谋取更高的利润，就会使顾客的消费量减少，从而降低整体销售量，酒吧的总体效益和利润并不能够增加。产品的市场价格是以价值为基础，并且在竞争中各酒吧的销售价格逐渐趋于平均化，所以不能仅靠提高销售价格来扩大利润，还要努力做到低价采购，控制进货成本，在采购的环节中寻找酒吧利润的增长点。

在市场经济条件下，各种酒吧原料的采购价格具有较大差异，如地区差价、产销差价、批零差价、质量差价、季节差价等，这些差异直接影响原料的采购成本。一般采购者都应该知道其所在酒吧的毛利率和某一饮品的销售价格，当原料低于某个价格采购时能赚钱，而高于某个价格采购时就要赔钱。采购者应根据酒吧利润最大化的原则，有效地掌握和利用这些差价因素，为酒吧选择并采购质优价廉的原料，从而为酒吧盈利提供保障。

利润虽然最终是通过销售来实现的，但却隐含在整个采购过程中，这是当前酒吧经营者必须清醒认识到的一个现实问题。

9.1.1 酒水的采购

1）制订酒水采购计划

酒水的采购是酒水成本控制工作的开始，采购计划的制订是十分必要的，采购计划包括采购的品种、规格、数量等。

（1）制订酒水采购品种计划。

酒单确定了酒水采购的种类。酒单和餐厅的菜单一样，是酒吧最好的推销工具，同时酒单的内容也与酒水的供应和采购有着密切的联系。酒单确定了酒吧的经营范围和经营品种，也决定着酒吧采购的品种。不同类型的酒吧，其目标消费者市场不同，供应饮品的内容、品种也存在着较大的差异，需采购酒水的品种也是不一样的。例如，作为目前较为流行的迪吧，如果采购高等级干邑白兰地作为酒单供应的主品，显然与其消费阶层的消费能力不相符，只能占压资金。酒吧的经营管理人员必须通过市场调查及仔细分析自己的目标市场，制定出适合目标市场的酒单，最后依据本酒吧酒单的内容来控制酒吧采购品种的范围。

酒吧酒水采购的项目一般包括以下几大类：白兰地、威士忌、金酒、朗姆酒、伏特加、啤酒、开胃酒、葡萄酒、软饮料、咖啡、茶等。

酒单确定了酒水采购的数量及频率。根据酒单上酒水销售的情况来确定酒水采购的数量及采购频率。酒单上酒水销售得快，酒水存货周转就快，进货数量就大，进货的频率就会增大；相反，如果酒水销售得慢，就会限制进货或不进货。酒吧在正式营业初期进行采购时，应尽量限制那些与目标消费者需要不适应的酒水的进货数量。

（2）制订酒水采购数量计划。

为了避免出现采购数量过多或过少引起的问题，需要确定一个适中的采购数量，酒吧的经营者必须了解哪些因素影响着采购数量。

①销售的饮品数量随季节变化。在不同的季节，顾客对某一种类的饮品的需求不同。例如，热饮类饮品在冬季的销售量要比在夏季的销售量多，这样热饮类的原料消耗速度在不同季节就有较大差异。酒吧在采购原料时，不仅要考虑整体的变化，也需要考虑结构的变化。

②现有仓储设施的储藏能力有可能会限制采购的数量。

③酒吧经营状况的好坏也影响着采购数量。经营较好时，酒吧可以适当增大采购数量，而经营较差、资金紧缺时，酒吧则应精打细算，适当减少采购数量，加速周转。

④采购地点的远近对采购数量也有影响。如果采购地点较远，可以增加批量，减少批次，节省采购费用，防止突然的酒水断档现象。如果采购地点较近，采购方便，则可以减少批量。

⑤市场供应状况的稳定程度影响采购数量。酒吧所使用的酒水当中，相当一部分依赖进口，因此无论在供应状况上还是在价格上均具有一定的波动性，在这种情况下，如果酒吧资金较为宽裕，可在市场供应充沛时，适当增大采购数量。

⑥贮存期与采购数量。酒吧所购进的酒水应按其基本特点和贮存的要求分别在不同的温度和湿度条件下贮存。酒吧可依据酒水的贮存期，决定采购数量。桶装鲜啤酒只能贮存相当短的一段时间，果酒和葡萄酒可贮存的时间稍长一些，而威士忌酒等蒸馏酒却可长期贮存。因此，酒水可按其贮存特点进货，如蒸馏酒的保存时间较长，当其市场价格具有较大的优势时可适当增加采购批量。

⑦销售商的结算方式影响采购数量。在市场经济条件下，销售商为扩大自己的销售量，往往会采用售后结账的形式来进行采购资金的结算，这样的采购并不占压酒吧的周转资金，同时，伴随这种结算方式，销售商又往往会对大批量采购进行一定量的折扣优惠和促销支持，因此可视酒吧经营状况，适当增大有优惠酒水的采购数量。

（3）酒水采购数量的确定。

酒水采购数量的确定，大型酒吧会采用永续盘存法来进行。永续盘存法是酒吧对所有饮品入库和出库保持连续记录的一种存货控制方法。酒吧采购人员可根据永续盘存表（见表9-1）来指导采购工作，表中须注明酒水的最高存货量。

表9-1　　　　　　　　　　　　　　永续盘存表
编号08247

品名：浓缩橙汁
最高存货量：90瓶
规格：840ml×6/箱
订货点：30瓶
单价：180元/箱

日期	订购单号码	入库	出库	结余（承前）	备注
1/6/2023			6	30	
2/6/2023			3	27	
3/6/2023			6	21	
4/6/2023			3	18	
5/6/2023	#060122-32	78	3	93	

①订货点。订货点应为采购周期销售量的1/3或1/2。例如，某饮品采购周期为20天，20天的平均销售量为60个单位，如果最佳订货点为采购周期销售量的1/3，则在还有20个单位时，就应及时采购了。

②最高存货量（标准存货量）。一般情况下，最高存货量应为采购周期销售量的1.5倍。在订货方法上，独立的酒吧可采用定期订货法。定期订货法是一种订货期固定不变，即订货间隔时间一定，如一周一次或一月一次，但每次订货数量任意的一种方法。

对经营者来说，在确定最高存货量时，必须考虑以下几个因素：

第一，贮藏空间。

第二，预计订货的频率。

第三，使用期限。如果一种饮品在某段时间内消费量很高，那么最大存货量也应随之增加；反之，最大存货量应减少。

第四，供应商最低订货要求。因为大多数供货商愿意以标准的批量购买单位供应原料，如件、箱等，所以供应商最低订货要求也应考虑。

瓶酒、罐装食品采购数量的确定，由于其贮藏期较长，故通常使用定期订货法对采购数量进行控制。

每到订货日期，库管员对库房进行盘点，然后确定订货数量。公式如下：

下期需用量–现有数量+期末需要存量=订货数量

现有数量通过盘点很容易得出。下期需用量可以根据酒吧以往的营业记录或预测得出。期末需要存量是指从发出订单到货物到达验收这一段时间（订购期）能够保证需要的数量。因此，确定期末需要存量，应考虑该种原料的日平均消耗速度和订购期天数。

例如，某酒吧每月订购浓缩橙汁 1 次，消耗量为平均每天 3 瓶，订购期为 4 天，即送货日在订货日期后第 4 天。库管员订货日盘点，发现库存浓缩橙汁 24 瓶。根据以上信息，可以估算出订货数量：

订货数量=下期需用量（30×3）–现有数量（24）+期末需要存量（4×3）

　　　　=90–24+12=78（瓶）

考虑到以箱为采购单位，每箱 6 瓶，故应实际订货 13 箱，即 78 瓶，这样 4 天之后，货物到达，库存量又增至 90 瓶。

总之，酒吧酒水采购品种、数量的确定需要酒吧经营管理人员从多方面和多角度考虑。采购酒水的品种过多，固然可以丰富酒吧酒水供应品种，增加宾客的选择范围，但也势必会造成部分品种酒水的积压，影响酒吧资金的正常周转。而采购酒水的品种过少，有时则会影响到酒吧正常的经营。大批量采购能够为酒吧带来价格上的折扣和促销上的支持，但库存量的增加，又会使酒吧库存管理难度增大，同时结算采购费用时，支付的资金量较大，也会影响到对其他原材料的正常采购。

2）建立酒水采购质量标准

一般情况下，酒水可分为指定牌号（call brand）和通用牌号（pouring brand）两种类型。只有在顾客具体说明需要哪一种牌子的酒水时，才供应指定牌号；如顾客未说明需要哪一种牌子，则供应通用牌号。如果一位顾客只讲明要一杯加苏打水的苏格兰威士忌，就供应通用牌号；如果顾客讲明要加苏打水的某一种牌子的苏格兰威士忌，就应给他供应指定牌子的酒水。在建立品质标准时，通用牌号的选择是一个重要步骤。酒吧通常的做法是：先从各类酒水中选择一种品质有保障，同时价格较低或价格适中的牌子作为本酒吧通用牌号，其他品牌的同类型酒水则作为指定牌号。由于各个酒吧的顾客和价格结构不同，因此，各个酒吧选定的通用牌号也不同。选择通用牌号酒水是管理人员确定质量标准和成本标准的第一步。

要确定酒水的质量，管理人员需要考虑价格、目标消费者群体的偏好和年龄、酒水的销路等一系列因素。如大多数人会认为 21 年苏格兰威士忌陈酒是优质酒，而各种廉价的金酒是质量较低的酒水。但是，对于口味偏好不同的消费者来讲，这两种不同类型的酒，除价格有高低差别之外，几乎没有什么可比性。不同的消费者对各种酒水的质量往往有很多不同的看法和判断标准。因此，酒吧的管理人员必须依据本酒吧目标消费群体的消费特点，建立自己的酒水采购质量标准体系。

（1）采购质量标准的形式和内容。

采购质量标准（或称规格标准），是指对所要采购的各种酒水原料做出的详细而具体的规定，如酒水原料的产地、等级、性能、容量大小、色泽、包装要求等。

当然，并不是所有的原料都要有这样一个质量标准，但对于那些成本较高的原料，酒吧应制定其质量标准,以指导采购,减少浪费。

质量标准可以卡片形式出现。在卡片上应反映出以下内容:

①原料的名称。

②原料的用途。

③有关饮品或性质的说明,应做到明确、简练,不要使用"一般""较好""少许"等容易引起人们误解的或模棱两可的修饰词。

④对原料的特殊指示和要求。

(2)采购质量标准的作用。

①使用质量标准,可以把好采购关,防止采购人员盲目地或不恰当地采购,以便对饮品质量进行控制。

②把采购质量标准分发给有关货源单位,能使供货商掌握酒吧的质量要求,避免产生误解和不必要的损失。

③便于采购的顺利进行。订货时不必向供货商重复解释原料的质量要求。

④如果将某种原料的质量标准分发给几个供货商,有利于引起供货商之间的竞争,使酒吧有机会选择最优价格。

⑤有利于原料的验收。

⑥有利于避免采购部门与原料使用部门之间产生矛盾。

⑦有助于搞好领料工作。

⑧可以提高调酒师工作效率,减少浪费。

(3)酒水经销商(或代理商)的选择。

对酒水经销商(或代理商)的选择应考虑以下因素:

①酒水经销商(或代理商)的管理水平和设施情况。酒吧管理者应了解酒水经销商(或代理商)的设施是否健全,酒水的进货渠道是否符合国家的规定,对订货单的处理和对存货数量与质量的控制是否有系统的程序和科学的方法。

②经销商(或代理商)的地理位置。如果酒水经销商(或代理商)离酒吧较近,可以节省采购时间和采购费用,偶然事件与送货延迟的可能性也会减少。

③财务的稳定性。酒吧应对未来的酒水经销商(或代理商)的财务可靠程度进行调查,以防止供应受到影响。

④酒水经销商(或代理商)员工的技能。优秀的员工或推销员不仅仅接受订货单,他们还应熟悉自己产品的质量,能帮助酒吧选择质优价廉的产品以及能够处理在产品供应过程中所出现的问题。

⑤合理的价格。合理的价格意味着价格与质量的统一。在保证原料质量的基础上,尽可能选价格较低的供货单位。

⑥酒水经销商(或代理商)的态度。酒水经销商(或代理商)的态度即供货单位是否愿意与企业建立良好的市场供求关系。双方应相互信任,遵守职业道德,公平交易,遇到困难时应想方设法协商解决。

⑦酒水经销商(或代理商)的支持力度。寻求酒水经销商(或代理商)的支持,对于

酒吧经营来讲是十分必要的。在目前酒水销售市场竞争激烈的条件下，各品牌酒水为扩大自己的市场份额和树立产品品牌形象，往往会对酒吧的销售提供不同力度的支持。从开业时的设备、器皿提供，到经营期间的产品推广，酒水经销商（或代理商）都会对不同经营业绩的酒吧进行不同力度的资金、设备或人员支持。酒吧应充分利用或寻求供货厂商（或代理商）的这些支持，这样不仅可以节约部分支出，而且可以利用厂商的资源来做市场活动（如抽奖、搞特价活动等）、技术支持和人员服务（酒水促销）等。因此，在选择酒水经销商（或代理商）建立采购供应关系前，一定要了解清楚酒水经销商（或代理商）的支持力度以及酒水经销商（或代理商）所处的市场地位（属几级经销商），并将有关促销支持的内容写在供求合同中。

一旦清楚掌握了以上信息，便可与酒水经销商（或代理商）签订供求合同，建立酒吧酒水采购供应关系。

作为酒吧，一般希望从供货单位得到可靠的质量、合理的价格和及时的送货，而作为供货单位，则希望从酒吧得到有效的结算保障、逐步提高的采购数量。

3）酒水的采购程序

采购程序的制定与酒吧的规模、组织机构设置等因素有着密切的联系。小的独立酒吧一般投资者比较单一，营业中需要什么就去购买什么，没必要设立过于烦琐的采购程序。而作为合股投资或饭店内部的酒吧，其采购行为必须通过采购部或专职的采购人员来完成，并制定相应的采购程序、步骤，以确保酒吧经营管理人员对采购质量和采购过程的完全控制，避免出现采购漏洞。

（1）酒吧前台依据经营需要每日向库房申领所需酒水原料。

（2）当某种酒水库存量降至订货点时，保管员填写请购单，申请订购。请购单一式两联。第一联送采购员，采购员需在采购之前请主管人员审批，并在请购单上签名。第二联由酒水保管员留存。请购单样式见表9-2。

表9-2　　　　　　　　　　　　　　请购单

品名	规格	数量	建议供货单位	要求交货时间	备注

申请人：　　　　　　　　　　　　审批人：

（3）采购人员根据订购情况，填写订购单。订购单一式四联。第一联送酒水供应单位；第二联送酒水保管员，证明已经订货；第三联送验收员，以便核对发来的数量和牌号；第四联则由采购人员保留。

（4）采购人员在向酒水经销商（或代理商）发出订货单后，应联系落实具体的供货时间，并督促其及时按质按量交货。

当然，并非所有酒吧都采用这样具体的采购手续。然而，每个酒吧都应保存书面进货记录，最好是用订购单来保存，以便到货时核对。书面记录可防止在订货牌号和数量、报价、交货日期等方面产生误解和争论。购买酒水需支付大量现金，因此，每个酒吧都应建立订购单制度，防止或减少差错。订购单样式见表9-3。

表9-3 订购单

订购单编号：				
订购日期：		供货单位：		
交货日期：		订货单位：		
付款条件：				
项目	数量	单位	单价	小计
总计：				

订货人：

另外，在原料采购过程中，除了严格遵循上述采购程序进行酒水物品采购外，作为酒吧采购人员，在采购进口酒品时，还必须对我国于1997年制定的《进口酒类国内市场管理办法》有一个必要的认识和了解，以避免酒吧违规现象的发生。《进口酒类国内市场管理办法》摘录如下：

第十二条 从事进口酒类销售的企业，应遵守如下规定：（一）持有进口货物许可证（可以是复印件）、海关征税税单（可以是复印件）和卫生证书（正、副本），经销的进口酒类必须贴有第六条第三款规定的"中文标签"和第四款规定的"进口食品卫生监督检验标志"。（二）不得伪造、变造进口酒类卫生监督检验合格标志、认证标志和中文标签等质量标志。（三）不得制售假冒伪劣进口酒类。（四）不得经销走私进口酒类。（五）接受质量、卫生标准等有关业务的培训指导。

第十三条 经销进口酒类的企业的主管部门及旅游饭店、酒店的主管部门，应按照国家规定的职责，指导建立和规范进口酒类配送中心、连锁经营和代理经营等，建立健全进口酒类流通网络。

9.1.2 酒水的验收

验收是酒吧原料管理和控制工作中的一个重要环节。酒水验收工作在大型饭店可设专人负责，一般酒吧由库房保管员负责，依据订货单检验酒水原料是否符合质量标准要求，数量、价格是否与订货单一致等项内容。酒水的验收工作必须严格执行以下规程：

1）酒水质量、数量和价格验收

所有到货酒水必须依据酒水经销商（或代理商）发货票据上的内容和订货单的内容逐一验收，以确保酒水的品质。验收员必须仔细清点瓶数、桶数或箱数。如果以"箱"为计量单位进货，验收员应开箱检查瓶数是否正确、酒水内外包装有无破损等。同时对酒水的名称、商标、规格、容量、产地、供货价格等项内容严格检查，以防假冒伪劣酒水混入，给酒吧带来不必要的损失。验收的酒水原料与订货单如有不一致的地方，验收员应根据职责要求做好记录并拒绝接收。无论出现什么问题，验收员都应报告上级主管，请上级主管指示或解决。

2）酒水验收完毕后，应立即入库

将到货的酒水原料及时入库，可以有效地防止酒水原料失窃现象的发生，同时可以保证将那些对贮藏条件要求比较高的酒水原料的损失降低到最低。

3）酒水验收完毕后，还应根据发票填写验收报表

验收员应在酒水经销商（或代理商）提供的发票后签名，并连同验收报表一起送交上级主管签字，然后送交财务部门，以便在进货日记账中记录。

4）酒水验收完毕后，应将当日进货情况登记入册

为保证控制体系精确、高效率地运作，验收员必须在每天工作结束前填写酒水验收日报表。建立健全酒水库房出入库资料，能够有效地保障酒水的量化管理，使酒水的入库与发出以及存货数量一目了然，避免出现酒水管理上的混乱。酒水验收日报表上，不仅验收员应该签名，酒水管理员也应签名，以确认收到酒水验收日报表上所列明的各种酒水。酒水验收日报表样式见表9-4。

表9-4　　　　　　　　　　　　酒水验收日报表　　　　　　　日期：　年　月　日

供应单位	项目	每箱瓶数	箱数	每瓶容量	每瓶成本	每箱成本	小计

分 类						
果酒	啤酒	蒸馏酒	利口酒	碳酸饮料	茶	咖啡

酒水管理员：　　　　　　　　　　验收员：

酒水验收日报表上的各类酒水进货总额还应填入酒水验收汇总表。酒水验收汇总表样式见表9-5。

表9-5   酒水验收汇总表

日期	果酒	蒸馏酒	淡色啤酒	啤酒	配酒剂	合计
本期进货总额						

在某些小型酒吧里，每周只进货一次或两次，这类酒吧的验收员不必每天填写酒水验收日报表和酒水验收汇总表。所有进货成本信息可直接填入酒水验收汇总表，然后在某一控制期（一周、十天、一个月等）期末再计算总成本。

小资料9-1   货物差误处理

如果在验收之前，酒瓶已经破碎，或是运来的饮料不是酒吧订购的品牌，或是货物数量不足，验收员应填写货物差误通知单。如果没有发货单，验收员应根据实际货物数量和订购单上的单价，填写无购货发票收货单。

验收之后，验收员应在每张发货单上盖上验收章并签名，然后立即将饮品送到贮藏室。

验收之后，验收员还应根据发货单填写验收日报表，然后送财务人员，以便在进货日记账中记录。

9.2   酒水的贮藏与领发

9.2.1   酒水的贮藏

验收员收到原料之后，应立即通知酒水管理员，尽快将所有酒水送到贮藏室保管。在大型饭店里，可能会有几个酒吧间，除了大贮藏室之外，各个酒吧间也可能有小贮藏室。在这类企业里，为了便于搞好控制工作，所有酒水仍应通过大贮藏室调拨和分派给各个小贮藏室。

酒水的经济价值较高，一些高级酒品的价格昂贵（如一些干红酒类和蒸馏酒中的高等级白兰地），所以酒吧酒水库存管理首要的任务是加强安全防范，防止酒品数量上的损耗。合理的安全防范措施是酒水库存管理控制的一个关键性因素。在小型酒吧中，酒水贮藏室的钥匙由酒吧经理保管；在中大型酒吧中，则可能由同时负责食品原料与饮料贮藏室保管工作的仓库管理员保管；而在非常大型的酒吧中，往往由酒水管理员保管。为了加强控制、明确责任，每把锁只能配两把钥匙。一把在酒水管理员手中，另一把则存放在保险箱里，只有酒吧高层管理人员可以使用。此外，酒吧应定期换锁，特别是在酒水保管人员变更之后，更应立即换锁。

另外，酒水在贮藏中一定要依据各种酒水的特性分类贮藏，以防止因保存不当而引起空气与细菌的侵入，导致变质，产生不必要的浪费，增加酒水的成本。

1）酒水贮藏室（酒窖）的基本要求

酒水贮藏室是贮藏酒水的地方，在设计和安排上应充分强调科学性与便利性，这是由酒水的特殊贮藏性质所决定的，切不可随心所欲，就简行事。酒水贮藏室设立时应靠近酒吧间，这样可减少运送酒水的时间。此外，酒水贮藏室应设在容易进出、便于监督的地方，以便发料，并减少安全保卫方面的问题。

理想的酒水贮藏室应符合下述几个基本条件：

（1）有足够的贮存和活动空间。

酒水贮藏室的贮存空间应与企业的规模相称。地方过小，会影响到酒品贮存的品种和数量。长存酒品与暂存酒品应分别存放，贮存空间要与之相应。库房内的活动空间应适当宽敞一些，以保证酒水原料的进出和挪动。

（2）具有良好的通风换气条件。

通风换气的目的在于保持酒水贮藏室中有较好的空气环境。酒精挥发过多而空气不流通，会形成易燃气体聚积，这是很危险的。而良好的通风换气条件，有利于保持酒水贮藏室的干燥，也有利于工作人员的身体健康。

（3）保持干燥环境。

酒水贮藏室的环境干燥，可以防止软木塞的霉变和腐烂，防止酒瓶上商标的脱落和质变。不过，过分干燥也会引起瓶塞干裂，造成酒液过量挥发损失。保持酒水贮藏室干燥的方法主要是对地面做好防水防潮处理。

（4）隔绝自然光线，采用人工照明。

自然光线，尤其是直射日光容易引起病酒的产生。自然光线还可能使酒水氧化过程加剧，发生酒味寡淡和酒液混浊、变色等现象。酒水贮藏室最好采用人工照明，照明强度和照明方式应适当控制。

（5）避免震荡，防止丧失酒水原味。

震动干扰容易造成酒品的早熟，有许多"娇贵"的酒品在长期受震（如运输震动）后，常需"休息"两个星期，方可恢复原来的风格。

（6）其他要求。

酒水贮藏室的内部应保持清洁卫生，不能有碎玻璃等杂物。箱子打开后，每一瓶饮料都应取出，存放到适当的架子上去。空箱子应立即搬走，并且防止有人将还剩有饮料的箱子搬走。

2）酒水贮藏的温度及方法

酒水贮藏应保持适当的温度。使用软木瓶塞的葡萄酒酒瓶应呈45°摆放，防止瓶塞干燥而引起变质。一般来说，红葡萄酒的贮藏温度为13℃左右即可。如果可能，白葡萄酒和香槟酒的贮藏温度应略低一些，为10℃左右。在可能的条件下，淡色啤酒的贮存温度应保持在4℃～7℃。特别是小桶啤酒，为防止变质，更应保持5℃左右的贮藏温度。即使是只贮藏瓶装酒，最好也能保持这一温度，以便在服务工作中节省使啤酒降至适当温度所需的时间和冰块。

贮藏区域的排列方法非常重要。同类酒水应存放在一起。例如，所有金酒应存放在一个地方，黑麦威士忌酒应存放在一个地方，苏格兰威士忌酒应存放在一个地方，这样排列可方便取酒。贮藏室的门上可贴上一张平面布置图，以便有关人员找到所需要的酒。

3）建立存料卡

为保证能在某一个地方找到同一种饮料，贮藏室可使用存料卡。存料卡上列明酒水的类别、牌号、每瓶容量等信息。同时，还可规定各种酒水的代号，并用字码机将代号打印到存料卡上。存料卡一般贴在搁料架上。存料卡样式见表9-6。

表9-6
存料卡

项目：　　　　　　　　　　　　　　　　存货代号：

日期	收入	发出	结余	日期	收入	发出	结余

使用酒水代号，有以下作用：

（1）许多酒名不易正确发音、拼写，使用代号便于顾客点酒、员工领酒。在酒单上列明代号，便于酒水的销售。

（2）在酒瓶上打印代号，也是一种控制措施。

（3）使用存料卡，还便于酒水管理员了解现有存货数量。如果酒水管理员能在收入或发出各种酒水的时候仔细地记录瓶数，则不必清点实际库存瓶数，便能从存料卡上了解各种酒水的现有存货数量。此外，酒水管理员还能及时发现缺少的瓶数，尽早报告，从而引起管理人员的重视。

9.2.2　酒水的领发

1）酒水领（发）料程序

酒水领（发）料程序包括以下几个步骤：

（1）下班之前，酒吧调酒员将空瓶放在酒吧的吧台上面。

（2）酒吧调酒员填写酒水领料单，在第1栏记需领用的酒水名称，在第2栏记空瓶数，在第3栏记每瓶酒水的容量。

（3）酒水经理根据酒水领料单核对吧台上空瓶数的牌号。如果两者相符，则应在"审批人"处签名，表示同意领料。

（4）酒吧调酒员或酒水经理将空瓶和酒水领料单送到贮藏室。酒水管理员根据空瓶核对酒水领料单上的数据，并逐瓶用瓶酒替换空瓶，然后在"发料人"处签名。同时，酒吧调酒员或酒水经理在"领料人"处签名。

（5）为了防止员工用退回的空瓶再次领料，酒水管理员应按酒吧内部管理规定处理空瓶。

（6）酒水管理员在第 4 栏填入各种酒水的单价，并求出单价和瓶数的乘积，填入第 5 栏。最后在"总瓶数"与"总成本"两处分别填入各种酒水发出瓶数之和与各种酒水小计数之和。酒水领料单样式见表 9-7。

表 9-7　　　　　　　　　　　　　酒水领料单

班次　　　　　　　　　　日期　　　　年　　月　　日

酒吧名称　　　　　　　　酒吧招待员

品名	瓶数	每瓶容量	单价	小计

总瓶数：

总成本：

审批人：＿＿＿＿＿＿＿＿＿＿＿＿

发料人：＿＿＿＿＿＿＿＿＿＿＿＿

领料人：＿＿＿＿＿＿＿＿＿＿＿＿

2）酒瓶标记

在发料之前，应在酒瓶上做好标记。只有一个酒吧间的话，可在瓶酒存入贮藏室时做好标记。但是，在有的酒吧，酒瓶标记是在发料时做的。通过各种标记，可以清楚地知道某一瓶酒的流向。

通常，酒瓶标记是一种背面有胶粘剂的标签，是不易擦去的油墨戳记。标记上有不易仿制的标识、代号或符号。管理人员通过检查，可保证酒吧存放的瓶酒都是自己酒吧的。这样做可防止酒吧调酒员把自己的酒带入酒吧出售，然后自留现金收入。

酒瓶标记有以下三个重要作用：

（1）根据验收日报表或发票在酒瓶上记录成本，便于做好领（发）料工作。

（2）在酒瓶上记录发料日期，方便随时了解存放在吧台后面的酒的流转情况。

（3）酒吧调酒员用空酒瓶换瓶酒时，酒水管理员应首先检查空瓶上的标记，防止酒吧调酒员自带空瓶到贮藏室换取瓶酒。

酒瓶标记，特别是成本和发料日期应当是难以察觉的。需送上餐桌的瓶酒，应在瓶底做标记。有时，根据需要也可不做标记。

小资料9-2   水果的贮存

水果是酒吧中水果拼盘的原料。酒吧水果主要是新鲜水果，也有部分是罐装水果。

新鲜水果应保存在冷藏箱内，使用前要彻底清洗；新鲜水果可用柠檬酸来浸泡，以保持其新鲜度，防止氧化变黑。

罐装水果未开盖时可在常温下贮存，开罐后容易变质，应将未用部分密封后放在冷藏箱或冰箱里贮存，一般不要超过3天。

9.3 酒水成本控制

9.3.1 酒水成本的定义与构成

1）酒水成本

酒水成本是指酒水在销售过程中的直接成本。用酒水的进货价与销售价来确定，可以用百分比来计算。比如，可口可乐的进货价为每罐人民币2元，售价是10元的话，成本为2元，成本率为20%。成本率是计算成本与售价的比值。同样，瓶装的酒水也可以用每杯的进货价与售价来进行计算。

2）酒水的售价

酒水的售价是在酒吧定出成本后确定的。每一个酒吧都要按照本身装修格调和人员情况定出成本率，然后计算酒水的销售价。计算时不能将每一种饮料进行单独计算，要分组计算，低价的酒水成本率可以低些，名贵的酒水成本率可以高些。

例如，计算果汁的售价与成本。酒吧常用的果汁有5种，即橙汁、柠檬汁、菠萝汁、西柚汁和番茄汁。在确定成本率为25%以后，进货价与售价见表9-8。

表9-8   酒吧果汁类饮品进货价与售价表   单位：元

项目（每杯）	进货价	售价
橙汁	3.00	16.00
柠檬汁	3.00	16.00
菠萝汁	4.00	16.00
西柚汁	5.50	16.00
番茄汁	4.50	16.00
合计	20.00	80.00

选5种果汁各一杯，价格相加得20.00元，是果汁类的一组成本，按25%成本率计，应卖80元（20.00÷0.25），80元为5杯果汁的总销售额，所以每杯果汁的售价为16元（80÷5），这样制定价格既方便计算，又有利于营业，而且调酒师也方便记忆。

其他酒水的计算方法也相同，可先将酒水单分为几类，如流行名酒（包括一般牌子的烈性酒），名贵酒类（包括各种名贵烈性酒），各类威士忌、干邑白兰地和雅邑白兰地，开胃酒，餐后甜酒，鸡尾酒，啤酒，果汁，矿泉水和其他软饮，然后分组计算出售价。

前沿资讯9-1

年轻化 多元化 数字化

总的来说，酒水的成本是指酒水的进货价格，酒水的成本率是由各酒吧自行确定的，而售价则是根据酒水的成本和成本率计算得出的。

9.3.2　酒水的成本控制

1）酒水采购的控制

酒水采购的控制指酒吧为了收到最佳的经营效果，在保证酒吧有充足的、符合要求的酒水原料的前提下，控制酒水的购买数量、规格及价格。酒水采购的控制主要包括：

（1）选择合格的酒水采购员。

选择合格的酒水采购员是酒吧经营和管理的重要内容。国际上的一些饭店和餐饮管理专家认为，一个优秀的采购员可为企业节约2%～3%的餐饮成本。无论是饭店统一采购酒水还是餐饮部指定采购员，合格的酒水采购员的标准都应当包括：

①熟悉酒水的品种、商标、产地、级别、年限、生产工艺、特点及存放时间；

②熟悉酒水市场、酒水销售渠道和酒水价格；

③了解本企业特点，了解酒吧经营的风格；

④遵守职业道德，诚信可靠。

（2）控制酒水采购的质量和价格。

酒吧经营中的酒水质量和成本控制，都离不开酒水采购的质量控制，没有合格的酒水原料等于成本控制的失败。因此，在控制酒水采购质量前应确定酒水标准采购规格。其内容应包括品种、商标、产地、等级、外观、气味、酒精度、酒水原料、制作工艺、价格等。酒水标准采购规格确定后，应分送相关部门，这样可保证酒吧酒水原料的质量和价格，以控制酒水的成本。

（3）控制酒水采购的时间和数量。

酒水的采购时间和数量应当根据销售来定。酒吧的某些酒水销售量增加，其采购量必然增加，同时也要视酒吧的贮存空间和市场供应的方便程度而定。许多酒吧在日常经营中制定了酒水订货点采购量法，以保证酒水原料的销售和控制酒水采购的时间和数量。所谓酒水订货点采购量，也就是酒吧库存的最低贮存量。酒吧管理人员或酒吧仓库保管员通过计算酒水盘存记录发现酒水的库存数量达到酒吧规定的最低贮存量标准时，采购员应立即按照酒吧规定的库存标准数量，按品种、质量和规格要求进行采购。这种方法可以有效地控制酒水的采购时间和数量，避免酒水库存量过高，从而实现控制酒吧酒水成本。

（4）控制酒水采购的程序。

酒水采购程序是酒吧为酒水采购工作制定的工作程序，它是酒吧成本控制的重要内容。它规定了由哪个部门、谁提出酒水采购申请，由哪些管理人员批准酒水采购计划，由哪个部门、谁具体采购酒水，由哪个部门、谁来负责验收酒水。每个酒吧对酒水的采购工作都有不同的模式。通常，根据仓库酒水的库存情况由酒水贮存管理人员填写酒水采购申请单，经酒吧经理、采购部经理等主管部门领导批准，由负责采购酒水的人员根据酒水采购申请单中的品种、规格和数量进行采购，仓库验收员对酒水质量、价格和数量进行验收，由财务部主管人员审查后将货款付给供应商。

（5）选择确定采购价格。

为了有效地控制酒水成本，饭店和餐饮业都非常重视酒水的采购价格。通常，企业至少要取得三家供应商报价，通过与供应商谈判价格后，在同质条件下选择最低价的供应商。

2）酒水验收的控制

酒水验收的控制是仓库验收员等对采购酒水的品名、数量、规格及酒水价格的控制和管理，它可防止供应商以超过订购数量发送酒水，或以高于订购单的规格品种发送酒水，从而控制酒吧的成本。

（1）配备优秀的验收员。

验收酒水的第一个关键点是配备优秀验收员。一个优秀的验收员应当熟悉酒水知识，了解酒水采购规格，熟悉财务制度，并且认真地按照企业规定的验收程序以及酒水规格、数量和价格进行验收。通常，酒水验收员不应当由采购员、调酒师或酒吧经理兼任，而应当由仓库保管员兼任，较大型酒吧可以设专职验收员，验收员应属财务部领导。

（2）制定严格的验收程序和验收标准。

控制酒水采购的工作不仅要选择优秀的验收员，更重要的是制定验收程序和验收标准。验收员在验收酒水时应检查发货票上的酒水名称、数量、产地、级别、年限、价格是否与订购单上的一致。与此同时，再检查供应商实际送来的酒水名称、数量、产地、级别、年限是否与发货票上的相同，这就是酒水验收控制中的"三相同"，即发货票、订购单与实物相同。

在酒水验收控制中，对酒水价格与酒水数量的验收是酒吧成本控制的关键，因为某些供应商常采用多发送货物（发送的酒水的数量高于订购的数量）或发送的酒水规格高于订购单上的规格的方式扩大其销售额，从而造成酒吧成本升高。酒水验收员在每次酒水验收后，都要填写酒水验收单，并且在酒水发货票后盖上验收合格章，财务人员以验收合格的发货票为依据付给供应商货款。

3）酒水贮存的控制

酒水贮存的控制是酒吧成本控制的重要内容之一。酒水贮存控制的实质是：

（1）科学、合理地贮存各种酒水，防止酒水变质或丢失，从而控制酒吧的成本。

（2）做好存货控制。酒水存货记录一般由酒水会计师保管，而不由酒吧管理员或酒吧招待员保管。酒水会计师在每次进货或发料时做好记录，反映存货的增减情况。这种记录作为永续盘存记录，是酒水存货控制体系中不可缺少的一部分。

酒吧可使用卡片式永续盘存表，也可使用装订成册的永续盘存记录簿。

存货中的每种酒水都应有一张永续盘存表。如果使用代号，永续盘存表应按代号数字顺序排列。收入数根据验收日报表或贴在验收日报表上的发货票填写，发出数则根据领料单填写。

使用永续盘存表，可明确记录各个酒吧间的发料数量，这样的记录对查明瓶酒的短缺极为重要，同时保证了存货的安全。

保存永续盘存表，管理人员只需随时抽查存货的数量，就能发现酒水是否有短缺。通常，管理人员每隔数日抽查一次。如果存货记录数量与实际数量不同，应立即查明原因。

每月月末，管理人员应在酒水保管员的协助之下，实地盘点存货。月末存货数量通常记入存货账簿。将记入各类酒水的数量乘以单价，即可确定各类酒水存货金额。将实地盘存结果与永续盘存表中的记录进行比较，有助于发现差异。如果两者存在差异，应立即调查原因。有时，差异是由盘点错误引起的，有时，差异是由永续盘存表记录错误引起的，这些簿记的错误很容易改正。如果差异不是由这些原因引起的，瓶数缺少则很可能是由偷盗造成的。

4）酒水发放的控制

经过验收，进入仓库的酒水应全部登记入册，其采购金额也随之成为酒水库存金额，因此酒水的发放控制是酒水成本控制的又一个关键点。酒吧为了合理地使用各种酒水，避免酒水的损失和浪费，应制定一系列酒水发放的程序和标准，并严格地遵照这个程序和标准执行，我们称其为酒水发放控制。通常，酒水发放制度规定，仓库管理员发放任何酒水时都必须依据酒水领料单，而且必须由酒吧负责人签字后才能生效。许多企业还规定了酒水标准领取数量。

5）销售成本的控制

（1）增强成本观念，实行全员成本管理。

酒水的浪费现象在各酒吧都普遍存在。例如：调酒师在打扎啤时由于泡沫过多，整杯扎啤都倒掉造成浪费；调酒师开工前和 12 点后偷喝酒水；员工以物品交换酒水。其原因是员工在头脑中将成本控制当作管理层的任务，没有成本控制的责任心，销售时克扣客人的酒水或以冰水代替造成产品质量下降。

要解决这一问题，首先，在员工培训中应加强广大员工对成本管理的认识，增强成本观念。向全体员工进行成本意识的宣传教育，培养全员成本意识，变少数人的成本管理为全员的参与管理。其次，改变传统的"固定工资∶变动工资=8∶2"的工资结构，改为大比例的变动工资结构，将降低成本作为工资评定的标准之一，并在员工行为规范中引入一种内在约束与激励机制，强调人性的自我激励，在酒吧内部形成员工的民主和自主管理意识。改变酒吧常用的靠惩罚、奖励实施外在约束与激励的机制，实现自主管理，这既是一种代价最低的成本管理方式，也是降低成本最有效的管理方式。

（2）运用盘存表来加强管理。

盘存表的填写方法是，调酒员每天上班时按照表中品名逐项盘存，填写存货基数，营业结束前统计当班销售情况，填写售出数，再检查有无内部调拨，若有则填上相应的数字，最后，用"基数 +调进数+领进数−调出数−售出数=实际盘存数"的方法计算出实际盘存数填入表中，并将此数据与酒吧存货数进行核对，以确保账物相符。酒水领货，按惯例一般是每天一次，此项可根据酒吧实际情况列入相应的班次。管理人员必须经常不定期地检查盘存表中的数量是否与实际贮存量相符，如有出入应及时核查，及时纠正，堵塞漏洞，减少损失。

（3）丰富标准配方内容。

各个酒吧的酒水销售都有标准配方作为依据。标准配方可以控制成本和保证产品的质量。标准配方不仅要包括产品的配方、装饰、载杯，还应包括服务时间、标准颜色、口感和表演方式。服务时间主要指酒水的制作时间，酒水中果汁会与空气接触而改变口感，影响质量。标准颜色主要来自果汁、糖浆和利口酒，通过颜色可以检验酒水的质量。表演方式可以增加客人的购买欲望。

（4）酒嘴的使用。

酒吧里常有一种卡在酒瓶上的酒嘴，但除了美式酒吧在花式调酒时使用外，其他酒吧很少使用。酒嘴的使用可以稳定流量，减少损失，减轻调酒员的紧张感，有效提高服务效率。

素养园地

洋酒终于走出酒吧夜场 国际巨头越发偏爱中国市场

在业内看来，国内进口烈酒的消费环境正在发生新的变化，随着新一代消费者入场和酒饮消费多样化，对洋酒巨头们来说，中国市场正变得越发重要。

财报显示，2023财年上半年（2022年7—12月），保乐力加实现收入71.2亿欧元，同比增长12%，高于此前行业预期。其中保乐力加亚洲市场增长强劲，增幅超过18%。

财报展示材料中，保乐力加管理层也单独点出中国市场的表现，上半财年保乐力加中国市场销售同比增长4%，其中第一个季度在销售增长和定价因素的推动下，同比增长了9%，第二个季度销售一度疲软，但被农历新年前快速增长的出货量所抵消。

2023财年第一个季度正是中国国内中秋和国庆双节旺季，同期白酒市场虽然不温不火，但进口烈酒需求却明显增长。根据保乐力加此季度公布的数据，中国终端销售实现了两位数增长，旗下核心品牌马爹利、格兰威特等均取得2位数增长。

另一家国际酒业巨头帝亚吉欧财报也显示，2023财年上半年实现净销售额94亿英镑，同比增长9.4%，其中中国市场销售同比增长2%。

人头马君度集团2023财年上半年业绩也显示，实现销售额8.7亿欧元，中国市场所在的亚太地区同比增长21.7%，中国市场继续反弹，农历新年前出货量大增，预计2023年业务将全面复苏。

为了抓住中国洋酒消费的机遇，国际酒业巨头也加快了在中国本土化的进程，保乐力加在四川、帝亚吉欧在云南均投建了其在中国的首家威士忌工厂，以便加速市场培育。

在张云看来，中国是全球最大的烈酒消费市场，目前还是以白酒消费为主，但对洋酒企业而言市场潜力巨大。随着新年轻消费群体进场，以及海归年轻消费者本身对洋酒就有较好的接受度，烈酒消费也将更加多样化，洋酒的渗透率会进一步提升。

资料来源　栾立. 洋酒终于走出酒吧夜场 国际巨头越发偏爱中国市场［N］. 第一财经，2023-02-20（A09）. 有删减.

思政元素：社会主义市场经济。

互动话题：党的二十大提出："坚持社会主义市场经济改革方向""构建高水平社会主义市场经济体制"。这是以习近平同志为核心的党中央基于当前国内外发展形势和新时代新征程我们党的使命任务提出的重大战略举措，对于加快构建新发展格局、推动高质量发展、夯实全面建设社会主义现代化国家物质基础具有重要意义。

研讨要求：

（1）结合本案例，请各组围绕"在酒吧经营管理中如何把握社会主义市场经济发展趋势和规律"开展深入交流和研讨；

（2）各小组推荐1名成员做主题发言，总结分享小组交流研讨的内容。

■ 本章小结

酒吧经营的利润来自采购，管理者首先要制订采购品种计划、采购数量计划，并对采购数量进行计算，以确保酒水的及时供应；同时必须建立酒水采购质量标准，以保证酒水的出品质量。酒吧采购人员须按酒水的采购程序进行采购。验收是酒水采购的一个重要环节。所有酒水验收后，都要送到贮藏室按要求及酒水的自身特点进行保管，需要使用时严格按酒水的领料程序办理。

■ 主要概念

采购　验收　库存　领发　永续盘存法

■ 判断题

1.一般情况下，酒水可分为指定牌号（call brand）和通用牌号（pouring brand）两种类型。　　　　　　　　　　　　　　　　　　　　　　　　　　　　　（　　）

2.直射日光容易引发病酒的产生。　　　　　　　　　　　　　　　　　（　　）

3.在发料之前，应在酒瓶上做好标记。　　　　　　　　　　　　　　　（　　）

4.桶装鲜啤酒只能贮存相当短的一段时间，果酒和葡萄酒可贮存的时间稍长一些，而威士忌等蒸馏酒却可长期贮存。　　　　　　　　　　　　　　　　　　（　　）

5.所谓永续盘存法是指酒吧对所有饮品入库和出库保持连续记录的一种存货控制方法。　　　　　　　　　　　　　　　　　　　　　　　　　　　　　（　　）

■ 选择题

1.下述各项中不是理想的酒水贮藏条件的有（　　　）。

A.通风换气　　　　　　B.环境干燥　　　　　　C.灯光照明　　　　　　D.足够的贮存空间

2.对酒水经销商（或代理商）的选择应考虑多种因素，其中（　　　）不属于主要因素。

A.财务的稳定性　　　B.地理位置　　　　　C.个人能力　　　　　D.支持力度

3.质量标准可以以卡片形式出现，在质量标准卡片上，可反映出许多内容，但是无法反映出（　　　）。

A.原料的价格   B.原料的特殊指示和要求
C.原料的用途   D.原料的名称

■ 简答题

1.为什么说酒吧经营的利润不是来自销售，而是来自采购？
2.什么是酒水采购的质量标准？采购质量标准的作用是什么？
3.试述酒水验收的程序。
4.酒吧的酒水贮藏室应符合哪些基本条件？
5.什么是酒瓶标记？它在酒吧管理中起什么作用？

■ 实践训练

开设酒吧实操课程，让学生运用永续盘存表、请购单、订购单、酒水验收日报表、酒水验收汇总表、存料卡、酒水领料单等分别进行记录，并参照表9-9进行测评。

表9-9   酒水采购评价参考表

评价内容	分值（分）	评分（分）
酒水采购品种计划制订是否合理	10	
酒水采购数量计划制订是否合理	10	
供货单位的选择	20	
酒水验收是否严格按程序进行	20	
酒水贮存情况	20	
单据填写情况	20	
酒水采购评价总分	100	

第10章

酒吧营销管理

■ 学习目标

本章主要讲述酒吧酒水营销的基本知识与技巧。通过本章的学习，学生应对酒吧酒单的设计原则、方法、内容等都有所了解，同时，还应掌握酒吧酒水促销的基本技巧，并能进行实际应用。

酒水的销售额在饭店的总营业额中虽然不占最大比重，但其利润率却是不可低估的。通常，普通饭店酒水的平均毛利率可以达到70%，高档饭店甚至可以达到80%。在宴会中，酒水的销售额有时高达菜肴销售额的2/3，但酒水销售的成本远比菜肴销售的成本低得多。因此，做好酒吧酒水的营销工作，提高酒水的销售额，实际上是用较小的成本，为企业赢得更多的利润。

10.1　酒吧形象的定位

在做营销计划时，首先要选择市场，确认目标顾客群，然后确定目标顾客群的需要，设计产品和服务，分析市场环境，树立酒吧形象。如果这些基本要素得到确认，那么酒吧在吸引顾客和销售产品方面的问题也就迎刃而解。

10.1.1　确定目标顾客群

人们来酒吧消费往往有着不同的目的。通常情况下，喝酒水并不是最原始的动机，我们可以根据顾客来到酒吧的不同目的将顾客分成不同的类型。

1）就餐的顾客

这类顾客的目的是就餐，而酒类作为佐餐品，增加了顾客体验的整体乐趣。虽然食物是顾客的第一目标，然而通常情况下他们对酒类也会有所需求。

2）过路的顾客

这类顾客的目的通常是使自己恢复精力，在经过一天的劳累后，做短暂的休息。那些在酒吧里等飞机、火车或约会朋友的人多属于此类。而为这些顾客提供服务的酒吧通常位于办公楼或工厂附近，还有些建在汽车站、火车站、机场或酒店的休息室内。

3）休闲的顾客

这类顾客有闲暇时间放松心情，他们喜欢到酒吧，是因为这些地方有音乐、游戏和与新朋友结识的机会，在这里他们能够接触社会时尚。

4）聚会的顾客

在一些酒吧里，熟识的人经常聚集在一起，他们享受生活、放松心情，他们的目的是与自己熟识并喜欢的人在一起。在酒吧里，顾客觉得像在家里一样心情舒适，有归属感。

大多数顾客都属于以上几个类型组群。虽然不同类型的顾客心境、口味、兴趣、背景以及生活格调各不相同，但不同类型的个体偶尔也会交叉。总的来说，这些顾客类型之间是并不兼容的。在以上四个宽泛的顾客类型中还存在许多子群，划分的标准主要有生活格调、兴趣、年龄、工资水平、家庭情况、职业及社会地位等。另外，由于某个共同的兴趣（如足球、爵士乐）也可以形成更具体的子群。

企图吸引所有的顾客，这是不切实际的。对任何酒吧来讲，其经营者都应该把主要精力放在单一的目标顾客群体上，并使整个酒吧的经营活动都围绕这个群体。当然，酒吧也可以同时接待两个或两个以上的不同顾客群体。通常情况下，只要把不同的目标顾客分开，就可以同时为他们服务。例如，可以在同一间酒吧的不同房间或不同楼层内为不同的顾客提供服务。

10.1.2　设计酒吧产品

酒吧选定了目标顾客之后，就应努力了解顾客的需要，尽量满足顾客的需求，包括外在的需求和潜在的需求。然后，根据顾客需求设计酒吧的产品和服务，包括酒吧的地点、设施设备、气氛环境、饮品食品、服务项目、营业时间和收费标准等。由于顾客的类型不同，他们的期望也会有所不同，但是不论对于哪一类顾客，都应让他们感觉到酒吧提供的产品和服务物有所值。

此外，酒吧还要对自己的竞争对手有所了解，弄清他们如何为顾客服务。在竞争的环境中，酒吧的产品和服务与竞争对手相比应具有明显的差异和优势，否则就无法吸引顾客。简单模仿、抄袭别人经营模式的酒吧是很少能够成功的。怎样才能使酒吧保持差异和优势呢？首先，要密切注意周围环境的变化，敏锐地观察其他酒吧的情况及光顾这些酒吧的顾客的想法。其次，还要准确应对顾客口味的变化，积极地调整自己的产品。只有坚持创新的工作态度和对顾客意见迅速反馈的工作方法，才能使酒吧在竞争中立于不败之地。

10.1.3　分析市场环境

1）选择恰当的地址

酒吧选址时要注意选择与目标市场邻近的地点，同时注意所选地点是否存在竞争等问题。具体的选择方法应根据酒吧的顾客市场来决定。如果目标市场是就餐的顾客，则应选择居民区、工作区或两者兼有的地区；如果目标市场是娱乐消遣的顾客，则最好选择时尚、繁华的地点；而对于过路的顾客来说，酒吧应选择在人流较多的线路上。

2）了解潜在顾客市场

一旦酒吧经营者对于选址有了一个大体构想，就应着手了解所选地点及邻近地段是否存在足够的潜在顾客市场，如人口密度、交通要道数、城市规划、居民身份、工资水平、教育程度、消费习惯等统计资料。

3）分析市场竞争环境

酒吧经营者还要对市场竞争环境进行分析，看看所选地区顾客需求被满足的程度。调查此地的所有酒吧，研究它们的产品，估计其销售量，并把这些酒吧与自己的构想进行对比，考虑存在的竞争和市场潜力，判断此地是否还有发展空间。

4）分析财务的可行性

最后，对所选地区及目标市场进行财务可行性分析，估算全部资金需求，包括土地和建筑物费用、家具设施费用、开业费用以及开业之初的经营亏损储备金。另外，还要做一个详细的经营计划和经营预算。在计算销售额时应保守一些，而在估算费用时则应留有较大的浮动额。如果根据期望利润率得出入不敷出的结果，则该地区及目标市场的项目不可行。

10.1.4　树立酒吧形象

酒吧要在市场中树立自己的形象，扩大酒吧的知名度和吸引力，就要使目标市场的顾客了解其经营理念、服务思想、品牌特色、酒水品种，这就必须通过一定手段向顾客展示自己的产品，吸引顾客，从而使顾客从视觉、行为和观念上认同酒吧。

1）使顾客知晓酒吧

一个成功的酒吧必须在当地市场上有一定的知名度，这就要求通过各种形式的推销手段，让潜在顾客或大众了解酒吧的名称、位置、提供的服务内容和服务特色。

2）使顾客喜爱酒吧

酒吧通过提供高质量的酒水和一流的服务来满足顾客的需要，让顾客从心理和行为上喜爱酒吧的产品和服务，从而喜爱酒吧。

3）使顾客认同酒吧

通过酒吧提供的产品、服务以及各种宣传，让顾客明确酒吧的价值观念、质量标准、服务特点等，使顾客认同酒吧的经营思想和服务理念。

4）使顾客信赖酒吧

顾客对酒吧的信赖是其再次光临的基础，而且会对酒吧起口头宣传的作用。

10.2　酒吧酒单设计

10.2.1　酒单设计应考虑的因素

酒吧酒单设计的好坏在很大程度上影响着酒吧酒水的销售，酒单设计是一项复杂的工作，并不仅仅是将酒水与售价简单标出。一个酒单的设计应考虑以下几个方面的因素。

1）目标顾客的需求及消费能力

任何企业，不论其规模、类型如何，都不可能具备同时满足所有消费者需求的能力和条件，企业必须选择一群或数群具有相似消费特点的顾客作为目标市场，以便更好、更有效地满足这些特定顾客群的需求，并达到有效吸引顾客群、提高盈利能力的目标，酒吧也一样。例如，有的酒吧以吸引高消费的顾客为主，有的酒吧以接待工薪阶层、大众消费者为主；有的酒吧以娱乐为主，有的酒吧以休息为主；有的酒吧办成俱乐部形式，明确其目标顾客定位；度假式酒吧的目标顾客是度假旅游者；车站、码头、机场酒吧的目标顾客是过往客人；市中心酒吧的目标顾客为相对固定的本市顾客。不同顾客群的消费特征是不同的，这便是制定酒单的基本依据。

尽管企业选定的目标市场都由具有相似消费特点的顾客组成，但其中不同的个人往往有着不同的消费心理需求，如有的人关心饮品的口感，有的人可能关心的是价格，有的人关心酒吧的环境，有的人注重所享受的服务，有的则注重消费的便利性等。总之，只有在及时、详细地调查了解和深入分析目标市场各种特点和需求的基础上，酒吧才能有目的地在饮品品种、规格、价格、调制方式等方面进行计划和调整，从而设计出为顾客所乐于接受的酒单内容。

2）原料的供应情况

凡列入酒单的饮品、水果拼盘、佐酒小吃，酒吧必须保证供应，这是一条相当重要但极易被忽视的酒吧经营原则。某些酒吧酒单虽然丰富多彩、包罗万象，但在客人需要时却常常得到这没有那也没有的回答，导致顾客失望和不满，以致对酒吧经营管理方面可信度产生怀疑，直接影响到酒吧的信誉度。这通常是原料供应不足所致，所以在设计酒单时就必须充分掌握各种原料的供应情况。

3）调酒师的技术水平及酒吧设施

调酒师的技术水平及酒吧设施在相当程度上决定了酒单的种类和规格，不考虑这些因素而盲目设计酒单，即使再好的酒单也无异于空中楼阁。如果酒吧没有适当的厨房空调设施，强行在酒单上列出油炸类食品，当客人需要而制作此类食品时，酒吧会油烟弥漫而影响顾客消费及服务工作的正常进行。如果调酒师在水果拼盘方面技术较差，而在酒单上列出大量时髦造型水果拼盘，只会在顾客面前暴露酒吧的缺点并引起顾客的不满。

另外，酒单上各类品种之间的数量比例应该合理，易于提供的纯饮类与混合配制饮品应搭配合理。

4）季节性考虑

酒单制作也应考虑不同季节客人对饮品的不同要求。例如，冬季，顾客多消费热饮，则酒单品种应作相应调整，大量供应如热咖啡、热奶、热茶等品种，甚至为顾客温酒；夏季则应以冷饮为主，供应冰咖啡、冰茶、冰果汁等，这样才能符合顾客的消费需求，使酒吧有效地销售其产品。

5）成本与价格考虑

饮品作为一种商品是为销售而配制的，所以其销售应考虑该饮品的成本与价格。价格太高，顾客不易接受，该饮品就缺乏市场；如压低价格，影响毛利，又可能亏损。因此在制定酒单时，必须考虑成本与价格因素。从成本的角度来说，虽然在销售时已确定了标准的成本率，但并不是每一种饮品都符合标准成本率。在制作酒单时，既要注意一种饮品中高低成本的成分搭配，也要注意一张酒单中高低成本饮品的搭配，以便制定出有利于市场竞争的价格，并保证在整体上达到目标毛利率。

6）销售记录及销售史

酒单的制作不能一成不变，应随客人的消费需求及酒吧销售情况的变化而改变，即动态地制作酒单。如果目标顾客对混合饮料的消费量大，就应扩大此类饮料的种类；如果对咖啡的销售量大，就可以将单一的咖啡品种扩大为咖啡系列，同时将那些顾客很少点要的，或根本不要而又对贮存条件要求较高的品种从酒单上删除。

7）酒单的样式

一个好的酒单设计，要给人"秀外慧中"的感觉，酒单形式、颜色等都要和酒吧的定位、气氛相适应，所以，酒单的形式应不拘一格。酒单的形式可采用桌单、手单及悬挂式酒单三种。从形状来看，可采用长方形、圆形、椭圆形等。

（1）桌单。桌单是将以图画、照片等为背景的酒单折成三角形或立体形，立于桌面，每桌固定一份，客人一坐下便可自由阅览。这种酒单多用于以娱乐为主及吧台小、品种少的酒吧，简明扼要，立意突出。

（2）手单。手单最常见，常用于经营品种多、吧台大的酒吧，客人入座后再递上印制精美的酒单。手单中，活页式酒单也是可采用的，活页式酒单便于更换。如果需要调整品种、价格，用活页式酒单就方便多了，也可将季节性品种制成活页，这样定活结合，给人以方便灵活的感觉。

（3）悬挂式酒单。悬挂式酒单，一般在门庭处吊挂或张贴，配以醒目的彩色线条、花边，具有美化及广告宣传的双重效果。

酒单不仅是酒吧与顾客之间沟通的工具，而且具有广告宣传效果。有的酒吧在其酒单扉页上除印有精美的色彩及图案外，还配以语句优美的小诗或特殊的祝福语，具有文化气息，可提升酒吧的经营立意，并拉近与客人的心灵距离。

同时，酒单上也应印有酒吧的简介、地址、电话号码、服务内容、营业时间、业务联系人等，以增加顾客对酒吧的了解，发挥广告宣传作用。

10.2.2　酒单定价原则

1）价格反映产品价值的原则

酒单上饮品的价格是以其价值为主要依据制定的，但层次高的酒吧，其定价较高，因为该酒吧的各项费用高；地理位置好的酒吧与地理位置差的酒吧相比，因店租较高，其价格也可以略高一些。

2）符合市场供需规律的原则

一般市场供需规律，指价格围绕价值的运动是通过价格、需求和供给之间的相互调节实现的。

3）综合考虑酒吧内外因素的原则

酒吧内部因素，包括酒吧经营目标和价格目标、酒吧投资回收期以及预期效益等。

酒吧外部因素，包括经济趋势、法律规定、竞争程度及竞争对手状况、顾客的消费观念等。

10.2.3 酒单的内容

酒单的内容主要由名称、数量、价格及描述四部分组成。

1）名称

名称必须通俗易懂，冷僻、怪异的字尽量不要用。命名时可按饮品的原材料、配料、调制出来的形态命名，也可以按饮品的口感冠以幽默的名称，还可针对顾客搜奇猎异的心理，抓住饮品的特色加以夸张等。

2）数量

应给顾客一个明确的说明，是一盎司，还是一杯（同时说明杯子的容量），顾客对不明确信息的品种总是抱着怀疑及拒绝的心理，所以要大大方方地告诉顾客，让顾客在消费中进行比较，并提出意见和建议。

3）价格

顾客如果不知价格，便会无从选择。在餐厅中标着"时价"的菜品，顾客很少点用，道理是一样的。所以，在酒单中，各类品种必须明码标价，让顾客做到心中有数，自由选择。

4）描述

对某些新推出或新引进的饮品应给顾客一个明确的描述，使顾客了解其配料、口味、做法及饮用方法，对一些特色饮品可配彩照，以增加真实感。

10.2.4 酒单设计注意事项

1）规格和字体

酒单封面与内页图案都要精美，且必须适合酒吧的经营风格，封面通常印有酒吧的名称和标志。酒单尺寸的大小要与酒吧销售饮品品种的多少相对应。

酒单上各类品种一般用中英文双语，以阿拉伯数字排列编号和标明价格。字体印刷端正，使顾客在酒吧的光线下容易看清。各类品种的标题字体与其他字体有一定区别，既美观又突出。

2）用纸选择

一般来说，酒单的印制从耐久性和观赏性方面考虑，应使用重磅的铜版纸或特种纸。纸张要求厚实并具有防水、防污的特点。纸张的颜色有纯白、柔和素淡、浓艳重彩之分，通过不同色纸的使用，增添酒单的不同色彩。此外，纸张可以用不同的方法折叠成不同形状，除了可切割成最常见的正方形或长方形外，还可以特别设计成特殊的形状，让酒单设计更富有趣味性和艺术性。

3）色彩运用

色彩设计，需根据成本和经营者所希望产生的效果来决定用色的多少。颜色种类越多，印刷的成本就越高，单一颜色成本最低。

酒单设计中如使用双色，最简便的办法是将类别标题印成彩色，如红色、蓝色、棕色、绿色或金色，具体商品名称用黑色印刷。

4）排列

一般是将受顾客欢迎的商品或酒吧重点推销的酒品放在前几项或后几项，即酒单的首尾位置及某种类的首尾位置。

5）更换

酒单的品名、数量、价格等需要更换时，不能随意涂去原来的项目或价格换成新的项目或价格。如随意涂改，会破坏酒单的整体美，另外会给顾客造成错觉，影响酒吧的信誉。所以，如果更换，必须更换整体酒单，或从一开始的设计上针对可能会更换的项目采用活页。

6）表里一致

设计酒单关键是要"货真价实"，即表里一致，而不能只做表面文章，华而不实。

小资料 10-1　　　　　　　　　　　　　酒单设计欣赏　二维码

酒单设计见图 10-1。

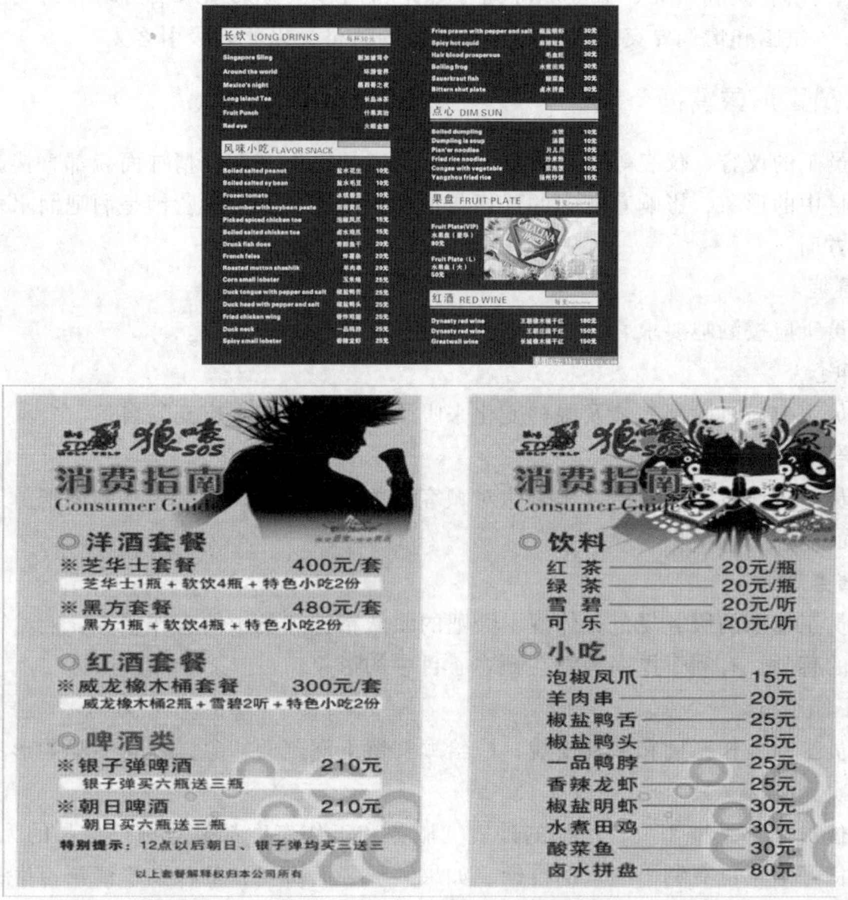

图 10-1　酒单设计

10.3 酒吧酒水营销

10.3.1 环境形象营销

一个高品位的酒吧应该营造高品位的环境气氛。酒吧是供人们休闲娱乐的场所，应该营造出温馨、浪漫的情调，使顾客忘记烦恼和疲惫，在消费的过程中获得美好的感受。

1）酒吧的环境卫生

酒吧卫生在顾客眼中比餐厅卫生更重要。因为酒吧供应的酒水都是不加热直接提供的，所以顾客对吧台卫生、桌椅卫生、器皿洁净程度、调酒师及服务人员的个人卫生习惯等非常重视。

前沿资讯10-1

白酒营销升级
酒+音乐寻求
情绪价值

2）酒吧的氛围和情调

酒吧的氛围和情调对一个酒吧酒水的销售也能起促进作用，氛围和情调是酒吧的特色，是一个酒吧区别于另一个酒吧的关键因素。酒吧的氛围通常由装潢和布局、家具和陈列、灯光和色彩、背景音乐及活动等组成。酒吧的氛围和情调要突出主题，营造独特的风格，以此来吸引客人。

10.3.2 员工形象营销

酒吧员工的仪容、仪表等外在形象，以及员工的工作态度和精神面貌都直接影响酒吧在顾客心目中的形象，影响着顾客的选择与消费，酒吧员工形象营销是酒吧酒水营销的一个很重要方面。

1）着装

酒吧员工应按酒吧要求着装，整洁、合身，反映出岗位特征。

2）神态

酒吧员工应通过脸部表情及眼神变化来吸引顾客，眼神中应充满自信。

3）语言

酒吧员工应通过礼貌的语言来表达对顾客的关心和重视，让顾客感到酒吧员工在时刻关注着他的需求。

4）服务规范

酒吧员工标准的服务规范，体现了酒吧的团队精神和员工的合作精神，能给顾客一种训练有素的感觉，有利于提高酒吧在顾客心目中的形象。

5）工作态度

酒吧员工的工作态度和精神面貌，应给顾客留下深刻的印象，强化酒吧的形象，吸引消费者再次光临。

每一位员工都是推销员，他们的外表、服务和工作态度都是对酒吧产品的无形推销。调酒师的良好形象也有利于酒水的推销。如果酒吧装潢讲究，员工勤于清洁卫生，而调酒师仪容却不端正的话，一切努力都是枉费。

10.3.3 店面形象营销

酒吧的店面形象营销是通过名称、招牌及宣传广告使大众了解酒吧，从而达到销售的目的。

1）酒吧名称

酒吧名称，必须适合其目标顾客层次，符合酒吧的经营宗旨和情调，只有这样才能树立起酒吧的形象。酒吧名称基本要遵循以下原则：

（1）笔画简洁。笔画太多的字，顾客难以辨认。如果到了酒吧认不出、叫不出酒吧名，顾客有时会掉头就走。

（2）不用生僻字。生僻字顾客容易读错，也不利于酒吧形象的传播。

（3）字数要少。酒吧名称以两三个字为佳，一般不要超过四个字。

（4）有独特性。酒吧的名称要与众不同，这样才能在顾客心目中留下深刻的印象。

（5）发音容易。发声要有差别，避免同声组合，避免发音困难的字，避免俗气的语音。

（6）不用易混淆的词。避免用在语音、字形上易混淆的词。

2）酒吧招牌

酒吧的招牌是十分重要的宣传工具，一般要求招牌设计美观且用符合酒吧风格的字体，从而引起顾客的注意，加深印象。酒吧招牌中一般带有"Bar""Club"等字样。

3）酒吧宣传广告

酒吧为了扩大影响力，增加销售，常需要印一些广告宣传品放在桌上、柜台上或店内的墙上。精美的广告制品往往让人爱不释手，从而对酒吧产生难以忘怀的印象。

这些广告应具有以下特点：

（1）对饮品的介绍让顾客一目了然，尤其要突出特色饮品和主要饮品。

（2）显示价格优惠，当酒吧提供折扣价、优惠券或各种赠品时，应向顾客详细传达这方面的信息，以漂亮的广告向大众告示，以吸引顾客。

10.3.4 内部营销

内部营销工作是从顾客一进门便开始的，顾客进来了，能否让他留下并主动消费，这是非常重要的。服务人员整洁的外表、可爱的笑容、亲切的问候、主动热情的服务对留住顾客是至关重要的。同时，酒吧的环境和气氛也左右着顾客的去留。顾客坐下来后，行之有效的营销手段及富有导向性的语言宣传是顾客消费多少的关键。当顾客离座时，服务员可赠给顾客一份缩样酒单或一块小手帕、一个打火机、一盒火柴，当然这上面都印有本酒吧的地址和电话，给顾客留作纪念，欢迎其下次光顾或转送给他的朋友。

另外，陈列也是内部营销的手段。陈列品既可以摆在吧台的展览柜里，也可以放在面向大街的玻璃橱窗里，还可以放在酒吧、餐厅入口的桌子上及房内的各个可装饰的角落。陈列品的存在对顾客无疑是一种无声的诱惑，同样起到很好的促销作用。

内部营销还有一个不可忽略的因素，那就是酒吧的设计与装饰，即该酒吧从外表上看是否能令人驻足？里面的环境和气氛是否让人感到舒适和亲切？一般说来，令人头晕目眩的刺眼的灯光不会给人留下很好的印象，而怪异的搭配和对比强烈的色彩也不见得会带来多好的效果。因此，酒吧在设计与装饰时，一定要请内行、专家，绝不要为节省小的支出而破坏了整个大局。

内部营销的成功可以加倍扩大自己的业务。有位精明的管理者曾这样说："不向现有的客人宣传，几乎是'有罪'的。"因此，我们千万不要错过这个机会，它能同时为我们提供三重机会：其一，使顾客在酒吧逗留期间最大限度地消费；其二，邀请他们再来；其三，请他们代为宣传我们的酒水和服务。

1) 以菜单辅助酒的销售

设计菜单本来就是一件大事，但是不管菜单的形式如何，都可以在它上面附加一些有关售酒的信息。用餐的人都要看菜单，但不一定每个人都想要看酒单。

最简单的方法是在菜单上附一个小方块，小方块上列出几种酒的名称和价格，并加上一句邀请的话："看看我们的酒单好吗？"最好的位置是一页的正中央，最好放在主菜单的前面。

另一种方法是以夹子夹上一张纸，上面标出几种酒或是几种特价酒，如每周的红葡萄酒及白葡萄酒，或是以杯计价的精选好酒。

这两种方法对那些以酒为主要饮料的餐厅很有效。以这种方式促销适合强调一两种酒，内容必须包括以下三方面：①这是什么酒；②为什么顾客会喜欢它；③它的价格。

在豪华的餐厅里菜单都比较讲究，常会为主菜取一些特别的名称，同时还附有简单的说明，说明的下面通常会有一行建议，向顾客推荐某种酒来搭配这道菜，以简化点酒的程序。

2) 酒单推销

（1）酒单上的酒应该分类，以便顾客查阅与选择。

如果大多数顾客对酒不太熟悉的话，在每一类或每一小类之前附上说明，有助于帮助顾客选择他们需要的酒。

（2）准备几种不同的酒单。

有多种酒类存货的餐厅，通常有两种不同的酒单：一种为一般的酒单；另一种则为贵宾酒单。前者放在每张桌子上，通常整顿饭的时间都留在那儿。而后者只有当顾客要求，或是他无法在一般酒单上找到想喝的酒时才展示出来。

（3）避免拼写错误。

注意不要拼错酒名及酒厂名，也不要把酒的分类弄错，印刷之前应仔细校对，以免日后顾客提出质疑。努力将顾客的注意力吸引到几种特别的酒上，以利于刺激消费。最常用的方法是从现有的酒单中，挑选出几种酒加强宣传。不过，提高顾客对酒的认知才是长远之计。

3) 好酒论杯计价

提供2~6种不同价位的酒以杯销售，这已成为广受欢迎的销售方式。它能够吸引顾客尝试新酒，也能够适应当前节制饮酒的需求。

4）每日一酒或每周一酒

越来越多的酒吧供应每日或每周特价酒。这些特价酒和以杯计价的酒一样，能够吸引顾客尝试酒单上的新酒，也可以促销一些原来销售并不理想的好酒。

5）酒瓶挂牌推销

酒吧对某些顾客，可以在他品味过或饮剩的美酒酒瓶上挂上写有其"尊姓大名"的牌子，然后将酒瓶陈列在酒柜里。高贵名酒与顾客身份相映生辉。当顾客再光顾时，很可能与朋友结伴而来"故地重游""旧瓶再饮"。这是充分利用顾客炫耀心理达到推销的最好方式之一。

6）知识性服务

在酒吧里备有报纸、杂志、书籍等，以便客人阅读，或者播放外语新闻、英文会话等节目，或者将酒吧布置成图书馆风格。

7）免费品尝

酒吧若推出新的品种，为了让顾客对其有较快的认识，最有效的方法之一便是免费赠送给顾客品尝。顾客在不花钱的情况下品尝产品，定会十分乐意寻找产品的优点，也乐意无偿宣传产品。

8）有奖销售

用奖励的办法来促进酒水销售，客人一方面可寄希望于幸运所至，另一方面即使不得奖也算是一种娱乐的方式。

9）赠送小礼品

有的酒吧采取向每一位顾客赠送小礼品的方式来联络感情。一方餐巾，一个搅棒，一支圆珠笔，印上酒吧地址、电话的火柴盒、打火机、小手帕等，都可以作为小礼品赠送给顾客。

10）折扣赠送

酒吧向顾客赠送优惠卡，顾客凭卡可享受优惠价，这实质上也是一种让利赠送的办法。主动找个适当优惠的理由给顾客一点回报，若顾客的趋利心理能在这里得到满足，很可能会再来，而赚到钱的却是酒吧。

11）宣传小册子

设计制作宣传小册子的主要目的是向顾客提供有关酒吧设施和酒品服务方面的信息。宣传小册子一般应包括以下内容：酒吧名称和相关标识符号、简介、地址、交通路线图、电话号码，以及如果顾客需要更多信息，应和哪个部门或谁联系等。

营销的手段和方法很多，除日常的外部营销和内部营销外，在节假日和每个特殊的日子里，也应抓住时机，有计划地作一些特别促销。例如，8 月可以搞一个"暑期冰淇淋节"活动。这期间学生半价，每位学生可以带一位大人，同样实行优惠政策。另外，需要指出的是，特别促销不一定都是优惠或是赠送礼物，只要是一些与众不同的活动就行。

总之，营销不要错过特别的机会。各个法定节假日，人们从繁忙劳碌的工作岗位上走下来，期待身心得到彻底的放松和休息，这正是营销的机会。节假日的特别促销工作做得好，有时一天的营业额会超过平时一周的营业额。

现在，有些酒吧和休闲场所竞相推出"欢乐时光"促销活动，为的是在生意较淡的时间段特价供应某些产品和服务，以达到增加服务收入、提高知名度、聚集人气的效果。例如，在下午3点到5点之间，推行买一赠一的策略，不管你买哪一种产品都同时赠送一种同样的产品。诸如此类的推销方法能举的例子很多，但有一个原则千万不要忘记：永远不要做任何吃亏的推销。

还要强调的一点是：有效的推销不能时断时续，必须定期地、扎扎实实地、持续不断地反复进行。只有这样，才能取得滚雪球一样的效果。

小资料10-2　　　　　　　　　从推销一瓶啤酒做起

新加坡 Bar None 的员工具有较强的销售意识，自觉地促销。他们的信条是"从推销一瓶啤酒做起"。以推销酒水为例，酒吧制作了一张酒水销售表，表上标有每位服务员的姓名以及推销酒水的数量、日期；月末统计，每月一换，推销数量多的员工可获得酒吧奖励。

素养园地　　　　　　　　　五粮液国风快闪酒吧"香"见大运会

2023年7月28日至8月8日，第31届世界大学生夏季运动会（以下简称"大运会"）在四川成都举办。这是继2001年北京大运会、2011年深圳大运会之后，中国大陆第三次举办世界大学生夏季运动会，也是中国西部第一次举办世界性综合运动会。

大运会期间，作为中国白酒典型代表和川酒龙头，五粮液在东安书院大运会主媒体中心，为国内外媒体嘉宾精心打造了集办公、休闲交流、文化体验于一体的沉浸式配套服务空间——大运会快闪酒吧（以下称快闪酒吧），将竞技体育精神与城市文化、历史文化以及中国白酒文化、品牌文化相结合，传播积极向上、拼搏进取的健康理念的同时，也传递出以五粮液"和美"为宗旨的品牌愿景和价值，展现川酒领军品牌助力体育强国建设、弘扬川酒文化的责任与担当。

快闪酒吧整体空间以古代"坊市"概念进行设计，融合酒文化、园林文化、竹文化、山水文化等造景，取"五"所代表的和美之寓意，将区域分为五酿坊、宜茶居、五乐坊、五言阁、匠造社"五大坊市"，囊括中国传统文化诗酒茶花、乐舞书画等体验，再现成都"扬一益二"的繁荣场景和历史荣光，以本土之道，待外来之客。

其中，五酿坊不仅展示了中国酒文化、窖池、酿造技艺，还能进行现场品尝，便于全方位地了解白酒，深入感受"中国传统，杯酒千年"的文化韵味；茶坊则融合了成都本土盖碗茶、功夫茶要素，将中国茶文化的博大精深展现得淋漓尽致，还可以品茶、闲坐、交流；乐坊里古今交融的歌乐体验，可以让人更加直观地感受到中华文化的开放包容；书坊里可以欣赏到中国书法艺术，进行书法创作体验，感受中国国画的写意；工坊则是结合了中国传统手工艺和女红要素，可以体验插花等技艺。

讲好中国文化故事，一直是五粮液孜孜不倦的追求，五粮液快闪酒吧也为中华传统文化表达注入了五粮液独有的和美生命力。手持长嘴壶表演茶艺、穿着马面裙走秀、再现盛唐传统舞蹈、集市店主身披汉服售卖……快闪酒吧处处蕴藏着中华传统文化元素。

中国自古茶酒不分家。在酒坊还可以体验不同创意调饮、咖啡等饮品，在名为"饮一杯琼浆玉露，品一番盛世五粮"的点水单中，"和语清风""美景良辰""中国印象""浓情酒心拿铁"等一款款雅致的产品名称，让全世界媒体朋友对中国文化产生了丰富的遐想和美好的期待；在茶坊，可以体验"一把竹椅一盏茶，一段龙门阵摆一天"的独属于天府之国的惬意生活。

"我们希望通过不同产品的嫁接，进一步推展五粮液产品和品牌的影响力。"五粮液相关负责人介绍，无论是中国的酒、茶还是国外的咖啡、调酒等，不同饮品饱含着不同文化基因，希望与会媒体能在一品一饮中感悟中西文化的和美碰撞及"中国传统，杯酒千年"的深厚底蕴。

资料来源　牛安春．五粮液国风快闪酒吧"香"见大运会［N］．中国食品安全报，2023-08-03（A03）．

思政元素：讲好中国文化故事。

互动话题：习近平总书记在主持中共中央政治局第三十九次集体学习时指出，"中华优秀传统文化是中华文明的智慧结晶和精华所在，是中华民族的根和魂，是我们在世界文化激荡中站稳脚跟的根基"。这一重要论述，为我们讲好中华优秀传统文化故事提供了根本遵循。文化是一个国家、一个民族的灵魂、内核和标识。

研讨要求：

（1）结合本案例，请各组围绕"如何在酒吧营销管理中讲好中国优秀传统酒文化故事"开展深入交流和研讨；

（2）各小组推荐1名成员做主题发言，总结分享小组交流研讨的内容。

■ 本章小结

本章主要介绍了酒吧的形象定位、酒单设计、酒水促销等方面的知识，重点阐述了酒吧形象定位的重要性，以及酒单设计的原则、方法、内容等。酒吧酒水营销主要有环境形象营销、员工形象营销、店面形象营销、内部营销等方式，通过以上营销技巧对酒吧酒水的销售能够起到极大的促进作用。

■ 主要概念

酒单　毛利率法　环境形象营销　员工形象营销　店面形象营销　内部营销

■ 判断题

1．酒单设计应考虑调酒师的技术水平。　　　　　　　　　　　　　　　（　　）

2．凡列入酒单的饮品、水果拼盘、佐酒小吃，酒吧必须保证供应，这是一条相当重要但极易被忽视的酒吧经营原则。　　　　　　　　　　　　　　　　　（　　）

3．手单是将具有画面、照片等的酒单折成三角形或立体形，立于桌面，每桌固定一份，客人一坐下便可自由阅览，这种酒单多用于以娱乐为主及吧台小、品种少的酒吧，简

明扼要，立意突出。 （   ）

4.产品价值反映价格的原则是酒单定价原则之一。 （   ）

5.酒吧若推出新的品种，为了让顾客对其有较快的认识，最有效的方法之一便是免费赠送给顾客品尝。 （   ）

■ 选择题

1.酒单设计必须首先考虑的因素有（   ）。

A.目标顾客的需求及消费能力　　　　　B.酒吧设施

C.原料的供应情况　　　　　　　　　　D.销售记录及销售史

2.（   ）是最重要的酒单定价原则。

A.价格反映产品价值　　　　　　　　　B.适应市场供需规律

C.竞争对手定价状况　　　　　　　　　D.经营目标

3.酒单的内容主要由四部分组成，（   ）不属于其中。

A.名称　　　　B.数量　　　　C.价格　　　　D.色彩

4.酒水营销是酒吧经营的一项重要内容，（   ）不是酒吧酒水营销的主要方式。

A.个人形象营销　　　　　　　　　　　B.店面形象营销

C.员工形象营销　　　　　　　　　　　D.环境形象营销

■ 简答题

1.酒单的设计要注意哪些方面的因素？

2.酒单设计的原则有哪些？

3.酒吧内部营销的方式有哪几种？

■ 实践训练

每个学生设计一个酒吧酒单，要求新颖、有特色，并参照表10-1进行测评。

表10-1　　　　　　　　　　　酒单设计方案评价参考表

评价内容	分值（分）	评分（分）
酒品选择围绕主题，酒品排列合理	20	
酒单设计新颖、有特色	20	
酒单整体外观效果	10	
酒单色彩运用	10	
酒单尺寸	10	
酒单字体选择	10	
其他特色元素的运用（如彩色照片等）	10	
酒单纸质等整体印刷质量把握	10	
酒单设计方案评价总分	100	

第11章

酒吧日常管理

■ 学习目标

　　本章主要讲述酒吧日常管理的基本知识。通过本章的学习，学生应掌握酒吧的基本管理原理和管理技巧，形成自己的酒吧管理知识系统，为以后从事酒吧相关管理工作打下基础。

11.1 酒吧员工聘用与考核

11.1.1 酒吧员工招聘与录用

1）员工招聘

　　首先，通过对酒吧各岗位工作的分析，弄清酒吧中的职务划分，查明独立完成这些工作需要的资格、条件等，分析确定为保证酒吧正常营运所需要的从业人员的数量，在分析时，还应考虑到酒吧经营规模的扩大和缩小的可能。

　　（1）内部招聘。

　　在填补职位空缺时，尤其是那些可以使部分员工得到晋升的空缺职位，应首先提拔酒吧内原有的员工。招聘新员工担任老员工的主管会带来许多不利的影响。首先，新员工不如老员工熟悉酒吧的情况，不能立即投入到有效的工作中。其次，老员工晋升的希望破灭，他们会离职，或者在工作中发泄不满。

　　因此，在酒吧内有空缺的职位，特别是那些非常明显的、条件优越的职位空缺时，最好是在员工通知栏内公布，以便各部门推荐人员，或鼓励员工毛遂自荐。

　　（2）对外招聘。

　　如果现有员工中没有合适人选，或酒吧内员工无人应征某一空缺职位，下一步就要向社会招聘。招聘的渠道多种多样：在报刊上登招聘广告、从其他酒吧招募人才、向相关学校招聘毕业生。

①委托招聘。

有的酒吧为了节省招聘费用和时间，委托职业介绍所、培训中心或职业学校等单位代理招聘。

②员工推荐。

这是一种特殊的招聘方法。这种方法既省财力，又省人力。各部门将职位空缺情况及时报给人力资源部，人力资源部在员工通知栏内随时公布，鼓励员工介绍合格的招聘人员。由于在职员工对其所介绍的应征人员已经有些了解，所以应聘者的录用概率比较大，酒吧也不需要花费广告费。

③张贴广告。

在酒吧附近或街区的广告栏中张贴广告可以吸引一般过路人的注意，应聘者可以随时前来面谈。但这种方式一般只适合招聘兼职或非技术性的员工。

2）员工录用

这是酒吧员工招聘的最后一个工作环节。这一环节包括四项工作：

（1）确定录用名单。

确定录用名单就是把多种考核和测试的结果相结合，确定最适合职位要求的员工名单，并发出录用通知书。

（2）签订劳动合同。

在劳动合同上要明文规定试用期、用工期及相应的待遇，还要明确双方的责任、权利和义务。

（3）岗前教育。

岗前教育的目的是让新员工明确酒吧的经营宗旨，熟悉各项管理制度，适应新的环境。

（4）试用与安置。

新员工入职后，应规定一定的试用期，试用的目的是验证新员工的体力、智力、知识、技能等与新的职位是否匹配，试用期不合格的人员不留用。试用期合格的人员，为其办理正式聘用手续并妥善安排，使人与事达到最佳配合。

11.1.2　酒吧员工培训

1）培训的目的

培训是酒吧管理的一项基本工作，可以说是酒吧最有效、最有价值的工作之一。培训的目的在于使员工掌握工作需要的知识与技能，从而使酒吧的整体目标在每一位员工的工作中一一实现。

要想使酒吧的经营合理化、规范化，酒吧的管理人员就必须对酒吧自身组织机构、设施设备、资金成本、技术方法、员工及人际关系等各因素加以协调，只有在这些因素之间的关系相互均衡的情况下，各因素才能构成一个有机、和谐的整体，并发挥出最大功效。

要想提高员工的劳动生产率、劳动能力，就必须对酒吧员工进行有计划的培训，进一步挖掘员工的潜力，发挥员工的积极性，从而实现最终目标。

2）培训的作用

具体来说，规范的培训有以下作用：

（1）降低无谓的损失及浪费。

对设备性能与工作程序不了解的员工常常会损坏设备的零部件或造成材料的浪费，也可能由于服务的不礼貌、对客人态度不佳而影响酒吧的声誉，通过培训可以使上述现象大大减少。

（2）改善工作方法。

员工的配备应以合理、经济为原则，把复杂的工作过程加以简化。通过培训让员工熟悉、掌握工作技能，提高工作效率，充实工作内容。

（3）减少员工流失。

培训可以让员工对酒吧及各部门工作加深认识，方便协调各部门间的关系，从而改善工作关系，减少离职。

（4）减轻管理人员负担。

员工经过培训后，工作更加熟练，工作效率随之提高，因而管理人员无论在监督工作方面还是指导工作方面，都可相应地减轻负担。

（5）减少时间的浪费。

培训能够提高员工的劳动生产率，从而提高时间的使用率。

（6）减少设备维修开支。

熟悉操作规定的员工能够按照规则正常操作各种设施设备，可大大降低意外事故的发生率，减少设备的维修开支。

（7）改善酒吧的产品和服务品质。

培训可以使员工素质得到提升，从而使酒吧的产品品质与服务水平得到保证及提高。

（8）提高员工的士气。

员工通过培训可以学习到许多方面的知识，掌握工作中的技巧，对工作更加熟悉，自信心自然得以增强。

3）培训的对象与时机

酒吧除按照规定对员工进行培训以外，如果在经营过程中出现下列情况的话，也需要培训。

（1）招聘新员工。

新员工只有在接受职前教育及职位培训并经考核合格后，才能够被接收为酒吧的正式员工。

（2）员工工作表现未能达到酒吧的要求。

员工工作水平下降，客人表示不满的情形增多，都说明员工的工作表现不符合酒吧的要求，应及时组织培训。

（3）工作标准与服务品质改变。

当酒吧之间开始产生竞争或竞争加剧，或者酒吧层次提高时，需要对酒吧的员工进行全面的培训，从整体上提高工作标准与服务品质。

（4）酒吧经常接到投诉。

每个酒吧都不可能做到没有投诉，但经常出现投诉或对某一问题的处理被重复性投诉，都表明员工的工作质量或酒吧的产品品质有待提高。

（5）工作方法或程序发生改变。

只有将新的工作方法与程序教给员工，员工才有可能掌握这些新的工作方法与程序。

（6）员工的调动或晋升。

无论是调换工作岗位还是晋升，员工在从事新的工作之前必须经过培训。

（7）浪费及损坏次数增加。

这可能说明员工不按操作程序进行工作，也可能说明员工的责任心有所下降，无论哪一种情况，均需进行培训。

（8）成本增加，利润反而下降。

导致成本增加的一个主要原因是工作效率下降，也有可能是员工工作水平降低。

（9）员工需要经常加班，员工投诉工作分配不合理。

这种情况说明人员的使用和配备有可能不合理，需要进行组织调整。

（10）引进新的技术设备。

引进设备、提供新产品的目的是提高酒吧的品质水平，员工必须接受相应的培训才能了解和使用新的设备。

11.1.3　工作考核

1）考核内容

无论对哪一个职位的员工进行考核都是为了得到以下全部或部分信息。

（1）工作知识。对工作范围内的专业知识及相关的指令、制度、设备等各方面知识的掌握情况。

（2）工作（服务）态度。能否对工作认真负责并积极主动地寻找解决问题和改进工作的方法。

（3）观察和分析能力。能否独立发现问题并找出问题的原因。

（4）计划与控制能力。能否预知各种情况，设计出长期有效的行动方案。

（5）判断与决断能力。能否抓住事情本质，并在做出正确的决断前没有不必要的拖延。

（6）领导能力。提出建设性的意见，使之付诸实施，并采取必要手段。

（7）协调能力。为酒吧的利益和其他员工合作、协调的能力和主动性。

（8）开发能力。是否有能力发现和充分发挥员工现有和潜在的能力。

（9）工作量。准确的工作数量是多少。

（10）工作品质。正确、保质地完成工作的情况。

2）考核方法

（1）自我评鉴。负责考核的人员将业绩考核的内容以问题的形式向员工提出来，让员工自己进行报告。这种方法为员工反思、总结自己过去所做的工作提供了机会。员工在经过系统的思考以后可以比较容易地发现自己的成绩和不足，甚至可以发现酒吧管理中存在的问题。

（2）排序法。这种考核方法类似学校里的"学生成绩榜"，就是根据所有员工的工作业绩好坏按顺序排列名次。这种方法的优点是一目了然，可以使每个员工都知道自己所处的位置。其缺点是人数多时做起来较困难，另外，它只限于在同一种工作的员工之间进行比较。

（3）对比法。将接受考评的每一个人都与其他人做比较。采用这种方法，可使所有参加考评的员工进行有意义的比较，全面评价所有人的业绩。但比较的次数会随着考核者人数的增加而呈几何级数增加。

（4）与绝对标准比较。一项工作的绝对标准往往是通过反复实践以后才被确定的，因此，可用以衡量一个人的工作业绩。

这种考核方法的优点：一是标准明确，员工自己就能判断自己的工作是否符合要求，也有利于管理者对员工进行指导；二是绝对标准的组合可以根据实际情况的需要随时进行调整，有重点地纠正员工不符合要求的行为；三是通过这种方法不仅可以了解员工是否达到了标准，还可以了解他们向标准努力的程度。

但这种方法也有缺点。比如，无论对多少人进行考评，标准只有一个，很难顾及每一个人的特殊性。此外，由于有了绝对标准，大家都以达到标准为目的，谁也不使自己的工作超出标准，这就限制了部分员工潜力的充分发挥。

小资料 11-1　　管理定律大全之培养、选拔、任用、沟通、协调、改革、创新

1.培养

吉格勒定理：除了生命本身，没有任何才能不需要后天的锻炼。

点评：水无积无辽阔，人不养不成才。

犬獒效应：当年幼的藏犬长出牙齿并能撕咬时，主人就把它们放到一个没有食物和水的封闭环境里让这些幼犬互相撕咬，最后剩下一只活着的犬，这只犬称为獒。据说十只犬才能产生一只獒。

点评：困境是造就强者的学校。

2.选拔

近因效应：最近或最后的印象对人的认知有强烈的影响。

点评：结果往往会被视为过程的总结。

酒井法则：在招工时用尽浑身解数，使出各种办法，不如使自身成为一个好公司，这样人才自然而然会汇集而来。

点评：不能吸引人才，已有的人才也留不住。

美即好效应：对一个外表英俊或漂亮的人，人们很容易误认为他或她的其他方面也很不错。

点评：印象一旦以情绪为基础，这一印象常会偏离事实。

3.任用

奥格尔维法则：如果我们每个人都雇用比我们自己更强的人，我们就能成为巨人公司。

点评：如果你所用的人都比你差，那么他们就只能做出比你更差的事情。

皮尔·卡丹定理：用人上一加一不等于二，搞不好等于零。

点评：组合失当，常失去整体优势；安排得当，才能成最佳配置。

4.沟通

斯坦纳定理：在哪里说得越少，在哪里听到的就越多。

点评：只有很好听取别人的，才能更好说出自己的。

费斯诺定理：人有两只耳朵却只有一张嘴巴，这意味着人应该多听少讲。

点评：说得过多，说的就会成为做的障碍。

牢骚效应：凡是公司中有对工作发牢骚的人，那家公司一定比没有这种人或有这种人而把牢骚埋在肚子里的公司要成功得多。

点评：牢骚是改变不合理现状的催化剂。牢骚虽不总是正确的，但认真对待牢骚却总是正确的。

避雷针效应：在高大建筑物顶端安装一个金属棒，用金属线将其与埋在地下的一块金属板连接起来，利用金属棒的尖端放电，使云层所带的电和地上的电逐渐中和，从而保护建筑物等避免雷击。

点评：善疏则通，能导必安。

5.协调

氨基酸组合效应：组成人体蛋白质的八种氨基酸，只要有一种含量不足，其他七种就无法合成蛋白质。

点评：当缺一不可时，一就是一切。

米格-25效应：苏联研制的米格-25喷气式战斗机的许多零部件与美国的相比都落后，但因设计者考虑了整体性能，故能在升降、速度、应急反应等方面成为当时世界一流的战斗机。

点评：所谓最佳整体，乃是个体的最佳组合。

磨合效应：新组装的机器，通过一定时期的使用，把摩擦面上的加工痕迹磨光而变得更加密合。

点评：要想达到完美的契合，需要双方都做出必要的割舍。

6.改革

柯美雅定律：世上没有十全十美的东西，所以任何东西都有改革的余地。

点评：不拘于常规，才能激发出创造力。

达维多夫定律：没有创新精神的人永远也只能是一个执行者。

点评：只有敢为人先的人，才最有资格成为真正的先驱者。

自吃幼崽效应：美国硅谷企业竞争十分激烈，以至于各公司都积极寻找自己的致命弱点，所有公司共同的生存之道是：拿出更好的产品来击败自己的原有产品。有人将这种行为戏称为自吃幼崽。

点评：自己不逼自己，别人迟早会逼你。敢于对过去告一段落，才更有信心掀开新的篇章。

7. 创新

舍恩定理：新思想只有落到真正相信它、对它着迷的人手里才能开花结果。

点评：只有信之不疑，才能持之以恒。

吉宁定理：真正的错误是害怕犯错误。

点评：不怕错误的人，错误往往也离他最远。

卡贝定理：放弃是创新的钥匙。

点评：在学会放弃之前，你将很难懂得什么是争取。

11.2　酒吧员工管理与质量管理

11.2.1　酒吧的人员配备与工作安排

1）酒吧的人员配备

酒吧的人员配备主要依据两方面：一是酒吧营业时间；二是营业状况。酒吧的营业时间多为上午11点至凌晨2点，上午客人是很少到酒吧去喝酒的，下午时间客人也不多，从傍晚直至午夜是营业高峰时间。营业状况主要看每天的营业额及供应酒水的杯数，一般的主酒吧（座位在30个左右）每天可配备调酒师4～5人。服务酒吧可按每50个座位每天配备调酒师的比例进行安排，如果营业时间短，可相应减少人员配备。餐厅或咖啡厅每30个座位每天配备调酒师1人，繁忙时，可按每日供应100杯饮料配备调酒师1人的比例进行安排，如某酒吧每日供应饮料450杯，可配备调酒师5人，依此类推。

2）酒吧的工作安排

酒吧的工作安排是指按酒吧日工作量的多少来安排人员。通常上午时间，只是开吧和领货，可以少安排人员；晚上营业繁忙，可以多安排人员。在交接班时，上下班的人员必须有半小时至一小时的交接时间，以清点酒水和办理交接班手续。酒吧采取轮休制。节假日可取消休息，在生意清闲时补休。工作量特别大或营业超计划时可安排调酒员加班加点，同时给予相应的补偿。

11.2.2　酒吧员工的工作程序

1）准时上班（19：30—2：30）

（1）以换好制服为准，19：25站队（19：15之前打卡，生果房早班15：00之前打卡，晚班21：00之前打卡）。

（2）站队前检查自己的仪容仪表，保持良好的精神面貌。

①佩戴好工牌、工号、领结。

②衣服要整洁，皮鞋要光亮，男生头发不过耳，女生头发要扎紧。

③站队时不得东张西望、交头接耳，应双手背后、目视前方、昂首挺胸，等待经理或主管召开班前例会。

2）班前例会

（1）点名。所有迟到、早退、例假、病假、事假、补假、旷工均以当日考勤为准，按公司规定处理。

（2）认真听取经理、主管当日的工作安排。

①清楚自己当天的工作岗位和工作范围。

②经理、主管会指出员工在工作中的不足，大家应认真听取，加以改进。

③认真听取经理、主管提出的每一项新的工作要求并严格执行。

（3）班前例会是经理、主管跟员工沟通的重要时间，大家必须严肃认真，有任何建议及问题会上应及时提出。

3）营业前准备工作

（1）认真做好营业前的一切准备工作是保证正常营业运作的重要部分。

（2）酒吧摆设。

①工具摆设：工具摆设要合理，根据自己操作台的实际情况而定，要顺手可拿，方便取用。

②杯具摆设：各类不同杯具要分类摆放整齐，做到美观、实用，杯底最好垫上毛巾。

③支头酒摆设：将所有酒品分类摆放在陈列柜、陈列架等显眼的位置，垫上杯垫，防止滑落。摆放要美观，有条理。

（3）开吧。

①酒水盘点。例会后拿钥匙开锁，首先盘点酒水，盘查酒水数目是否与昨日留底相同，核对领料单与货物是否相符，有出入马上汇报。

②设备检查。一进吧台首先检查所有设备是否工作正常（如冰机、雪柜、风柜、水柜），照明是否正常，杯具、用具是否到位，不够马上去找。

③原料准备。补充酒水饮料，切制配料和饰物（如橙角、柠檬片、樱桃等），检查菠萝汁、橙汁、糖浆、红糖水之类的配料是否够用，不够马上开单领料。

④吧台卫生。吧台应擦亮，陈列柜、酒柜、操作台应擦洗干净，杯具、酒类应用杯布擦干净，地面应拖洗、擦干，保证吧台无积水，检查有无不良气味，一切参照卫生操作标准。

⑤工具的准备。准备好刀、砧板、调酒器、吧匙、扎壶、分酒器等，开酒器、火机、笔随身带，不要到需要使用时才发现没有，影响服务质量和出品的速度。

4）营业中

（1）各项准备工作做好后，面带微笑，双手背后，昂首挺胸，以饱满的精神状态迎接第一位客人或第一张单的到来。

（2）迅速、准确、优雅地出品，认真遵守工作程序及规范工作。

（3）工作中动作潇洒，仪态优美，姿势干净利落。

（4）看清每一张单，凭单出品，有任何疑难问题及时汇报主管予以解决，绝不能与客人或其他部门发生争执。

（5）与同事及传菜员有良好的配合和沟通，达到准确、快速地出品，任何情况下都以出品为先。

（6）严格遵照酒谱要求规范出品，做到用料正确，用量精确，点缀、装饰合理优美。

（7）随时保持个人卫生和工作区域的卫生。

（8）注意成本控制，杜绝浪费。

（9）正确地使用礼貌用语服务宾客或与上司及同事打招呼。

①见到客人问候"晚上好，欢迎光临"并微微鞠躬，不失时机地向客人推销公司的酒水，询问"您要喝点什么"并跟进服务。

②见到同事及上司问候"晚上好"并点头示意，不要叫同事外号，不说粗话。

③良好的素质修养和文明礼貌体现着个人的工作态度，是作为一个服务行业工作人员的必备要素。

（10）维持酒吧的良好秩序。

①不得招引与工作无关的人员进入吧台。

②不与其他部门人员高声谈笑，在吧台内东倒西歪，挖鼻挠耳，做与工作无关之事。

③不得偷喝、偷拿、偷卖公司酒水，不得做违章舞弊之事。

④保持良好的精神面貌，做好一天的工作。

（11）随时检查设备运转、吧台卫生、原料供应情况，保证货品、器具的供应。

（12）勤快、主动、热情、周到地招待宾客。

（13）调酒过程。调酒过程如下：

①先按配方把所需用的酒水找出来。

②准备好调酒所需的工具、酒杯、香料、装饰品。

③调酒、制作、出品。

④清理工作台面，将用完的酒水工具放回原处。

5）收吧

（1）注意火灾隐患：查看各处有无烟头、热炉是否关掉、插座是否松动等。

（2）清洁酒吧：每天的收吧清洁工作很重要。一是保证酒吧无卫生死角、无积水、无不良气味，二是次日开吧也相对轻松。

（3）认真清点酒水及做好盘点表，开好次日营业所需货品领料单，并反复检查。

①再次强调，每日收吧盘点极其重要，必须认真完成。

②根据当日营业量开具领料单。

③短缺任何物品及时汇报主管予以申购。

④做完盘点表，签名，连同小票、领料单、电脑汇总表、吧台钥匙一齐交到生果房，每星期日，销售、领料一览表连同过去一周领料底单和汇总底单一起交到生果房。

（4）工作中有任何疑点、难点，及时与主管沟通，主管酌情予以解决。

（5）锁好陈列柜及酒水、工具，再次检查设备运转情况。

（6）各项工作确认检查无误，经主管检查确定后，写出当日工作日志交由当值主管，打卡下班。

11.2.3　酒吧的质量管理

1）每日工作检查表

每日工作检查表（check list）用以检查酒吧每日工作状况及完成情况。可按酒吧每日工作的项目列成表格，还可根据酒吧实际情况列入维修设备、服务质量、每日例会、晚上收吧工作等。由每日值班的调酒师根据工作完成情况填写并签名。

2）酒吧的服务、供应

酒吧是否能够经营成功，除了本身的装修格调外，调酒师的服务质量和酒水的供应质量也很重要。服务要求礼貌周到，面带微笑，微笑的作用很大，不但能给客人以亲切感，而且能解决许多本来难以解决的麻烦事情。调酒师必须训练有素，对酒吧的工作、酒单的内容都要熟悉，操作熟练，能回答客人提出的有关酒吧及酒单的问题。酒吧服务还要求热情主动，按服务程序去做。供应质量是一个关键，所有酒水都要严格按照配方要求，绝不可以任意取代或减少分量，更不能使用过期或变质的酒水。特别要留意果汁的保鲜时间，保鲜期一过便不能使用。所有汽水类饮料在开瓶（罐）两小时后都不能用以调制饮料，凡是不合格的饮品不能出售给客人，如调制彩虹鸡尾酒，任何两层有相混情形时，都不能出售，要重新做一杯。虽然浪费，但这是对客人负责和为酒吧树立良好的声誉。

3）工作报告

调酒员要完成每日工作报告。每日工作报告可登记在一本记录簿上，每日一页。其内容有四项，即营业额、客人人数、平均消费、突发事件及其处理。营业额可以看出酒吧当天的经营情况及盈亏情况；客人人数可看出酒吧座位的使用率与客人来源；平均消费可看出酒吧成本同营业额之间的关系以及客人人数的消费标准；酒吧里的突发事件也很多，经常有许多意想不到的情况，要记录上报。处理后要登记，有些需要报告上级的，要及时上报。

素养园地

LIONK狮王餐酒吧吸引消费者打卡

2022年12月8日，记者走进位于新首钢园的LIONK狮王餐酒吧，这里已经恢复了堂食，凭借独特的啤酒沉浸式体验，吸引了不少消费者前来打卡，成为园区的消费热点。

作为42年的啤酒企业，近年来，燕京啤酒持续对新兴渠道深入扩张。2020年以来，燕京啤酒先后成立了新渠道发展中心与精酿高端事业部，着力打造线下精酿体验消费场景。"燕京9号"以社区门店形式，采取加盟的方式，已覆盖北京、内蒙古、东三省、江浙沪等多个地区，累计开设330家连锁店。燕京啤酒参与打造的LIONK狮王餐酒吧线下体验店首钢店与中德产业园店也于2022年9月开业。

LIONK狮王餐酒吧为消费者提供更加多元的创新产品。每款精酿产品，都是燕京啤酒通过销售及渠道数据精心筛选的，同时，会根据不同城市的消费者偏好进行酒单调整。

目前，燕京啤酒已拥有极具核心竞争优势的产品链。燕京 U8、V10 精酿白啤等一经推出即成爆品，创立"狮王精酿"独立高端品牌，推出世涛、酒花酸小麦等多款新产品。"燕京八景"系列精酿产品也在不断完善中。考虑到消费者口味的多元化，燕京啤酒上市果啤系列新品，推出"无醇、零脂、低糖"的特色、小众产品，与慕尼黑皇家 HB 啤酒合作，推出"鲜啤 2022"、高端拉格 S12 皮尔森等新品，进一步丰富了中高端、高端产品矩阵。多元化的产品矩阵，一方面加速了燕京品牌的年轻化扩张，另一方面也更加契合年轻消费者的消费诉求，逐步创造消费领先优势。

无论产品如何多元，对极致工艺的追求是燕京啤酒不变的初心。燕京啤酒坚持以科技创新打造高质量发展新高地，建立了"产学研用"深度融合的创新体系，积极对接世界前沿技术，通过与国内外知名科研院校的深度合作，在航天育种、啤酒风味调控、原料品种鉴定、啤酒酿造新技术等方面，突破和掌握了一批行业前沿乃至世界领先的核心技术，带动了行业多个技术领域达到国际先进水平。

依托燕京啤酒国家级企业技术中心平台，燕京八景、狮王精酿系列产品自上市以来，先后斩获世界啤酒大奖赛、欧洲啤酒之星、布鲁塞尔啤酒挑战赛等国际国内啤酒赛事单项奖 34 项。在 2022 年 CBC 中国国际啤酒挑战赛中，燕京啤酒报送的作品狂扫 11 项大奖，其中，仅精酿系列就获得 7 项大奖，包括太液秋风桂花拉格获得全场最高奖项四星天禄奖，狮王酸小麦、狮王西海岸 IPA 与西山晴雪世涛啤酒获各自品类组金奖三星天禄奖，狮王科隆啤酒与狮王香槟 IPA 获品类组二星天禄奖。

未来，燕京啤酒将持续提升消费者的购物体验。狮王精酿作为燕京啤酒最新战略布局的精酿高端品牌，致力于打造高品质精酿产品与提供更优质的品牌体验，实现燕京狮王产品从线下体验店到传统渠道的全面覆盖。狮王精酿啤酒将深度融合沉浸式体验式消费场景，打通从工厂到消费者的"最后一公里"，让消费者品味最新鲜的燕京特色啤酒和狮王精酿产品，不断加强与消费者互动交流，不断迭代新品、打磨新品。

资料来源　崔紫阳. LIONK 狮王餐酒吧吸引消费者打卡［N］. 首都建设报，2022-12-09（A04）.

思政元素：守正创新。

互动话题：党的二十大报告指出，"必须坚持科技是第一生产力、人才是第一资源、创新是第一动力""坚持创新在我国现代化建设全局中的核心地位"。创新是一个民族进步的灵魂，是一个国家兴旺发达的不竭动力，也是中华民族最深沉的民族禀赋。

研讨要求：

（1）通过深入学习党的二十大报告，结合本案例，请各组围绕"在酒吧日常管理中如何守正创新"开展深入交流和研讨；

（2）各小组推荐 1 名成员做主题发言，总结分享小组交流研讨的内容。

本章小结

本章主要介绍了酒吧的日常管理工作，包括新员工的招聘、录用、考核、晋升，以及酒吧员工日常工作安排。

主要概念

招聘　录用　排序法　对比法　酒水成本

判断题

1.招聘新员工担任老员工的主管会带来许多不利的影响。　　　　　　（　　　）

2.培训是酒吧管理的一项基本工作，可以说是酒吧最有效、最有价值的工作之一。

（　　　）

3.酒水成本是指酒水在销售过程中的直接成本。　　　　　　　　　　（　　　）

选择题

1.酒吧营业繁忙时，可按每日供应（　　　）杯饮料配备1名调酒师的比例来配备调酒师。

A.100　　　　　　　　B.150　　　　　　　　C.200　　　　　　　　D.250

2.下列选项中，（　　　）不属于对外招聘的内容。

A.委托招聘　　　　　B.员工推荐　　　　　C.张贴招聘广告　　　D.竞选提拔

3.下列酒水成本控制的环节中，（　　　）是酒吧无法完全控制的。

A.采购　　　　　　　B.验收　　　　　　　C.发放　　　　　　　D.使用

简答题

1.酒吧员工录用的程序有哪些？

2.酒吧对员工的培训都有什么作用？

3.谈谈如何有效地控制酒吧酒水的成本。

实践训练

组织学生去酒吧实习，综合锻炼其多方面的能力，参照表11-1进行测评。

表11-1　　　　　　　　　　酒吧经营操作能力评价参考表

评价内容	分值（分）	评分（分）
作为当班经理、领班的领导、协调能力	20	
其他工作岗位员工的工作能力	20	
班组整体协调、配合的能力	20	
团队现场突发事件的处理能力	10	
酒吧经营相关表格的填写能力	10	
当日营业额	20	
酒吧经营操作能力评价总分	100	

综合实训

1.调酒综合实训

《酒水服务与酒吧管理》是一门应用性较强的专业技能课，调酒操作作为本门课程的主干部分，是本门课程的核心，它在整个《酒水服务与酒吧管理》课程中起到承上启下的作用，它是前面所学理论知识的实践部分，也是后面要进行的酒吧经营的实践准备。

【实训情境设计】

本实训项目要安排学生到实训酒吧上课，观看调酒视频，现场调酒。通过观看调酒视频以及任课教师现场调酒示范和讲解，让学生明白整个调酒过程，并且试着自己按照配方调酒。

【实训任务要求】

通过观看、试调后，要求学生掌握调酒的方法、配料的搭配、装饰物的搭配以及调酒的手法，做到快速、准确地按原配方调制好鸡尾酒，颜色、味道达到调制要求，并且手法优美、到位，力度适中。同时，要求记住部分世界著名的鸡尾酒的调制配方。

【实训提示】

（1）在调酒前需记住将要调制的鸡尾酒的配方。

（2）按顺序将所需原料拿出，摆放在恰当的位置。

（3）做好台面卫生。调酒时按配方要求倒原料酒及辅料，不多倒，也不少倒。

（4）装饰物的搭配也要正确。

（5）动作优美、到位，力度适中。可用单手，也可用双手。

（6）整个调酒流程正确，包括冰块、辅料、基酒以及最后的装饰物。

（7）调好的鸡尾酒的颜色、味道完全符合要求。

（8）调酒结束，把原料放回原位，做好台面卫生。

（9）综合整个调酒过程，从容自然，无失误，面带微笑，整体形象好。

【实训效果评价表】

调酒综合实训效果评价参见表A-1：

表A-1 　　　　　　　　　　　　调酒综合实训效果评价参考表

评价内容	分值（分）	评分（分）
调酒准备工作	10	
量酒	10	
调酒动作	30	
调酒程序	20	
调酒成果（色、香、味）	20	
卫生状况	10	
调酒综合评价总分	100	

2.酒吧经营综合实训

酒吧经营是比较特殊的操作实践，需要分组来完成。因此，受各班级学生人数不同的限制，不同班级分组的组数以及每组人数可能稍有不同，一般每组为七人，每人每天安排一个工作岗位，分别是经理、调酒师、助理调酒师、后台主管、音控、领班、服务员。

【实训情境设计】

在酒吧经营实训中，学生自主经营，自负盈亏，自己促销，自己找客源，自己和客人打交道，培养其公共关系处理能力。

【实训任务要求】

在学习中了解酒店酒吧的组织机构和岗位职责，严格按照实训酒吧规范进行操作，能够熟练掌握酒吧的各项基本服务技能、服务程序和规范。要求学生把所学的酒水知识以及各章的实践项目综合运用到酒吧经营中，做到认酒准确，调酒快速，宣传到位，服务标准，财务清楚，配合默契，每个岗位员工的职责明确，酒吧的操作流程连贯无误。按照要求完整地完成酒吧经营各项。

【实训提示】

（1）要求学生记住酒吧的基本情况，如每个岗位员工的职责、酒吧的操作流程、经营中的注意事项等。

（2）通过了解酒吧的现场环境情况，以及教师的现场讲解，注意对酒吧的装修、装饰形成具体印象，并且要求在酒吧经营中按照本组自己的思路布置酒吧。

（3）通过观看、试调后，要求学生掌握调酒的方法、配料的搭配、装饰物的搭配以及调酒的手法，能做到快速、准确地按原配方调制好鸡尾酒，颜色、味道达到要求，并且手法优美、到位，力度适中。同时，记住酒吧经营所提供的鸡尾酒的配方。

（4）通过对宣传销售的学习，能系统地了解如何为酒吧做销售宣传，并且把具体的销售宣传策略运用到酒吧经营中。

（5）通过对服务的学习，能系统地了解如何在酒吧为客人更好地服务，这里的服务不仅是"硬"服务，还有"软"服务，即能讲解所服务的酒水的情况，服务意识强，能在客人未开口之前，做到优质服务，让客人满意。

（6）通过对财务的学习，能系统地了解酒吧的资金运转情况，知道如何减少支出，降低成本，如何结算收入和利润，做到对整个酒吧的资金运营情况心中有数。

（7）要求根据个人酒吧经营的具体情况写出实训报告，要体会深刻、字迹清楚、表述通顺，最好能有个人意见和建设性建议，能为酒吧实际效果的提高提供帮助。

【实训效果评价表】

酒吧经营综合实训效果评价参见表A-2：

表A-2　　　　　　　　　　酒吧经营综合实训效果评价表

评价内容	分值（分）	评分（分）
了解酒吧运营情况	10	
宣传销售	20	
调酒	10	
服务	30	
财务	20	
实训报告	10	
酒吧经营综合评价总分	100	

主要参考文献及网站

一、主要参考文献

［1］国家旅游局人事劳动教育司．调酒［M］．北京：高等教育出版社，1993．

［2］聂明林．饭店酒水知识与酒吧管理［M］．重庆：重庆大学出版社，1998．

［3］王天佑．酒吧经营与管理［M］．北京：旅游教育出版社，1998．

［4］黄福才．旅游饭店服务规范［M］．福州：福建人民出版社，1998．

［5］布朗，黑纳．餐饮服务手册［M］．何强，译．沈阳：辽宁科学技术出版社，1998．

［6］泽井庆明．鸡尾酒事典［M］．关南，译．北京：中国轻工业出版社，2000．

［7］顾洪金．调酒［M］．北京：旅游教育出版社，2002．

［8］吴克祥．酒水管理与酒吧经营［M］．北京：高等教育出版社，2003．

［9］李晓东．酒水知识与酒吧管理［M］．北京：高等教育出版社，2005．

［10］何丽芳，牛小斐．酒店酒水服务与管理［M］．广州：广东经济出版社，2005．

［11］熊国铭．现代酒吧服务与管理［M］．北京：高等教育出版社，2005．

［12］王祖莉，冯健．酒水调制与职场管理：理论、实务、案例、实训［M］．大连：东北财经大学出版社，2014．

［13］许金根．酒品与饮料［M］．2版．杭州：浙江大学出版社，2012．

［14］陈祖国，钱俊琪．酒水服务［M］．北京：经济管理出版社，2015．

［15］龙凡，孙洪波，姜文宏．酒吧服务［M］．2版．北京：高等教育出版社，2015．

［16］吴浩宏．酒水知识与服务技能［M］．北京：旅游教育出版社，2018．

［17］于英丽．餐厅服务技能［M］．4版．大连：东北财经大学出版社，2020．

［18］蔡洪胜，姚歆，程彬，等．酒水知识与酒吧管理［M］．北京：清华大学出版社，2020．

［19］匡家庆．酒水知识与酒吧管理［M］．2版．北京：中国旅游出版社，2021．

［20］徐利国，罗建中．酒吧服务［M］．2版．重庆：重庆大学出版社，2021．

［21］贺正柏，祝红文．酒水知识与酒吧管理［M］．5版．北京：中国旅游出版社，2021．

［22］单铭磊. 酒水与酒文化［M］. 3版. 北京：中国财富出版社，2022.

二、主要参考网站

［1］中国网：http：//www.china.com.cn./

［2］中国政府网：https：//www.gov.cn/

［3］共产党员网：https：//www.12371.cn/

［4］中国知网：https：//www.cnki.net/

［5］中国葡萄酒资讯网：https：//www.winesinfo.com/

［6］百度百科：https：//baike.baidu.com/

［7］红酒世界网：https：//www.wine-world.com/

［8］百度文库：https：//wenku.baidu.com/

［9］中国国际啤酒网：http：//www.haicent.com/

［10］葡萄酒网：https：//www.putaojiu.com/

［11］中国啤酒网：http：//www.chinaibeer.com/

［12］地平线国际调酒师培训基地：http：//www.dpxpx.com/

［13］中国白酒网：http：//www.baijw.com/

［14］中国酒文化网：http：//www.zgjwhw.cn/

［15］雅茗居茶叶网：http：//www.168tea.com/

［16］美食天下黄酒专题：https：//www.meishichina.com/Eat/Special/YellowWine/

［17］葡萄酒信息网：http：//www.winechina.com/default.html

［18］咖啡之家：https：//www.coffee.cn/

［19］北方黄酒：http：//www.beifanghuangjiu.cn/

附录　各章彩图集锦

项目	资源名称	页码	二维码
第2章　发酵酒	图2-2　法定产地葡萄酒的酒瓶标签	27	
	图2-3　优良产地葡萄酒的酒瓶标签	28	
	图2-4　地区餐酒的酒瓶标签		
	图2-5　日常餐酒的酒瓶标签	29	
	图2-6　法国主要葡萄酒产区的代表性酒瓶	30	
	图2-9　啤酒花	41	
	图2-10　啤酒花雌株	42	
	图2-11　啤酒花雄株		
	图2-12　啤酒酿造工艺流程示意图	42	
	图2-13　百威	44	
	图2-14　贝克		
	图2-15　喜力		
	图2-16　嘉士伯		
	图2-17　科罗娜		
	图2-18　健力士	45	
	图2-19　生力		
	图2-20　纽卡斯尔		
	图2-21　朝日		
	图2-22　青岛		

项目	资源名称		页码	二维码
第3章　蒸馏酒	图3-1　常见的白兰地品类	拿破仑 V.S.O.P. 轩尼诗 V.S.O.P. 轩尼诗 X.O. 马爹利蓝带 金版马爹利 马爹利 X.O. 人头马 X.O. 人头马路易十三 人头马特 人头马 V.S.O.P.	52	
	图3-2　壶式蒸馏法		53	
	图3-3　常见的波本威士忌品类	百灵坛特醇 金玺百灵坛 芝华士12 顺风威士忌 添宝15年 威雀威士忌 格兰菲迪 格兰威士忌 黑方 蓝方	61	
	图3-4　常见的伏特加品类	瑞典伏特加 芬兰伏特加 皇冠伏特加 红牌伏特加	64	
	图3-5　常见的朗姆酒品类	百家得金标 百家得朗姆 摩根船长朗姆（黑） 摩根船长朗姆（白） 奇峰朗姆 美雅士	65	
	图3-6　朗姆酒商标的阅读方法		66	

续表

项目	资源名称	页码	二维码
第4章　配制酒	图4-1　鸡蛋利口酒	83	
	图4-2　樱桃白兰地利口酒		
	图4-3　百利甜利口酒		
	图4-4　薄荷利口酒		
	图4-5　可可利口酒	84	
	图4-6　君度香橙利口酒		
	图4-7　咖啡利口酒		
	图4-8　杏仁利口酒		
第5章　软饮料	图5-1　依云矿泉水	108	
	图5-2　巴黎矿泉水		
	图5-3　崂山矿泉水		
第6章　鸡尾酒	图6-1　啤酒杯	125	
	图6-2　白兰地杯		
	图6-3　柯林斯杯		
	图6-4　鸡尾酒杯		
	图6-5　香槟杯	126	
	图6-6　利口酒杯		
	图6-7　果汁杯		
	图6-8　古典杯		
	图6-9　红葡萄酒杯	127	
	图6-10　烈酒杯		
	图6-11　苏打杯		
	图6-12　酸酒杯		
	图6-13　各种杯具	128	
第8章　酒吧概述	图8-1　酒吧设计效果图（1）	170	
	图8-2　酒吧设计效果图（2）	171	
	图8-3　酒吧设计效果图（3）		
	图8-4　酒吧设计效果图（4）		
	图8-5　酒吧设计效果图（5）	172	
第10章　酒吧营销管理	图10-1　酒单设计	205	